국어 조사의 어원과 변천 연구

지은이 **김승곤**

경남 의령 출생
건국대학교 문과대학 국어국문학과, 대학원 졸업
건국대학교 인문과학대학장, 문과대학장, 총무처장, 부총장 역임
문화체육부 국어심의회 한글분과위원 역임
한글학회 회장 및 재단이사 역임
주요저서: 『관형격조사 '의'의 통어적 의미분석』(2007), 『21세기 우리말 때매김 연구』
(2008), 『21세기 국어 토씨 연구』(2009), 『21세기 우리말본 연구』(2009) 등이
있음

국어 조사의 어원과 변천 연구

© 김승곤. 2014

1판 1쇄 인쇄 ‖ 2014년 06월 25일
1판 1쇄 발행 ‖ 2014년 07월 05일

지은이 ‖ 김승곤
펴낸이 ‖ 이종엽

펴낸곳 ‖ 글모아출판

공급처 ‖ (주)글로벌콘텐츠출판그룹
　　　대　표__홍정표
　　　편　집__최민지 노경민 김현열　**기획·마케팅**__이용기　**경영지원**__안선영
　　　주　소__서울시 강동구 천중로 196 정일빌딩 401호
　　　전　화__02-488-3280
　　　팩　스__02-488-3281
　　　홈페이지__http://www.gcbook.co.kr

값 ‖ 18,000원
ISBN ‖ 978-89-94626-17-8　93710

국어 조사의 어원과 변천 연구

김승곤 지음

글모아출판

우리의 국어가 오랜 역사의 흐름 속에서 어떻게 변해 왔는가를 샅샅이 밝혀야 함이 현대 국어를 올바로 이해하는 데 필요불가결한 일임은 말할 필요도 없다. 그래서 필자는 국어사의 조그마한 부문인 한국어 조사의 어원과 형태 및 용법의 변천을 내 나름대로는 비교적 자세히 통시적으로 다룬다고 애써 보았는데, 어느 정도 그 목적이 이루어졌는지는 알 수 없다. 더구나, 국어사 전체가 완성되기 위해서는 앞으로 계속하여 어미의 변천, 시제(相)의 변천 등이 연구되어야 할 것이다.

이 책의 목적이 조사의 어원을 비롯하여 그 용법 및 형태의 변천을 밝히는 데 있으므로 그 어원문제는 비교적 간략하게 각주에서 다루었으나, 필자의 생각으로는 그 요체는 다 언급된 것으로 여겨진다. 그러나 아직도 「가」의 어원연구는 후일 더 계속되어야 할 것으로 믿는다. 그리고 본 연구를 통하여 필자는 한국어의 조사가 체언·용언·부사 등에서 발달됨을 알았는데, 특히 격조사는 대명사·명사에서 발달하고, 보조조사는 명사·동사·부사·형용사 등에서 발달하는 사실을 알게 되었으므로, 이를 묶어 '한국어 조사의 발달가설'이라고 하여 '붙임'에서 다루기로 하였다. 앞으로는 격조사에 대한 더 자세한 연구가 있어야 할 것이다.

끝으로 이 책의 출판을 기꺼이 도맡아 주신 글모아출판 이종엽 대표님께 심심한 감사의 말씀을 드린다.

2014. 6. 20.

차례

일러두기

이 글은 훈민정음으로 기록된 최초의 문헌인 『용비어천가』로부터 1933년 '한글맞춤법 통일안'이 나오기까지의 사이에 한국어의 조사가 어떻게 변천하여 왔는가를 살피는 데 그 목적이 있다.

그런데 15세기에 우리의 국자(國字)로 표기된 조사가 처음으로 나타나기는 하였지마는, 사실은 신라시대부터 향찰과 이두로써 우리의 조사가 기록되었던 것은 주지의 사실이다. 그러므로 15세기 조사와의 맥락을 이어주는 것도 본 연구의 테두리를 벗어나지 않는다고 생각되므로, 위로는 신라향가에서부터 『균여전(均如傳)』의 향가는 물론 이조 초의 『대명률직해(大明律直解)』에 나오는 이두를 거쳐 중세어 조사에로 그 계보를 이어 주어서, 15세기를 기점으로 한 한국어 조사의 용법 및 그 변천을 살필 것이다. 그러고 보면, 조사에 따라서는 그 어원을 밝힐 수 있는 것이 있을 경우, 본론의 그 조사조(條)에서 그 어원도 아울러 다루되, 경우에 따라서는 주석에서 다루게 될 것이다. 그렇게 되면 한국어의 조사는 어떠한 말에서 발달하여 왔는가를 알 수 있게 되어, 드디어는 조사 발달의 어떤 원리 같은 것도 짐작될 수 있을 것으로 보인다.

본 글이 한국어 조사의 통시적 연구인 만큼 복합조사도 같이 다루어야 마땅하나, 이는 단순조사가 복합된 것이므로 별도로 다룰 필요성을 느끼지 않기 때문에 여기서는 우선 줄이기로 한다.

그리고 여기에 덧붙일 것은 언어연구에 있어서 공시적(共時的) 연구가 통시적(通時的) 연구에 앞서야 하므로, 각 세기의 조사연구를 먼저 하고 다음에 조사의 체계, 용법은 물론 조사 그 자체의 변천을 살피는 것이 당연하다. 그렇기에 본서에서는 각 세기별로 다루어 가면서, 조사의 체계 및 그 어원과 용법의 변천을 살피기로 하겠다. 그리고 여기에서 하나 더 언급해 둘 것은 서술격조사 「이다」는 그 어미활용이 복잡하므로, 여기서는 다루지 아니하고 다음 기회로 미루기로 하였다. 끝으로 자료를 인용한 문헌들과 그 명칭의 약호를 보이면 다음과 같다.

[15세기]

연대	문헌명	略號
1445	용비어천가(龍飛御天歌)	용비
1447	석보상절(釋譜詳節)	석상
1448	월인천강지곡(月印千江之曲)	월인
1450	훈민정음언해(訓民正音諺解)	훈언
1459	월인석보(月印釋譜)	월석
1462	능엄경언해(楞嚴經諺解)	능엄
1463	묘법연화경언해(妙法蓮華經諺解)	묘법
세조시	몽상화산법어언해(蒙山和尙法語諺解)	몽산
1464	금강경언해(金剛經諺解)	금강
1464	아미타경언해(阿彌陀經諺解)	아미
1464	선종영가집(禪宗永嘉集)	영가
1465	원각경언해(圓覺經諺解)	원각
1466	구급방(救急方)	구급
?	법보단경언해(法寶壇經諺解)	법보
1475	내훈(內訓)	내훈
1481	두시언해(杜詩諺解)	두언
1482	금강경삼가해(金剛經三家解)	금삼
	남명천선사(南明泉禪師)계송언해(頌諺解) 상(하)	남명 상(하)
1493	악학궤범(樂學軌範)	악학
?	구급간이방(救急簡易方)	구급

[16세기]

연대	문헌명	略號
?	초간박통사언해상(初刊朴通事諺解上)	초박 상
?	초간노걸대언해상하(初刊老乞大諺解上下)	초노 상(하)
1518	여씨향약언해(呂氏鄕約諺解)	여향

연대	문헌명	略號
1588	논어언해(論語諺解)	논어언
1588	대학언해(大學諺解)	대학언
1588	시경언해(詩經諺解)	시경언
1588	주역언해(周易諺解)	주역언
?	시용향가보(時用鄕歌譜)	시용
?	악장가사(樂章歌詞)	악장(가사)
1586	소학언해(小學諺解)	소학언

[17세기]

연대	문헌명	略號
1617	동국신속삼강행실도건(東國新續三綱行實圖乾坤)	동국신속건·곤
?	태평광기언해(太平廣記諺解)	태평광
1632	중간두시언해(重刊杜詩諺解)	중두
1677	중간박통사언해(重刊朴通事諺解)	중박
?	두창경험방(痘瘡經驗方)	두창경
?	언해두창집요(諺解痘瘡集要)	언해두창
1656	경민편(警民編)	경민
?	계축일기(癸丑日記)	계축
1670	중간노걸대언해(重刊老乞大諺解)	중노
1676	첩해신어(捷解新語)	첩해
?	언해태산집요(諺解胎産集要)	언해태산
?	언해구급방(諺解救急方)	언해구급

[18세기]

연대	문헌명	略號
1703	팔세아(八歲兒)	팔세아
?	소아론(小兒論)	소아론
?	삼역총해(三譯總解)	삼역
?	백련초해(百聯抄解)	백련초
1730	진본청구영언(珍本靑丘永言)	진청
?	일동장유가(日東壯遊歌)	일동
1747	송강가사(松江歌辭)	송강
1748	동문유해(同文類解)	동문
1753	왕랑반혼전(王郎返魂傳)	왕랑반혼전
1763	해동가요(海東歌謠)	해동
?	한청문감(漢淸文鑑)	한청
?	한중록(閑中錄)	한둥
1783	자휼전칙(字恤典則)	자휼
1799	언해납약증치방(諺解臘藥症治方)	언해납약
?	이희승본청구영언(李熙昇本靑丘永言)	이청
?	최남선본청구영언(崔南善本靑丘永言)	육청

[19세기]

연대	문헌명	略號
?	고산유고(孤山遺稿)	고산
1876	가곡원류(歌曲源流)	가곡
?	아악부본가곡원류(雅樂部本歌曲原流)	아가
1883	화음언해(華音諺解)	화언
1896	독립신문	독립
?	인봉쇼건	인봉쇼
?	낙성비룡	낙성

[20세기]

연대	문헌명	略號
1908	소년(少年)	소년
1919	창조(創造)	창조
1922	폐허(廢墟)	폐허
1923	백조(白潮)	백조

이상의 표에 없는 사소한 문헌은 명칭 그대로를 밝히고 인용하되 특히 다음 약호는 여기에서 밝혀 둔다.

- 주해(註解): 교주(校註) 해동가요(海東歌謠)
- 이해(李海): 이승희(李昇熙) 본(本) 해동가요(海東歌謠)의 무명씨부(無名氏部)
- 고금(古今): 고금가곡(古今歌曲)
- 아가(雅歌): 아악부(雅樂部) 본(本) 가곡원류(歌曲源流)

제1장 총설

　본 연구의 기점이 15세기인 만큼 먼저 그 당시의 한국어 조사를 체계 세워 분류하는 것이 선행되어야 하겠기에 여기서는 이 문제에 대하여 논하기로 하겠다.

　조사는 기능을 중심으로 하고 형태와 의미를 참고로 하여 다음과 같이 분류하기로 한다.

　　① 시미 기픈 므른 내히 이러 바르래 가느니 (용비 2)

　　② 太子를 하늘히 글히샤 (용비 8)

　　③ 天人은 하늘콰 사름괘라 (월석 1-33)

　　④ 이 쓰리 너희 종가 (월석 8-94)

　　⑤ 色도 空도 아니라 (능엄 2-25)

　위 예문 ①과 ②에서의 조사 「이」, 「애」, 「를」들은 그것이 첨가되는 단어로 하여금 월에서의 자리를 정해 주는데, 이런 조사를 격조사라 하고, 예문 ③에서 나타나는 조사 「고」는 월에서 같은 자리의 말을 서로 이어줄 뿐, 그 외의 어떤 구실도 하지 않는데, 이런 구실을 하는 조사를 연결조사라 한다.

그리고 ④의 예문에 나오는 「가」 조사는 상대에게 무엇을 물으면서 문장을 끝맺어 주고 있는데, 이런 구실을 하는 조사를 의문조사라 한다. 그리고 위의 여러 조사와는 달리 예문 ①과 ③의 「은/과」 ⑤의 「도」는 어떤 뜻만을 보태어 주고 있을 뿐인데, 이런 구실을 하는 조사를 보조조사라 한다.

이제 위에서 분류한 네 가지의 조사를 다시 하위분류해 보기로 하되, 먼저 격조사로부터 시작하기로 한다.

⑥ 海東六龍이 ᄂᆞᄅᆞ샤 일마다 天福이시니 (용비 1)

⑦ 구든 城을 모ᄅᆞ샤 (용비 19)

⑧ 狄人서리예 가샤 狄人이 ᄀᆞᆯ외어늘 (용비 4)

⑨ ᄂᆞᆺ비치 희요미 누니라와 더으니라 (두언 1-5)

⑩ 갈ᄒᆞ로 베혀도 긋디 아니 ᄒᆞ놋다 (금삼 2-11)

⑪ 남지늬 소리 겨지븨 소리 (석상 19-28)

⑫ 님금하 아ᄅᆞ쇼셔 (용비 125)

예문 ⑥에서 조사 「이」는 명사 「海東六龍」을 월에서 주어의 자리에 서게 하는데 이런 구실을 하는 조사를 주격조사라 하고, 예문 ⑦에서 조사 「을」은 명사 「城」을 월에서 목적어의 자리에 서게 하는데, 이런 구실을 하는 조사를 목적격조사라 한다.

그리고 예문 ⑧의 조사 「예」는 명사 「서리」를 위치부사어의 자리에 서게 하는데, 이런 구실을 하는 조사를 위치부사격조사라 하고, ⑨에서 조사 「이라와」는 명사 「눈」을 대비부사어의 자리에 서게 하므로 대비부사격조사라 한다.

그런데 대비부사격조사는 그 구실이 크게 다른 2종류로 나눌 수 있는데 이에 따라 다시 다음의 둘로 하위구분하기로 한다.

㉠ 웃 사룸두고 더은 양ᄒᆞ야 (석상 9-14)
㉡ 道陳이 남과 다ᄅᆞ샤 (용비 51)

예문 ㉠과 같이 우위를 나타내는 대비부사격조사를 우위대비부사격조사라 하고 예문 ㉡과 같이 등위를 나타나는 대비부사격조사를 등위대비부사격조사라 한다.

예문 ⑩에서 조사 「ᄋᆞ로」는 명사 「갈」을 방편부사어의 자리에 서게 하므로 방편부사격조사라 하고 예문 ⑪의 조사 「의」는 명사 「남진」을 관형어의 자리에 서게 하므로 관형격조사라 하며, 예문 ⑫에서 조사 「하」는 명사 「님금」을 부름말의 자리에 서게 하므로 호격조사라 한다.

그런데 호격조사는 그 구실에 따라 크게 셋으로 하위 구분된다.

㉢ 世尊하 (석상 9-41)
㉣ 文殊아 아라라 (석상 9-19)
㉤ 文殊舍利여 (석상 9-19)

㉢의 조사는 남을 높여 부를 때 사용되므로 존칭호격조사라 하고 ㉣의 조사는 남을 낮추어 부를 때 쓰이므로 비존칭호격조사라 하며 ㉤의 조사는 감탄을 나타내므로 감탄호격조사라 한다.

⑬ 臣下와 百姓과 領코 (월석 1-26)
⑭ 그듸내 ᄀᆞ비ᅀᅡ 오도다마ᄅᆞᆫ 舍利ᅀᅡ 몯 어드리라 (석상 23-53)

⑬, ⑭의 「와/과」, 「마를」 등은 연결조사로 이것도 다시 하위구분 되는데, 예문 ⑬과 같이 단어를 이어주는 조사를 단어결조사[1]라 부르기로 하고, ⑭와 같이 절을 이어주는 조사를 절연결조사라 부르기로 한다.

⑮ 이 ᄯ리 너희 종가 (월석 8-94)
⑯ 어늬 이 봄고 (능엄 2-48)

예문 ⑮의 의문조사는 의문사가 없는 의문문에 씌어 의문을 나타내므로 일반의문조사라 부르기로 하고, ⑯의 의문조사는 의문사가 있는 의문문에 쓰이어 의문을 나타내므로 어찌의문조사라 부르기로 한다.[2]

지금까지 다루어 온 조사의 분류를 간추려 보면 다음과 같다.

---

1) 단어에 수식어가 붙는 경우, 연결조사도 단어연결조사에 소속시키기로 한다.
2) 허웅, 『우리 옛말본』, 샘문화사, 1975, 367~369쪽 참조.

조사

1. 말 사이의 관계를 나타냄
1) 일정한 기능을 나타냄: 격조사

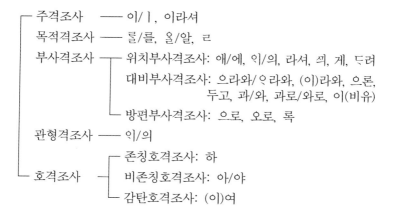

```
┌ 주격조사 ── 이/ㅣ, 이라셔
│ 목적격조사 ── 를/를, 을/알, ㄹ
│ 부사격조사 ┬ 위치부사격조사: 애/에, 이/의, 라셔, 의, 게, 드려
│           │ 대비부사격조사: 으라와/ᄋ라와, (이)라와, 으론,
│           │                두고, 과/와, 과로/와로, 이(비유)
│           └ 방편부사격조사: 으로, 오로, 록
│ 관형격조사 ── 이/의
│           ┌ 존칭호격조사: 하
└ 호격조사 ┼ 비존칭호격조사: 아/야
           └ 감탄호격조사: (이)여
```

2) 말과 말을 연결함: 연결조사

　　단어연결조사: 과/와, 이며, 이여, ᄒ고

　　절연결조사: 마ᄅᄂ, 컨마ᄅᄂ, 코

2. 뜻을 더해 줌
1) 물으면서 월을 맺음: 의문조사

　　일반의문조사: 가

　　어찌의문조사: 고

2) 말에 뜻을 더해줌: 보조조사
(1) 체언에 붙는 것

　　지적보조조사: 으란

　　각자보조조사: 곰/옴

　　유여(有餘)보조조사: 나마

국한강세보조조사: ᄆᆞᆺ, ᄇᆞᆺ/봇

불구(不拘)보조조사: 만뎡, 언뎡

양보보조조사: 인ᄃᆞᆯ

가정보조조사: 이ᄯᆞᆫ

지정보조조사: 이라

균일보조조사: 마다

(2) 체언 이외에도 붙는 것

분별보조조사: ᄂᆞᆫ/는 ᄋᆞᆫ/은

역시보조조사: 도

위치보조조사: 셔

강세보조조사: ᅀᅡ

다짐보조조사: 곳

선택보조조사: 이나, 이어나

도급(到及)보조조사: 이ᄃᆞ록

시발보조조사: 브터

유지보조조사: 다가

(3) 체언에는 붙지 않는 것

여운보조조사: 곰

제2장 15세기 조사의 용법

1. 격조사

1.1 주격조사

15세기의 주격조사는 「이」 하나로 나타나는데, 그 이전에는 어떠하였는가를 알아봄으로써 그 계보를 분명히 할 수 있을 것 같아서, 순우리말의 기록인 『삼국유사』에 나타나는 향가를 비롯하여 『균여전(均如傳)』의 향가와 이두에서는 어떻게 표기되어 나타났는가를 먼저 살피고 다음으로 15세기 주격조사의 용법을 살펴보기로 하겠다.

1.1.1. 『삼국유사』의 향가에 표기된 주격조사

○ 兒史年數就音 墮支行齊[1] (慕竹旨)

---

[1] 띄어쓰기는 필자가 한 것이다(이하 같음). 그리고 향가의 독해는 특별한 언급이 없는 한 양주동 교수의 『고가연구』에 의거하였다(양주동, 『고가연구』, 일조각, 1965).

○ 民是 愛尸知古如 (安民)

○ 咽鳥爾處米 露曉邪隱 月羅理 (讚耆婆)

○ 耆郎矣 皃史 史是藪邪 (讚耆婆)

○ 脚鳥伊 四是良羅 (處容)

○ 慧星也 白反也 人是 有叱多 (慧星)

○ 物叱好支 栢史 (怨歌)

○ 仰頓隱 面矣 改衣賜乎 隱冬矣也 (怨歌)

이상의 예문에서 보는 바와 같이, 『삼국유사』의 향가에 나타난 주격조사에는 「史, 是, 理, 伊, 矣」 등이 있는데, 이들은 음을 빌거나 훈을 빌어 표기한 것인바, 이로 미루어 보면 신라시대의 주격조사도 「이」 하나뿐이었을 것으로 보인다.

그러면 이들 여럿 중에서 어느 것이 주격조사의 본체였겠는가가 문제인데, 위와 같이 표기가 다양한 것을 양주동 교수는 『고가(古歌)연구』 402쪽 이하에서 자세히 설명하고 있으나, 『고가(古歌)연구』 623쪽에서는 발음상의 이유가 아니겠느냐고 말하고 있다. 과연 「史, 理, 矣, 伊」 등은 그러하다고 보아진다. 그러면 굳이 「是」만은 왜 훈을 취하여 주격조사로 사용되었겠느냐 하는 것인데, 양 교수는 '음차(音借)로 기사된 명사 하에 「伊」자가 사용됨에 대하여 의자(義字)로 기사된 명사자 「民, 人」 하엔 「是」자를 썼다'[2]고 설명하고 있다. 이와 같은 설명은 그 예가 부족하여 과연 옳은 설명이겠느냐 의심스러우나 장지영, 장세경 공저의 『이두 사전』에는 「伊」가 주격조사로서 실려 있지 않으며, 『이두집성(吏讀集成)』에도 나타나 있지 않다. 그리고 소창진평(小倉進平)의 『鄕歌及び吏讀の硏究』 제7장의 이두주해에도 「伊」

---

2) 양주동, 위의 책, 266~267쪽.

에 대한 것은 없을 뿐만 아니라, 만일 「伊」가 「是」와 맞먹는다면 「이다」의 표기에는 왜 「伊」가 잘 나타나지 않고 「是」가 절대 다수로 그 어간으로 나타나느냐 하는 것이다. 이와 같은 여러 사실로 미루어 볼 때 주격조사의 「이」의 본체는 「伊」와 「是」였을 것으로 보인다.

1.1.2. 『균여전』의 향가에 표기된 주격조사

○ 塵塵馬洛 佛體叱利亦 利利每如 邀里 白乎隱 (禮敬諸佛)
○ 得賜伊馬落 人米 無叱昆 (隨喜功德)
○ 身靡只 碎良只 塵伊 去米 (常隨佛學)
○ 衆生叱 邊衣于音毛 際毛冬留 願海伊過 (總結無盡)

이상의 예에서 보면 신라향가에서 볼 수 없었던 「亦, 米, 靡只(伊), 毛」 등이 나타나기는 하되 역시 「이」를 표기하기 위한 것이었던 것 같다. 따라서 여기서도 보면 주격조사는 「이」 하나뿐이었음을 알 수 있다. 그런데 위에 나타난 5개의 조사 중 어느 것이 「이」의 본체이었 겠느냐 하는 문제가 여기서도 대두되는데, 아마 「亦」였을 것으로 보인다. 그 이유는 이두에서는 이것이 아주 많이 나타나기 때문이다. 그렇다면 「亦」와 「是」는 어떻게 구분, 사용되었던 것인가도 문제로 등장되는데 소창진평(小倉進平)은 "「亦」는 여 又는 이と 讀むべく, 副詞を 表はすに 用ひられた もので, 今日の 語を 以で すれば 普通に 히を以て 書かれる もので ある"라 말하였다.[3]
　그러면 이 설명이 과연 옳은 것인지를 『대명률직해(大明律直解)』에서 보기로 하자.

---

3) 小倉進平, 『吏讀及び鄕歌の硏究』, 京城帝國大學, 1929, 403쪽, (ハ)의 註 참조.

○ 人吏及軍卒等亦 本屬五品已上官員乙 殺害爲齊… (十惡 九曰 不義)

○ 賢人君子矣 所言所行亦可以爲一國法則者 (八議, 四曰 議賢)

○ 大小軍官員等亦能守官職 (八議, 六曰 議勤)

○ 官爵亦一品及文武職事官三品以上官果… (八議, 七曰 議貴)

○ 凡京官及在外五品以上官亦犯罪爲去等… (八議, 職官 有犯)

○ 凡軍官亦 犯罪爲去等 (八議, 軍官 有犯)

○ 公事亦, 凡矣軍官員良中… (上同)

○ 凡內外大小軍民官司官吏等亦公事以 犯罪爲去等 (八議, 文武官犯公罪)

○ 妻及子孫亦 犯罪爲去等 (八議, 應議者之父祖有犯)

○ 各司亦 進來推問次良中 (上同)[4]

이상의 예를 위시하여 통계를 잡아 보니, 「亦」은 15세기의 「ㅣ」처럼 쓰인 예가 있는가 하면 ㅎ종성체언 밑에 쓰인 예도 보이며, 「이」와 같이 쓰인 예도 보인다. 이에 반하여 「是」는 「이」로만 쓰이고 있으며 ㅎ종성체언 밑에는 쓰인 것 같지 않다.

○ 凡與同罪人是 當死爲在乙良… (名例律, 稱與同罪)

○ 所在長官是 推問爲乎事 (刑律, 歐制使及本官長官)

○ 所掌內民是 官高爲在乙 (刑律, 上司官與統屬官相歐)

이상의 몇몇 사실을 바탕으로 하여 볼 때, 『균여전』의 향가에서 나타난 「亦」는 15세기 국어에서 씌었던 「이」와 「ㅣ」 두 가지로 씌었던 것이 아닌가 생각된다. 그뿐 아니라, ㅎ종성체언에서의 ㅎ음 표기를 위해 씌었던 주격조사였던 것 같기도 하다.[5] 「亦」가 이러한 용법으

---

4) 『대명률직해』에 주격조사로 「亦」가 쓰였는데 그것은 당시 중국어 음이 「이」였기 때문이다.
5) 「是」는 훈을 빌어서 사용한 주격조사이기 때문에 ㅎ종성체언의 ㅎ초성을 표기할 수 없다.

로 씌었던 까닭은 당시의 「亦」의 중국음이 「이」였기 때문인데, 역시 「이」주격조사의 주체는 「是」였을 것으로 보인다. 더구나 15세기 국어의 구결에서 보면 「亦」은 나타나지 않고 「是」가 절대다수로 나타나는 것으로도 그 뒷받침이 되지 않을까 한다. 이와 같이 신라시대부터 내려오던 주격조사 「是」는 그 용법에 따라 『균여전』의 향가에서부터는 「亦」로도 쓰이다가 15세기 훈민정음이 창제되면서 「이」로 그 계보가 이어지고 「亦」은 「ㅣ」로도 이어진 것 같다.

그러면 다음에는 「이」주격조사의 어원에 대하여 살펴보기로 하겠다.

1.1.3. 「이」주격조사의 어원

「이」주격조사의 어원에 대하여 논문이나 저서를 통하여 논한 학자는 필자 외에 다섯 분이나 된다.[6] 그러나 필자가 보기에는 각각 모순이 없지 않는 듯한데, 그것을 조금 지적하여 보면 다음과 같다.

먼저 이희승 교수의 설은 의미면에서 난점이 있는데 주격조사 「이」의 의미는 문중(文中)에서 아무리 생각하여도 「있다」의 뜻으로는 풀이되지 않는다. 더구나 「이시다」에서 발달한 조사에는 「셔」가 있는데 어떤 경우에 어간 「이」가 주격조사로 발달되고 어떤 경우에 「셔」가 조사로 발달되었는지에 대한 구별이 매우 어려울 것으로 보인다. 그것뿐만 아니고, 「계시다」가 존칭의 주격조사로 되었다고 해서, 「이시다」도 주격조사로 바뀌었다고 하는 그 연관성의 해명이 아쉬운 감이 든다.

김방한(金芳漢) 교수와 Ramstedt의 설은 상당한 근거가 있어 보인다. 그러나 김 교수와 Ramstedt의 설대로 조사 「이」가 3인칭대명사에

---

6) 이희승 교수는 「이시다」에서 주격조사가 발달되었다고 하였다(이희승, 『인문사회과학』 5집, 서울대학교출판부, 67~106쪽).

서 왔다면 「책이 있다」를 그 의미면으로 분석하여 보면 "책 이것이 있다"로 되어 이것도 모순이 없다고는 할 수 없다. 따라서 필자는 이 분들과는 다소 다른 각도에서 다루어 볼까 한다.

1.1.3.1. 한국어의 주격조사 「이」는 3인칭대명사[7] 「이」에서 왔다.

그러면 여기에서 우선 밝히고 들어가야 할 것은 과연 「이」가 3인칭대명사인가 아닌가를 알아야 하겠다. 이를 위하여 먼저 예문을 들어 보자.

　　①이 네 아슴가[是你親眷那] (초노 상 15B)
　　②與는 이와 뎌와 ㅎ는 겨체 쓰는 字ㅣ라 (훈언)
　　③이 몰두라 오니가[是相來的] (초노 상 15B)
　　④이 내 이우지라[是我街坊] (초노 상 16A)
　　⑤이 내 녯주신 지비니[是我舊主人家] (초노 상 17A)

여기에서 보면 ①, ③은 3인칭대명사요 ②, ④, ⑤는 비인칭대명사이다. 그런데 오늘날 입말에 있어서 「이」가 비인칭대명사임은 누구나 알고 있으나, 이것이 3인칭대명사로 쓰이는 일은 전혀 없다. 그러나 희귀한 예를 하나 찾을 수가 있었다.

　　⑥이가 내 아내요, 저 애가 내 딸이요 (三中堂 文庫, 無情上 11)

이것은 분명히 옛날의 자취라 할 수 있을 것이며, 이 사실로 미루

---

7) 「伊」는 3인칭대명사요 「是」는 비인칭대명사이다. 때로는 혼용되기도 하였다.

어 옛날부터 국어에는 3인칭대명사로 「이」가 존재하였음을 짐작할 수 있다.

1.1.3.2. 「이」주격조사는 월에서 3인칭의 인칭·비인칭대면사가 실사(實詞) 다음에 왔다가 허사화(虛辭化)된 것이다.

본래 조사란 월 가운데서 발달하는 것인데, 과연 3인칭대명사 「이」가 실사 다음에 온 예가 있는가를 찾아야 하겠다.
먼저 중세어에서 그 예를 찾기로 한다.

⑦ 어늬 구더 兵不碎ᄒ리잇고 (용비 47)
⑧ 뉘 아니 ᄉ랑ᄒᅀᄫ리 (용비 78)
⑨ 舍利佛이 ᄒ 師子ㅣ를 지어내니 (석상 6-64)

상예 ⑦의 「어늬」는 「어느(명사)+이(주격조사)」로 되어있으나 더 옛날에는 「어느(관형사)+이(대명사)」로 되어 있었다고 보아진다. 따라서 그 의미는 「어느 이것 굳어」로 된다. 그리고 ⑧에서도 「뉘」는 「누(대명사)+이(대명사)」로 된 것인데 그 본 의미는 「누구 이(인칭대명사) 아니 생각하겠느냐?」였을 것이다. 그리고 예 ⑨를 보면 「舍利佛이 한 獅子 이것을 지어내니…」로 될 것은 분명하다. 왜냐하면 여기서의 「ㅣ」는 아무 필요 없는 말이 와 있는 것은 아닐 것으로 보아지기 때문이다. 또 다음 예문을 보자.

⑩ 長者ㅣ 손ᄃᆡ 닐어늘…… (월석 8-其 250)

여기에서 보면 이 문장은 「長者ㅣ 손ᄃᆡ 닐어늘……」로 되고, 그 뜻은「長者 이 사람 손딕 말하거늘」로 되어 여기의 「ㅣ」도 ⑨의 「ㅣ」와 조금도 다를 바 없다고 보아진다. 우리는 이와 같은 사실을 간과해서는 안 된다. 그런데 이런 「이」가 주어의 자리에 와서 그것이 허사화되어 주격조사로 바뀐 것이다.

⑪ 책 이것 재미있다.

에서 「이것」을 옛날의 식으로 「이」대명사로 바꾸면

⑫ 책 이 재미있다.

로 될 것이요. 「이」가 의미를 잃음에 따라

⑬ 책이 재미있다.

로 굳어졌다고 보는 것은 이치에 타당한 일이라 생각된다.
다음으로 향가에서의 예를 찾아보기로 하자.

⑭ 民是愛尸知古如 → 民 이 드술 알고다 (安民)
⑮ 脚烏 伊 四 是良羅 → 가로리 네히어라 (處容歌)
⑯ 佛體 伊 衆生毛叱所只 → 부톄 衆生못 드록 (隨喜切德歌)

여기에서 보면 주격조사의 자리에는 「是」, 「伊」 두 자가 와 있는데, 여기 「是」와 「伊」는 훈독이지 음독이 아님은 누가 보아도 알 것이다. 그렇다면, 「是」와 「伊」는 뜻이 있는 독립품사였을 것이 분명하고 사실 오늘날의 「이다」의 「이」도 3인칭의 비인칭대명사 「이」에 접사 「다」가 붙어서 된 것으로 보아지는 것이다.

따라서 신라시대는 이조시대보다도 「是」와 「伊」가 실사 다음에 온 증거를 찾기는 더 쉬운 것이다.

1.1.3.3. 사물대명사 「그에」, 「거긔」, 「긔」, 「손듸」 및 불완전명사 「싼」, 「마」, 「만」 등도 위의 1.1.3.2.와 같은 과정으로 조사화하였다.

이와 같은 사실은 주격조사 「이」가 3인칭의 인칭·비인칭대명사에서 왔다는 사실을 강력하게 뒷받침해 주는 것이다.

    ⑰ 내 그에 모딜언마른 (월인 상 121)

    ⑱ 아모 그에 ᄒᆞ논 겨체 (훈언)

    ⑲ 加尸王이 내 거긔 感ᄒᆞ라 ᄒᆞ게 ᄒᆞ고 (월석 7-15)

    ⑳ 天子의 朝會ᄒᆞᄂᆞ다 (두언 15-80)

    ㉑ 無學 손듸 비호ᄂᆞᆫ 사ᄅᆞ미라 (석상 13-3)

    ㉒ 이 싼 아니라 (월석 2-46)

    ㉓ 劫火를 몃 마 디내나뇨 (남명 상 31)

    ㉔ 衆生ᄋᆞᆯ 프성귀 만 너기ᄂᆞ니 (석상 6-28)

위 ⑳에서 ㉔까지의 예들은 학자에 따라서는 조사로 보는 이가 있는가 하면 명사로 보는 이도 있다.[8]

사실 이들이 15세기 당시에는 실사임은 틀림없다. 「그에, 거긔, 의, 손듸…」의 앞 말은 모두 관형어이다. 그러나 이것을 오늘날의 안목

---

8) 李崇寧 교수의 『中世國語文法』과 南廣祐 교수의 『고어사전』, 劉昌淳 교수의 『李朝語辭典』 및 『李朝國語史硏究』에서는 조사로 다루고, 허웅 교수의 『우리 옛말본』(1975)에서는 명사로 다루었다.

으로 보면 조사로 보아지는 것은 「이」 주격조사의 경우와 조금도 다를 바가 없다. 따라서 오늘날의 조사도 옛날에는 확고한 월 성분의 하나였다는 사실만은 인정하지 않을 수 없다. 이로써 조사가 되기 위하여, 월 성분도 아니었던 것이 월 밖에서 월 안으로 삽입되어 간 것이 아님을 다시 한 번 알 수 있다. 따라서 주격조사 「이」는 불완전명사가 아니라 옛날의 3인칭의 인칭·비인칭대명사가 퇴화하여 오늘날의 사람의 이름 뒤에 오는 접미사 「이」와 불완전명사, 주격조사에 그 자취를 남기고 있는 것이다.

1.1.3.4. 3인칭의 인칭·비인칭대명사 「이」나 i 계 체언이 주어가 되면 주격조사는 생략된다.9)

이 사실도 「이」 주격조사가 3인칭대명사에서 왔다는 것을 말해 주는 방증이 된다고 보아진다.

　㉕ 이 몯ᄃ라 오니가[是相合來的] (초노 상 15B)
　㉖ 이 내 이우지라[是我街坊] (초노 상 16A)
　㉗ 이 내 녯주신 지비니[是我舊主人家] (초노 상 17A)

여기에서 보면 「이」는 대명사이다. 그러므로 주격조사는 생략되었다. 이와 같은 사실은 「이」 대명사와 주격조사 「이」는 동질적인 3인칭 대명사이기 때문이다. 「이」 대명사와 아울러 생각할 것은 사람 이름 뒤에 접미사 「이」가 오면 주격조사가 오지 않는데 이것 또한 전술한 대로 「이(伊)」가 3인칭의 인칭대명사였기 때문이 아닐까 생각한다.

---

9) 물론 i 계 체언 다음에 주격조사 「이」가 생략되는 것은 음운론적인 이유에서이기도 하나 필자의 주장에도 어느 정도의 뒷받침은 되리라고 믿는다.

㉘ 目連이 그 말 듣줍고 (석상 6-2)

㉙ 車匿이 돌아 보내샤 (석상 6-81)

㉚ 羅雲이 져머 노릇을 즐겨 (석상 6-20)

위 예에서 「이」 다음에는 어떠한 경우에도 주격조사 「이」가 오지 않는다. 이와 같은 사실은 주격조사 「이」는 3인칭대명사 「이」에서 왔다는 사실을 뒷받침하고 있음을 말해 주는 것으로 보인다.

1.1.3.5. 국어에는 옛날부터 명사 다음에 그것을 받는 대명사가 왔다.

이와 같은 사실은 월에서 명사 다음에 왔던 3인칭 통용대명사 「이」가 주격조사로 되었다는 사실의 위치적 방증(傍證)이 되지 않을까 한다.

○ 위 巡察ㅅ景 긔 엇ᄃᆞᄒᆞ니잇고 (關東別曲)

○ 위 王化中興ㅅ景 긔 엇더ᄒᆞ니잇고 (上仝)

○ 님금 ᄆᆞᅀᆞ미 긔 아니 어리시니 (용비 39)

○ 님금 말ᄊᆞ미 긔 아니 올ᄒᆞ시니 (용비 39)

1.1.3.6. 요약

이상에서 주장해온 바를 요약하여 마무리하면 다음과 같다.

• 국어에는 옛날에 인칭(伊)과 비인칭(是)에 쒸었던 3인칭대명사가 있었다.

• 이것이 월 내부에서 명사 다음에 쒸었다가 그 의미기능을 상실하고 그 앞의 말에 의탁하게 됨에 따라 주격조사로 발달하게 되었다. (그러

나 이것이 주격조사화하기 전에는 독립된 단어요, 독립된 성분이었다.)

- 3인칭대명사 「이」는 오늘날 「이」 주격조사와 사람이름 뒤에 쓰이는
  접미사와 불완전명사에 그 자취를 남기고 있으며 더 나아가서는 「이
  다」의 어간 「이(是)」에도 그 자취를 남기고 있다.

- 중세어의 「ㅣ 손딕」「ㅣ 를」 등의 「ㅣ」는 3인칭대명사의 자취이다. 이것
  은 조모음(調母音)도 아니며, 발음상 이유로 해서 나타난 것도 아니다.

- 이상과 같은 이유로 주격조사 「이」는 어떤 다른 말이 붙어서 생겨난
  것이 아니고, 어디까지나 월 내부에 있던 3인칭대명사가 바뀌어서
  생겨난 것이다.

- 오늘날 사람에 쓰이는 「이」는 옛날의 3인칭의 인칭대명사 「伊」에서
  왔고, 사물 뒤에 쓰이는 「이」는 옛날의 3인칭 사물대명사 「是」에서
  왔다.

1.1.4. 주격조사의 용법

1.1.4.1. 「이」

1) 체언이 폐음절로 끝나면 「이」가 온다.

○ 싀미 기픈 므른 (용비 2)
○ 狄人이 굴외어늘 (용비 4)
○ 어린 百姓이 니르고져 홇 배 이셔도 (훈언)

2) 체언이 「이」계 이외의 모음으로 끝나 있으면 주격조사 「이」는
이들과 합하여 한 음절로 축약되는데, 이때 체언이 평성이면 축약된
음절은 상성으로 변한다. 왜냐하면 「이」 주격조사가 거성이기 때문

이다.

평성+거성⇒:上聲

○ 그+·이=:긔 (용비 39)

○ 저+·이 =:제 (월석 1-62)

○ 부텨+·이=부:톄 (석상 6-91)

○ 그듸+·이=그:듸 (석상 6-12)

○ 드리+·이=드:리 (두언 25-7)

○ 무듸+·이=무:듸 (월석 2-56)

　

체언이 거성이나 상성이면 주격조사 「이」와 축약된 음절은 여전히 거성이나 상성이 되는데, 그 이유는 거성과 상성은 다른 높은 소리로 바뀌어 발음될 수 없기 때문이다.

　

○ ·킈+·이=·킈 (월석 1-52)

○ ·히+·이=·히 (월석 1-18)

○ :새+·이=:새 (용비 7)

　

이상에서는 주로 성조(聲調)의 변하는 것만을 보였으나, 다음에서는 성조는 표시하지 아니하고 그저 축약된 예만을 보이기로 한다.

　

○ 홇 배 이셔도 (훈언)

○ 네 三昧 닷고문 (능엄 6-91)

○ 쇠 하아 (월석 1-48)

○ 거우뤼 비치욤 붉듯ᄒ야 (능엄 10-1)

○ 홰 드외니 (능엄 8-101)

○ 긔 涅槃이니 (월석 1-36)

○ 양지 摩耶夫人만 몯ᄒ실ᄊᆡ (석상 6-2)

○ 뉘 아니 ᄉ랑ᄒᅀᄫ리 (용비 78)

○ 어늬 구더 (용비 47)

3) 체언이 「이」로 끝나 있을 때는 주격조사 「이」는 생략된다.

○ 불휘 기픈 남ᄀᆞᆫ (용비 2)

○ 묏봉오리 쇠머리 ᄀᆞ틀ᄊᆡ (월석 1-52)

○ 우름소릐 즐게 나마 가며 (월석 1-54)

○ ᄒᆞᆫ ᄢᅵ 계도록 깊다가 몯ᄒᆞ야 (월석 7-9B)

○ 다ᄉᆞᆺ 가마괴 디고 (용비 86)

○ 블근 새 그를 므러 (용비 7)

○ 힌 므지게 히예 ᄢᅦ니이다 (용비 49)

○ 킈 젹도 크도 아니ᄒᆞ고 (월석 1-52)

4) 「이」 주격조사가 오면 체언이 변동하는 일이 있다.

15세기부터 19세기까지 사이에 명사의 끝음절 모음이 「ᄋᆞ/으」인 것의 어떤 것과 「녀느, 구무, 불무」[10] 등은 「이」 주격조사가 오면 그 끝모음이 탈락되는데, 이들 명사들을 하나로 묶어 말음탈락특수명사라 부르기로 한다. 그리고 이에 대하여는 편의상 19세기까지 한꺼번에 다루기로 하겠다.

---

10) 「녀느·구무·나모·불무」 등의 본형은 「녀ᇰ·굼ᄀ·남ᄀ·붊ᄀ」로 보는 김형규 교수의 설에 따라 설명해 나갈 것이다. 이하 모두 같다.

(1) 15세기의 말음탈락특수명사

「아ᄉ」: 아ᅀᅵ 모딜오도 (용비 103)

「ᄢᅵ」: 이 ᄢᅦ 부텻 나히…… (석상 13-1)

「ᄀᄅ」: ᄀᆯ리 ᄃᆞ외ᄂᆞ니라 (월석 1-57)

「노ᄅ」: 여슷 놀이 디며 (용비 86)

「녀ᄀ」: ᄡᅦ길 노ᄑᆔᆫᄃᆞᆯ 녀기 디나리잇가 (용비 48)

「굼ᄀ」: 굼기 아니 뵈시며 (월석 2-56)

「남ᄀ」: 이 남기 잇고 (월석 1-24)

이와 같은 명사에는 이들 외에 「ᄆᆞᄅ, 여ᄉ, ᄒᆞᄅ, ᄂᆞᄅ, 시ᄅ, 붉ᄀ」 등이 있다.

(2) 16세기의 말음탈락특수명사

「아ᄉ」: 이는 우리 어믜 동싱의게 난 아ᅀᅵ오 (초노 상 16A)

「ᄀᄅ」: ᄒᆞᆫ 돈 은에 열근 ᄀᆯ이오 (초노 상 9B)

위의 예로 미루어 보면, 15세기의 말음탈락특수명사는 16세기에도 그대로 존속되었음을 알 수 있는데, 「녀ᄂ」는 『박통사(朴通事)』에서는 관형사로 많이 쓰이고 있다. 아마 16세기부터 관형사로 바뀌어 가고 명사로는 쓰이는 빈도가 줄어든 듯하다.

(3) 17세기의 말음탈락특수명사

「노ᄅᆞ」: 놀리 스스로 동산 가온ᄃᆡ 오나ᄂᆞᆯ (동국신속건 332)

      : 묏놀리 스스로 오나ᄂᆞᆯ (동국신속건 333)

「아ᄋᆞ」: 그 아이 사오라온 병을 어덛거ᄅᆞᆯ (동국신속건 374)

「ᄒᆞᄅᆞ」: 그ᄅ 고티면 흘리 몯 ᄒᆞ야셔 목쉬여 죽ᄂᆞ니라 (언해두창 상 86)

「남그」: 노ᄑᆞᆫ 남기 우흐로 하늘해 다핫더라 (중두 17-3B)

      : 이운 남기 엇ᄲᅵ시 어믜 얼굴이 ᄀᆞᆮ거늘 (동국신속건 52)

      : 남기 이우니라 (동국신속건 11)

「ᅀ」음은 임진왜란 이후에 소멸하였으므로 이때의 기록에 의해 보면, 『태평광기언해(太平廣記諺解)』1(18쪽)과 『중간 두시언해(重刊 杜詩諺解)』5(50쪽) 등에서 「여ᅀᆞ」는 「여ᄋᆞ」로 변해 있고, 「아ᅀᆞ」도 『중간 두시언해』2(2쪽)에서는 「아ᄋᆞ」로 변해 있다. 이처럼 어형의 변화에 따라 단어에 따라서는 말음탈락현상이 없어진 명사도 있다. 예를 들면 「ᄀᆞᄅᆞ」는 중간 『노걸대언해』에서는 「ᄀᆞᄅᆞᄂᆞᆫ」으로 나타난다.

(4) 18세기의 말음탈락특수명사

「노로」: 山中의 麝香 놀리 깁히 드러 수멋셔도 (古時調)

「굼그」: 히독 응황원은 목굼기 마키고 입이 다믈려 (언히납약 16)

      : 시병으로 목굼기 브으며 (언히납약 50)

18세기는 「ᄋᆞ」의 음가(音價)가 사멸한 시기이므로[11] 말음탈락특수

---

11) 허웅 교수는 『국어음운학』 432쪽에서 「ᄋᆞ」는 그 음가가 소멸한 시기를 1780년 경으로 보고 있다(허웅, 『국어음운학』, 샘문화사, 1985).

명사에 따라서는 그 어형에 변화가 생긴 것도 있으므로 말음탈락현
상이 없어진 명사도 경우에 따라서는 있었을 것이다.

(5) 19세기의 말음탈락특수명사

「ᄒᆞᄅᆞ」: 밤 다섯 낫 일곱 씩에 날 볼 할니 업스랴 (가곡 126)
「남그」: 그 남기 놉희 두어길이나 흔지라 (인봉쇼 1-24)
     : ᄇᆞ람부러 쓰러진 남기 비온다고 삭시 나며 (가곡 33)

　이상으로 15세기에서 19세기까지의 사이에 있었던 말음탈락특수
명사에 대하여 살펴보았는데, 17세기부터 이런 유의 명사들은 그 어
형이 변화되어 왔는데, 이를 간단히 표로 보이면 다음과 같다.

17~19세기까지의 말음탈락특수명사

세기	문헌명	단어	비고
17세기	동국신속삼강행실도(東國新續三綱行實圖乾)	「아ᅀᆞ」〉「아ᄋᆞ」	동국신속삼강행실도건 3叱
18세기	중간두시언해(重刊杜詩諺解) 태평광기언해(太平廣記諺解) 중간두시언해(重刊杜詩諺解) 두창경험방(痘瘡經驗方) 정속언해(正俗諺解) 중간박통사언해(重刊朴通事諺解)	「여ᅀᆞ」〉「여ᄋᆞ」 「아ᅀᆞ」〉「아ᄋᆞ」 「ᄆᆞᄅᆞ」〉「ᄆᆞ로」 「ᄒᆞᄅᆞ」〉「ᄒᆞ로」 「ᄢ」〉「ᄲ」	중간두시(重刊杜詩) 5-50 태평광(太平廣) 1-18 중간두시(重刊杜詩) 2-2 두창(痘瘡) 19 정속(正俗)—8B 박통사언해중(朴通事諺解中)
19세기	가곡원류	「남그」〉「여ᅀᆞ」	가곡 119쪽

　이와 같이 어형의 변화에 따라 그 자리매김법에 있어서는 명사에
따라 말음탈락현상이 없어지기도 하여 오다가 1896년의 《독립신문》
에 와서는 그러한 자리매김법은 완전히 없어지고 만다.

5) 「이」 주격조사는 존·비칭에 관계없이 사용되었다.

○ 부톄 ᄌᆞ조 이 뭀 ᄀᆞ색 와 (월석 7-22B)
○ 世尊이 니ᄅᆞ샤ᄃᆡ (월석 9-8B)
○ 너희ᄃᆞᆯ히 내 말와 諸佛ㅅ마ᄅᆞᆯ 信ᄒᆞ야 (월석 7-75B)
○ 부톄 니ᄅᆞ샤ᄃᆡ 네 가 무러 보라 (월석 7-11B)

1.1.4.2. 「ㅣ」

1) 받침 없는 한자말이 주어가 되면 주격조사는 「ㅣ」가 온다.

○ 大孝ㅣ 이러ᄒᆞ실ᄊᆡ (용비 92)
○ 繪孤獨長者ㅣ 닐굽 아ᄃᆞ리러니 (석상 6-26)
○ 弟子ㅣ 상예 갓가ᄫᅵ 이셔 (석상 6-19)

이 「ㅣ」는 부차적요소로서 한자와 합하여 한 음절로 읽어야 함을 나타낸 것이다.

2) 받침 없는 한자말이 「이」로 끝났을 때에도 굳이 「ㅣ」를 붙이는 일이 있는데 그것은 그 한자말이 주어임을 분명히 해 주기 위해서인 것이다.

○ 如來ㅣ 方便으로 (법화 5-147)
○ 理ㅣ 衆生ᄋᆡ ᄆᆞᅀᆞ미니 (능엄 2-23)
○ 是ㅣ 物이라 (능엄 2-34)

이와 같은 현상은 주로 한문에 현토한 문헌에서 많이 나타나는 것을 보면 그것을 번역할 때 주어로 하도록 착오를 없애기 위한 데에 그 이유가 있는 듯하다.

1.2. 목적격조사

목적격조사도 주격조사와 같이 신라로부터 15세기까지의 맥락을 이어주기 위하여 향가에 쓰었던 목적격조사와 이두에서 쓰었던 목적격조사는 각각 어떠하였는가를 알아보기로 하겠다.

1.2.1. 훈민정음 이전의 목적격조사

1.2.1.1. 향가에 표기되었던 목적격조사

○ 吾肹 不喩慚肹伊賜等 (獻花歌)

○ 此肹 喰惡支治良羅 (安民歌)

○ 此地肹 捨遣只 (安民歌)

○ 心未 際叱肹 逐內良齊 (讚耆婆郎歌)

○ 膝肹 古召旀 (禱千手觀音歌)

○ 千隱 目肹 一等下叱放 一等肹 除惡支 (上同)

○ 游鳥隱 成叱肹良 望良古 (慧星歌)

○ 功德叱身乙 對爲白惡只 (稱讚如來頌)

○ 際于萬隱 德海肹 (稱讚如來頌)

○ 佛前 灯乙 直體良焉多衣 (廣修供養歌)

○ 綠起叱理良 尋只見根 (隨喜功德歌)

○ 法雨乙 乞白乎叱等耶 (請轉法輪歌)

○ 衆生叱 田乙 潤只沙音也 (上同)

○ 毛乙 寶非 鳴良尓 (請佛住世歌)

○ 難行苦行叱願乙 (常隨佛學歌)

○ 命乙 施好尸 歲史中置 (上同)

위의 예문에서 보면, 『삼국유사』 향가에서는 모두 목적격조사로 '肹'를 사용하였는데, 『균여전』의 향가에서는 ㅎ종성체언에는 '肹'를 쓰고 그 이외의 체언에는 '乙' 또는 '良'12)을 사용하고 있다. 이와 같은 사실은 고려향가가 훨씬 더 실제적인 표음적 표기체계를 취했다는 것이 되는데, 한편으로 생각해 보면 뭔가 문법 의식과의 관련도 있지 않을까 하는 짐작이 든다. 그렇다고 이것으로써 별개의 목적격조사가 생겼다고는 생각되지 않는다.

1.2.1.2. 이두에 표기되었던 목적격조사

여기서는 『대명률직해』에 나타난 이두를 가지고 살펴보기로 하겠는데, 거기에서는 오직 목적격조사는 '乙'로만 나타난다. 따라서 몇 개 만 예시하여 보면 다음과 같다.

○ 本國乙 背叛爲遣 (十惡, 三曰謀叛)

○ 夫矣祖父母及父母等乙打傷爲㫆 (十惡, 四曰 惡逆)

○ 凡大祀及廟享乙所掌官司亦祭日乙各司良中預告不冬爲在乙… (禮律, 祭享)

---

12) 양 교수는 '良'을 'ㄹ'로 풀이하고 있으나, 필자의 소견으로는 '랑'이 아니었던가 생각된다.

이상의 향가와 이두에서 살펴본바, 목적격조사는 신라·고려시대에도 '을'이었음을 알 수 있는데, 당시 '肹' 또는 '乙'로 표기되었던 것이 훈민정음에 와서는 '을'로 표기하게 되었던 것이다.

1.2.2. 목적격조사의 본체

앞 1.2.1.1에서 살펴본바, 훈민정음 이전의 목적격조사는 '肹' 또는 '乙'로 표기되어 나타나더니, 훈민정음에서는 '을/을', '를/를' 또는 '르' 등 다양하게 나타난다. 따라서 여기서는 어느 것이 목적격조사의 본체였겠느냐에 대하여 상고해 보기로 하겠다.

앞 1)의 예문에서 보면 신라향가에서 사용되었던 것은 '肹'였고, 『균여전』의 향가와 이두에서는 '乙'이 사용되었다. 집운(集韻)에 의하면 '肹'의 음은 묵을절(黑乙節)로 되어 있으니 우리말 음으로 옮긴다면 '흘'임에 틀림없고, '乙'은 말할 것도 없이 '을'이다. 이것으로 미루어보면 목적격조사의 본체는 '을'이었음을 알 수 있다.[13] 따라서 '를'은 'ㄹ'을 하나 더 첨가한 것이요, '르'은 '을'의 '으'가 줄어진 것으로 보아야 할 것이다. 더구나 17세기에는 다음과 같은 예를 많이 볼 수 있다.

○ 잉동차나 권ᄒ야 머겨 발포을 ᄒ려니와 (두창경 30)
○ 병세을 보아 가며 분수를 가감ᄒ라 (두창경 36)

이와 같은 사실은 물론 오기라고도 볼 수 있으나 '을'이 목적격조사의 본체였던 흔적으로 볼 수 있지 않을까 생각한다.[14]

---

13) 허웅 교수는 『국어음운학』 268쪽에서 '을'로 잡고 있다. 그리고 '흘'은 'ㅎ중성 체언' 다음에 사용되기 위했던 데서 이것이 주로 사용되고 있다고 느껴지는바, 이런 일로 미루어 보면 上古時代에는 ㅎ종성체언이 많았던 것 같은 느낌이 든다.
14) 목적격조사의 어원도 문제가 되는데 이것은 목적물을 나타내던 어떤 명사에서 발달해

1.2.2.1. 목적격조사: 「올/을」, 「롤/를」, 「ㄹ」

1)「올/을」

(1) 폐음절로 끝난 체언 밑에 쓰이는데 「올」은 양성모음으로 끝난 체언 밑에 쓰이고 「을」은 음성모음으로 끝난 체언 밑에 쓰인다.

　○ 흔가짓 고졸 프느니 (금삼 2-86)

　○ 社稷功올 혜샤 聖心을 일우시니 (용비 104)

　○ 弟子ㅣ 드외야 銀돈을 받ᄌᆞᄫᆞ니 (월석 1-3B)

　○ 나라홀 아ᅀᅳ 맛디시고 (월석 1-5A)

　○ 모ᄎᆞᆷ내 제 ᄠᅳ들 시러 펴디 몰ᄒᆞᆯ 노미 하니라 (훈언)

　○ 도죽 五百이 그윗거슬 일버ᅀᅥ (월석 1-6A)

　○ 燈照王이 普光佛을 請ᄒᆞᅀᄫᅡ (월석 1-9A)[15]

(2) 폐음절 「이」로 끝나는 체언 밑에는 「올/을」이 같이 사용된다.

　○ 社稷功올 혜샤 聖心을 일우시니 (용비 104)

　○ 名賢劫이 엻 제 後人일을 뵈요리라 (월석 1-21A)

온 것이나 아닌가 하고 추정해 본다. 다음의 예를 보자.
　○ 德이여 福이라 호늘 나ᅀᆞ라 오소이다(『악학궤범』,「動動」)
　○ 사ᄉᆞ미 짒대예 올아셔 히금을 혀겨量를 드로다(「靑山別曲」)
위의 예문에 의하면 관형사형 어미 다음에 목적격조사가 와 있는데, 이와 같은 사실이 '올'로 하여금 명사에서 발달해 왔다는 근거를 제시해 주는 것으로 보이게 한다. 이것은 관형격조사 '의'의 경우와 같은데, 이에 관해서는 '관형격조사의 어원'을 참조하기 바란다.
15) 15세기에 '올'과 '을'은 완전히 양성모음과 음성모음으로 구별 사용되지 않았던 듯하여 다음과 같은 예가 나타나기도 한다.
　○ 瞿曇婆羅門(론)을 맛나샤(월석 1-p.5a)

○ 摩訶般若波羅密을 念ᄒ라 ᄒ시고 (법보상 2B)

(3) 목적격조사 중 특히 「올/을」은 관형사형어미 다음에 씌었다.

○ 德이여 福이라 호ᄂᆞᆯ 나ᅀᆞ라 오소이다 (악학궤범, 動動)

2) 「롤/를」

(1) 「롤」은 양성 개음절 체언 밑에 쓰이고 「를」은 음성 개음절 체언 밑에 씌었다.

○ 天下ᄅᆞᆯ 맛디시릴ᄊᆡ (용비 6)
○ 히ᄅᆞᆯ 자보ᄆᆞᆫ 知慧 너비 비췰 ᄠᅳ지오 (월석 1-18A)
○ 더본 煩惱ᄅᆞᆯ 여희의 홀 ᄠᅳ지오 (월석 1-18A)
○ 義旗를 기드리ᅀᆞᄫᅡ 簞食壺漿ᄋᆞ로 길헤 ᄇᆞᄅᆞᅀᆞᄫᆞ니 (용비 10)
○ 大義를 ᄇᆞᆯ기실ᄊᆡ (용비 66)
○ 城의 나아 부텨를 맛ᄌᆞᄫᅡ 저ᅀᆞᆸ고 (월석 1-13B)

(2) 「이」로 끝나는 체언 밑에는 「를」보다 「ᄅᆞᆯ」이 절대 다수로 많이 사용된다.

○ 두 줄기를 조쳐 맛디노니 (월석 1-13A)
○ 마리ᄅᆞᆯ 퍼두퍼시ᄂᆞᆯ (월석 1-16A)
○ 須彌山 베윤 이른 죽사리ᄅᆞᆯ 버서날 ᄠᅳ지오 (월석 1-17B)[16]

---

16) 목적격조사 'ᄅᆞᆯ/를'은 'ᄝ'이 받침으로 쓰인 체언 하에 쓰였다. 이런 사실로 보면 'ᄝ'의 실제 발음은 없었던 것 같다.

(3) 개음절 체언 밑에서 「롤/를」은 「ㄹ」로 나타나기도 한다.

○ ㅂ야미 가칠 므러 즘게 가재 연즈니 (용비 7)
○ 뫼님을 모룰씨 발자쵤 바다 남기 뼤여 性命을 ᄆ츳시니 (월석 1-2B)
○ 子息 업스실씨 몸앳 필 뫼화 그르세 담아 男女를 내ᅀᆞᄫᆞ니 (월석 1-2B)

3) 「ㄹ」

(1) 개음절 한자어가 목적어로 쓰일 때 그 밑에 사용되었다.

○ 阿僧祇 前世劫에 님금 位ㄹ ᄇ리샤 (월석 1-2A)
○ 方國이 해 모두나 至德이실씨 獨夫受ㄹ 셤기시니 (용비 11)

이와 같은 일은 아마 율조를 맞추기 위해서, 「롤/를」 또는 「올/을」을 줄여서 사용했던 데서 나타난 현상이 아니었던가 생각된다. 왜냐하면 이와 같은 목적격조사는 대개가 악장에서 주로 나타나기 때문이며, 굳이 한자어가 아니더라도, 「孔雀일」(용비 46), 「하나빌」(용비 125) 등에서도 자주 찾아볼 수 있기 때문이다.

(2) 목적격조사에 의하여 체언이 변동하는 일이 있다.
이에 관하여도 편의상 15세기부터 19세기까지를 한꺼번에 다루기로 하겠다.

○ 부톄 ᄃ외야 號(쁑)를 釋迦牟尼라 ᄒ리라(월석 1-15b)

① 15세기의 말음탈락특수명사

　「년그」: 四海를 년글 주리여 (용비 20)
　「남그」: 즘게 남글 樹王이라 ᄒ니라 (월석 1-47)
　　　　 : 빗근 남글 보고 (두언 20-24)
　「붊그」: 큰 붊글 여희니라 (두언 2-47)
　「아ᅀ」: 아ᄃᄅ른 앗을 절ᄒᄂ다 (두언 8-28)
　「노ᄅ」: 峻阪앳 늘을 쏘샤 (용비 65)
　「ᄆᄅ」: 慈悲心 뮈으ᄆ로 믈를 사ᄆᆳ디니 (월석 9-2143)

이상의 명사 외에 「ᄀᄅ·여ᅀ·ᄂᄅ·ᄒᄅ」 따위가 있다.

② 16세기의 말음탈락특수명사

　「남그」: 남글 듧디 아니면 ᄉ뭇디 몯 ᄒᄂ니라 (초박통상 27)

15세기에는 이에 해당되는 명사에는 「굼그·년그·붊그…」 등이 있었으나 16세기에는 이것 하나밖에 예를 찾지 못하였다.

　「ᄀᄅ」: 우리 딥과 콩과 글을 다 네지븨와 산 거시니 (초노 상 23B)

이 경우도 15세기에는 「여ᅀ」, 「아ᅀ」, 「ᄂᄅ」, 「ᄆᄅ」, 「ᄒᄅ」, 「뼈」 등 많이 있었으나 역시 예는 이것 하나만 찾게 되었다.

③ 17세기의 말음탈락특수명사

「남그」: 그 안해 깁을 안고 누엇거늘 위대로 ᄒ야 남글 싸코 블 디ᄅ고
　　　　가니라 (태평광 1-15)
　　　　즁되여 남글 ᄀ희야 부모의 얼굴를 밍ᄀ라 (동국신속건 54)
「ᄀᄅ」: 션각 굴를 드슨 믈에 ᄒ늘 플어 머기라 (언해두 상 123)
　　　　조협 굴를 산부의 코애 부러 ᄌ치용ᄒ면 즉시 건ᄂ니라 (언해태
　　　　129)
　　　　ᄹᄅ을 디혀 굴를 민ᄃ라 (태평광 1-11)
　　　　실쇼산 굴늘 초의 ᄆ라 달혀 (언해태-108)
　　　　뇨노싯룰 ᄣ 환을 지으되 (두창경-62)

　　상례의 맨 끝의 예는 「싯룰」로 되어 있는데 「싯」의 「ㅅ」은 사잇소
리이다. 그리고 「ᄀᄅ」는 목적격조사가 오면 「굴를」, 「굴룰」 등 모음
조화에 혼란을 빚어 나타나기도 한다.

　　「ᄒᄅ」: 그 아비 어미 ᄒ룰 사이 두고 서ᄅ 니어뼈 죽거늘 (동국신속건
　　　　　276)

　　이들 외에 「ᄆᄅ·ᄂᄅ·아ᄉ」 등의 예는 찾지 못했다. 그런데 「여ᄉ」
는 이때 「여으」로 바뀌었으나 역시 말음탈락특수명사로 보아야 할
것 같다.

　　○ 요괴로운 여을 만나면 ᄆ어시 해 되지 아니ᄒ리오 (태평광 1-15)

④ 18세기의 말음탈락특수명사

「ᄒᆞᄅ」: 내 홀롤 흔히 곳치 사니 (삼역 34)

이때의 예로는 이것밖에 찾지 못하였으나, 이 외의 말음탈락특수
명사도 있었을 것으로 보인다.

⑤ 19세기의 말음탈락특수명사

이때는 문헌에 말음탈락특수명사가 잘 나타나지 아니하는데, 「ᄀᆞ
ᄅ」는 『두창경험방(痘瘡經驗方)』에서 「ᄀᆞ로」로 바뀌었고, 「여ᄉᆞ」는 『
태평광기언해』에서 「여으」로 바뀌었으며, 「ᄢᅵ」는 『박통사언해』에서
「ᄲᅵ」로 바뀌었고, 「ᄒᆞᄅ」는 『정속언해(正俗諺解)』나 『화어계몽언해(華
語啓蒙諺解)』 등에서 「ᄒᆞ로」로 바뀌어 있을 뿐 아니라 ≪독립신문≫에
서는 「아ᅀᆞ」도 『중간 두시언해』에서 「아으」로 나타나더니 『한중록』
에 와서는 「아오」로 나타난다. 위와 같은 일련의 사실은 무엇을 말하
느냐 하면, 19세기 중엽 이후부터는 목적어로서 이들 말음탈락특수
명사의 자리매김법은 나타나지 않았다는 사실을 증명해 주는 것이
되지 않을까 생각한다.

1.3. 부사격조사

부사격조사는 위치부사격조사, 대비부사격조사, 방편부사격조사
의 셋으로 구분되는데, 여기서는 편의상 부사격조사 하나하나에 대
하여 차례로 다루기로 하겠다.

1.3.1. 위치부사격조사

15세기의 위치부사격조사에는 「애/에」, 「익/의」, 「라셔」, 「긔」, 「게」, 「익게/의게」, 「흔딕」, 「드려」 등이 있었는데, 후대로 오면서 「애셔/에셔」, 「익셔/의셔」, 「손딕」, 「대되」, 「ㅣ게」 등이 더 발달하였다가, 결국에는 오늘날 「에/에서」, 「에게/에께」, 「더러」, 「한테」 들만 남게 되었다. 그런데 이들 전체를 한꺼번에 다루기란 어려우므로 앞에서 예거한 차례에 따라 그 변천을 설명해 가기로 하겠는데, 여기서는 먼저 위치부사격조사에 대하여 향가와 이두에서의 표기를 알아보고, 신라시대의 위치부사격조사의 본체는 무엇이었던가에 대하여 살펴보기로 하겠다.

1.3.1.1. 향가에서의 위치부사격조사 「애/에」 및 「익/의」의 표기

1) 『삼국유사』와 『균여전』의 향가에 표기되었던 위치부사격조사

○ 東京明期月良夜入伊遊行如可 (處容歌)

○ 無量壽佛前乃惱叱古音多可支白遣賜立 (願往生歌)

○ 吾良遣知支賜尸等焉 (禱千手觀音歌)

○ 一等枝良出古 (上同)

○ 彌陁利良逢乎吾 (上同)

○ 自矣心米 (遇賊歌)

○ 目煙 廻於尸 七史伊衣逢烏支 惡知作乎下是 (慕竹旨郎歌)

○ 郎也 慕理尸 心未行乎尸道尸 (上同)

○ 蓬次叱巷中 宿尸夜音 有叱下是 (上同)

○ 紫布岩乎过希 (獻花歌)

○ 沙是八陵隱 汀理也中 (讚耆婆郎歌)

○ 逸道川理叱磧惡希 (上同)

○ 心未際叱肹 逐內良齊 (上同)

○ 夜矣卯乙 抱遺去如 (薯童謠)

○ 千手觀音叱前良中 (禱千手觀音歌)

○ 直等 心音矣 命叱使以惡只 (兜率歌)

○ 月置入切爾於將來尸波衣 (彗星歌)

○ 仰頓隱 面矣 改衣賜乎隱冬矣也 (怨歌)

○ 心米 筆留 (禮敬諸佛歌)

○ 慕呂白乎隱 佛體前衣 (上同)

○ 一念惡中 涌出去良 (稱讚如來歌)

○ 法界惡之叱 佛會阿希 (請轉法輪歌)

○ 世呂中止以友白乎等耶 (請佛住世歌)

○ 曉留朝于萬夜未 (上同)

○ 衆生叱海惡中 (普皆廻向歌)

○ 誓音 深史隱尊衣希 (願往生歌)

이상의 예에서 본 바 위치부사격조사를 어떻게 독해했는가에 대하여 표로 보이면 다음과 같다.

위치부사격조사

향가의 조사	향가명(출전)	양 교수의 해독	서 교수의 해독	비고
米	慕竹旨郎歌	애(처격)	처격의 어미화	
衣	慕竹旨郎歌 (稱讚如來歌)	에(예)(처격) (의〈지격〉)	의(처격)	양 교수는 「의」를 지격으로 도 읽음
未	慕竹旨郎歌 (祭亡妹歌)	이(지격) 애(처격)	이(처격)	양 교수는 「이」를 지격으로 도 읽음
中	慕竹旨郎歌 (祭亡妹歌)	희(처격)	희(처격)	

希	獻花歌	히(처격)	희(처격)	
也中	讚耆婆郎歌	여히(처격)	야히(처격)	
惡希	讚耆婆郎歌		아희(처격)	양 교수는 「希」만을 조사로 본다
良	處容歌 (禮敬諸佛歌)	애(처격) 에(처격)	아(처격)	서 교수는 여격으로도 본다
矣	處容歌 (祭亡妹歌) 薯童謠	(에)(처격) 이(처격)	이(향격) (처격) 이(처격)	
良中	禱千手觀音歌	아히(처격)	아히(처격)	
乃	願往生歌	에(처격)	애(처격)	
衣希	願往生歌	어히(처격)	으희(처격)	
良衣	稱讚如來歌	아이(처격)		
惡良	〃	악히(처격)		
阿希	請轉法輪歌	아히(처격)		

위의 표에 나타난 조사를 위치부사격조사와 관형격조사 별로 나누어 보면 다음과 같다.

〈표〉 표제목 누락

格 ＼ 교수	양 교수	서 교수
위치격	衣, 未, 中, 希, 也中, 惡希, 良, 矣, 良中, 米, 乃, 衣希, 良衣, 惡良, 阿希	衣, 未, 中, 希, 也中, 惡希, 良, 矣, 良中, 乃, 衣希, 良衣, 矣也(怨歌)
관형격	衣, 未, 矣	矣

이 표에 의하면, 양주동 교수는 「衣, 未」는 위치부사격조사와 관형격조사의 둘로 해독한 것에 대해, 서재극 교수는 「衣, 未」를 한결같이 위치부사격조사로만 읽었다. 그리고 서 교수는 하나의 조사는 시종일 관 하나의 음으로 읽었는데 양 교수는 하나의 조사를 여러 가지 음으로 읽었다. 예를 들면, 「衣」를 서 교수는 시종 「의」로 읽는 반면, 양 교수는 「에, 예, 의」의 셋으로 읽었고, 「未」를 서 교수는 「의」로 읽는 반면,

양 교수는 「익, 애」의 둘로 읽었음과 같다.

따라서 서 교수에 의하면 향가의 위치부사격조사의 「의」를 표기하기 위해서는 「衣, 希(ㅎ종성체언 밑에서)」가 씌었고, 「익」를 표기하기 위하여는 「末, 中, 矣」가 씌었으며 「에」를 위해서는 별로 특별한 것이 없으나, 「애」를 위해서는 「良中, 乃」등이 쓰인 것처럼 보고 있는 듯하다.[17] 이에 반하여 양 교수는 다음과 같이 보고 있다. 즉, 「애」를 표기하기 위해서는 「米, 末, 良, 良中, 良衣, 阿希」등을 사용하였고, 「에」를 위해서는 「衣, 良, 乃, 衣希」등을 사용하였으며, 「익」를 위해서는 「末, 中, 希, 矣」를 사용하였고, 「의」를 위해서는 특별히 지적한 것이 없다. 그런데 소창진평은 『鄕歌及び吏讀の硏究』(190쪽)에서 「衣」는 오늘날은 '에'만으로만 말하나, 옛날에는 「애, 에, 예」와 같이 말했다고 하면서, 신라시대에 모음조화가 있었다고 보는 듯하다. 어떻든 신라시대에는 하나의 조사를 이렇게도 저렇게도 읽었을 가능성이 있어 보일 뿐만 아니라, 하나의 조사를 다른 조사로도 사용했을 것으로 보임은 향가의 해독에서 나타나는 바와 같다. 그런데 한 가지 이상한 것은 왜 위치부사격조사만은 「良中, 也中, 惡中, 衣中, 阿希…」등과 같이 두 자로 표기하였던가 하는 것인데, 양 교수는 『고가연구』(1965: 190)에서 다음과 같이 설명하고 있다.

위와 같은 풀이가 과연 옳은지는 모르나, 「良中, 阿希(衣希), 亦中(也中)」의 풀이가 모두 비슷한즉 「아히, 어히, 여히」가 축약되어 「애, 에,

---

17) 이들은 신라시대의 국어 위치부사격조사의 재구형이다.

예」로 되었다고 봄즉도 하다. 그렇다면 이들은 어원적으로 두개의 단어였다고 보아야 하는데, 왜 「希, 衣, 良」 등은 『삼국유사』 향가에서 한 자로 읽혔는가가 의문이다. 그러나 두 자로 된 조사 중 「也中 (찬기), 惡希(찬기), 良中(도전수)」은 『삼국유사』의 향가에 쓰였고 「良衣 (칭찬), 惡中(칭찬·보개), 阿希(청전)」는 『균여전』의 향가에 쓰였는데, 『대명률직해』에서는 「良中」으로 굳어져 버렸다. 이와 같은 일은 아마 한 자로 된 조사가 위치부사격과 관형격의 둘로 혼용되매, 문법의식이 작용하여 위치부사격조사를 구별하기 위하여, 「良, 惡, 阿」 등을 그 앞에 붙였던 것이 그대로 후대로 이어져서 『대명률직해』에서 '良中'으로 굳어진 것이 아닌가 한다. 그렇게 생각해 본다면 위치부사격조사의 본체는 무엇이었던가를 알아보지 않으면 안 될 것 같다.

1.3.1.2. 향가에 나타난 위치부사격조사의 본체

일찍이 양주동 교수는 "…方位·持格 양조사는 고어법엔 워낙 구별이 없음을 알 것이라"[18] 하였고, 다음과 같이 밝혔다.

○ 直等隱心音矣 命叱使以惡只 (兜率歌)
○ 夜矣 卯乙 抱遺去如 (薯童謠)
○ 於內人衣 善陵等沙 (隨喜功德歌)

등은 명사를 단용(單用)하여 지격조사(持格助詞)를 분리기사(分離記寫)하였다. 이러한 현상은 주격에도 동양(同樣)인 바 당시의 어법 개념이 조사 분리과정의 중간상태에서 동요함을 말하는 호재료(好材料)이다.[19]

---

18) 양주동, 앞의 책, 1965, 148쪽.
19) 위의 책, 177쪽.

이와 같은 주장을 바탕으로 하여 다시 상고하여 보면, 본래 국어에는 위치부사격조사 「矣」가 있었는데, 이것이 관형격조사에도 병용되어 오다가 후대로 오면서 특히 향가 당시에 관형격조사가 분리되기에 이르렀다는 요지로 해석할 수 있을 것 같다.

이와 같은 양 교수의 설에는 상당히 수긍할 만한 점이 있다. 그러나 필자가 보기에는 그렇지 아니하다. 즉 「矣」는 본래 관형격조사였고 「中」은 본래 위치부사격조사였었는데, 이들은 오늘날에도 「애」와 「의」가 혼용되듯이 문맥에 따라 구별·사용되지 못한 데서 서로 혼용되었다고 보아진다. 다음에서 위치부사격조사에서 관형격조사가 분화·발달된 것이 아니라는 이유를 말해 보기로 하겠다.

첫째, 만일 「矣」가 위치부사격조사였다면 어떻게 이것이 관형격조사가 될 수 있겠는가 하는 점이다. 다시 말하면 위치부사격조사가 있는데 어떻게 또 위치부사격조사를 만들고, 「矣」를 관형격조사로 양보했겠느냐 하는 점이다. 이것이 본래 관형격조사였는데 발음의 유사성으로 위치부사격조사로도 사용되다가 문법의식이 발달함에 따라 새로이 위치부사격조사를 만들어서 쓰게 하고 자기는 그 본연의 위치를 되찾았다고 보는 것이 이치에 합당하지 않을까 생각된다.

둘째, 위치부사격조사에서 관형격조사가 발달했다면 향가 전체를 통하여 「中」만은 왜 관형격으로 쓰인 예가 하나도 나타나지 않는가 하는 점이다. 다른 모든 위치부사격조사는 그렇지 아니한데, 왜 굳이 「中」만은 그러했겠는가 의문인바, 그것은 아마 관형격조사가 위치부사격조사에서 발달한 것으로 볼 수 없는 이유가 되지 않을까 생각된다.

셋째, 「矣」가 서동요에서 위치부사격으로 쓰이고 혜성가부터는 이후 계속하여 관형격으로 쓰였으며 위치부사격으로는 「衣, 希, 乃, 中, 良, 也中, 良中…」 등 다양하게 쓰였는데, 서동요와 혜성가가 거의 동시대라고 본다면 「야의(夜矣)」라는 예 하나로써 관형격조사가 위치부사격조사에서 발달해 왔다고 단정을 내릴 수 있겠는지 의심스럽다. 더구나 「矣, 衣, 希」의 고음(古音)을 상고해 보면, 「矣」는 집운(集韻)에서 「羽巳切 i³紙」로 설명되어 있고, 「衣」는 집운에서 「於希切 i¹ 微」 또는 「於旣切 i⁴未」로 설명되어 있다. 그리고 「希」는 집운에서 「香依切 hsi¹ 微」로 설명되어 있다. 물론 이 한자음만으로써는 단정하기 어려우나, 이들 셋은 그 음이 모두 「i」인 바 성조만이 다른데 이들이 서로 혼용될 가능성은 있어 보인다.

그렇다면 위치부사격조사의 본체는 무엇으로 보아야 하느냐 문제이나, 「中」인 것으로 보인다. 왜냐하면 「中」은 후에 「良中」으로 나타나더니, 이두까지도 계속 사용되어 오다가 이것이 훈민정음으로 이어져서 드디어 「애/에」로 정착되었다고 보아지기 때문이다. 그리고 「衣, 希, 未, 也中」 등은 음을 표기해 주기 위하여 또는 모음조화에 의한 표기를 위해 사용되었던 것으로 보아진다. 일찍이 양 교수는 『고가연구』(1965: 396)에서 「애/에」의 발달을 다음과 같이 설명하고 있다.

良中(아히)—아이—애
亦中(어히)—어이—에
也中(여히)—여이—예

여기에서 진정한 위치격조사의 본체는 「이」라 하고 다시 다음과 같이 예시하고 있다.

○ 흔히를 梓州ㅣ 사로라 (두언 2-1)
○ 어느이다 노코시라 (악학궤범, 정읍사)

양 교수의 설에 의한다면, 「에/애」는 두 단어가 하나의 음절로 축약되어 만들어졌다고 볼 수 있다. 그러면 이들이 진정 무엇이었는지 알아보기로 한다.

허웅 교수는 『우리 옛말본』(1975: 348)에서 위치격조사에 「히」가 있다 하고, 「히」는 위치자리토씨로 보아지나 오직 한 용례 밖에 찾지 못했다. 우선 토씨로 보아 두고 뒷날의 고증을 기다리기로 한다 하고는 "부톄 이에 와 滅度ㅎ실쏀뎡 우리히도 스승니미실씨"(석보 23: 52)라고 말하고 있다. 그런데 필자는 이러한 「히」야말로 귀중한 자료라고 생각하고 이 문제에 대하여 논해 갈까 생각한다. 그런데 필자는 오늘날 「에」가 양 교수가 주장하는 대로 그렇게 발달해 왔다고는 볼 수 없다고 생각한다. 왜냐하면 우리말의 조사발달원리에 극히 어긋나기 때문이다. (굳이 양 교수처럼 보려고 하면 '良, 亦, 也'는 음을 표기해 주기 위한 것으로 볼 수 있다.)

이제 향가에서 약간의 예를 보기로 한다. 다음은 『고가연구』(1965)에 의존한 것이다.

① 郎이여 그릴 모ᅀᆞ미 녀올길 다봇 모ᄉᆞᆯ히 잘밤 이시리[郎也慕理尸心未, 蓬次叱巷中宿尸夜音有叱下是] (慕竹旨)

② 딛배 바희 ᄀᆞᆺ히[紫布岩乎过布] (獻花歌)

③ 새파른 나라여히[沙是八陵隱汀理也中] (讚耆婆)

④ ᄉᆞᄇᆞᆯ 불긔 ᄃᆞ래[東京明期月良] (處容歌)

⑤ 千手觀音ㅅ前아히[千手觀音叱前良中] (禱千手)

⑥ 一念악히 솟나가라[一念惡中涌出去良] (稱讚如)

⑦ 누리히 머믈우슬보다라[世呂中止以友白乎等那] (稱佛往)

⑧ 衆生ㅅ바ᄃᆞᆯ악히[中生叱海惡中] (普皆廻)

이들 예문에서 보면 「에」로는 「未, 中, 希, 也中, 良, 中」 등이 씌어

있는데, 「未」는 「매」라는 음을 표기하고자 한 데서 왔을 것이니, 진정 위치격조사의 본체는 「中」이라 보아진다. 그렇다면 「中」은 향가 해독에서 「히(의)」로 기록되고 있는데, 이것이 그 당시 실제 발음이었던가 아니면 그 훈이었던가 상당히 의문이나, 필자가 생각하기에는 음보다는 「中」의 훈이었을 것으로 생각된다. 따라서 '가운데'를 뜻하는 「中」에서 위치격조사가 발달해 왔다고 먼저 결론을 내릴 수 있겠다. 따라서 「다봇 무술히 잘밤 이시리」에서의 「히(의)」를 본래의 뜻대로 풀어 본다면 「다봇 무술 가운데(또는 「안」) 잘밤 이시리」로 되어 아주 자연스럽다. 이와 같은 현상은 국어와 가장 가까운 일본어에서도 찾아볼 수 있는데, 일본어 위치격조사 「ヘ」는 옛날 「邊」에서 왔다고 한다(『日榮社編集所編』, 『要說文語文法』에서 그렇게 말하고 있다). 따라서 「私ハ 學校ヘ行ク」에서 「學校ヘ」의 본래의 뜻은 「學校 가」이다. 따라서 위 문장 전체의 뜻은 「나는 학교 가 간다」가 되는 셈이다. 이와 같이 그들이 「邊」으로써 위치격조사를 나타내고 우리가 「中」으로써 위치격조사를 나타내었다는 것은 전혀 관련이 없는 것도 아닐 것이며, 양 언어의 특질에 의해 그리 기록되었을 것으로 보아진다. 이제는 『대명률직해』에서 예를 찾아보기로 하겠다.

○ 幼小大亦 外人乙 招引爲 自家良中 二十貫乙 偸取令是右乙良… (名例律: 共犯罪分道從)

○ 趣便以宮城內及宮殿門內良中直立爲旀 (上同)

○ 凡同僚官吏亦 文案良中 同著署公事乙決斷爲乎矣 (名例律: 同僚犯功罪)

○ 故出入人罪例良中依准論遺 (上同)

위의 예에서 보는바, 이두에서는 위치부사격조사로 「良中」만이 쓰이고, 「矣」는 관형격조사로만 쓰이고 있다(이와 같은 사실은 대면률직해를 통하여 일정하므로 「矣」의 예는 생략하였다). 그런데 「良中」을 「아히」로 해독해 왔다면 훈민정음에서는 어떻게 해서 「애/에」로 그 표기가 굳어졌는가는 상고해 볼만한 일이라 생각되는데, 훈민정음 당시의 「애」와 「에」는 중모음이었다면 이들은 「aj, əj」로 읽혔을 것이다.[20] 그렇다면 「아히」는 「아이」로도 볼 수 있으므로 「아ㅣ」로 되어 「aj」로 볼 가능성이 없는 것도 아니다. 이렇게 보면, 「良中(아히, 아이)」는 훈민정음 당시의 「aj」로 발음되었을 것으로 추측되고, 이것이 표기로는 「애」로 정착되었던 것 같다. 이제 그 표기의 변천을 향가와 이두를 통하여 나타내어 보이면 다음과 같다.

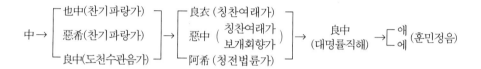

1.3.1.3. 위치부사격조사의 용법

1) 위치부사격조사 「애/에」, 「이/의」, 「예」, 「라셔」

(1) 「애/에」, 「이/의」, 「예」

① 「애」와 「이」는 양성모음으로 끝난 명사 밑에 쓰이고, 「에」와 「의」는 음성모음으로 끝난 명사 밑에 쓰이어 위치, 방향, 상태(결과), 원인 등을 나타낸다.

---

20) 허웅, 앞의 책, 1985, 433쪽 이하 참조.

○ 虛空애 올아 거르며 (석상 6-66)

○ 이 生애 본 플을 무던히 너기노니 (두언 21-9A)

○ 불휘 기픈 남고 ᄇᆞᄅ매 아니 뮐씨 (용비 2)

○ 알핏 福德에 더으뇨 (금산 2-155)

○ 네 荊州ㅣ 오ᄆᆞ로부터 (두언 8-431)

○ 通州ㅣ 주구메 니르도록 수머시니라 (두언 8-68-69)

○ 龍公이 주구메 니르도록 수머시니라 (두언 20-37B)

○ 새 벼리 나지 도ᄃᆞ니 (용비 101)

○ ᄒᆞᄅᆞᆺ 아ᄎᆞᄆᆡ 命終ᄒᆞ야 (석상 6-5)

○ 耶輸ㅣ 그 긔별 드르시고 노ᄑᆞᆫ 樓 우희 오르시고 (석상 6-4)

○ 目連이 耶輸ㅣ 宮의 가 보니 (석상 6-4)

○ 東이 니거시든 (용비 28)

○ 東녀긔 와 (법화 2-123)

이제 중세어에서 「의/의」를 위치격조사로 취하던 명사를 필자의 통계에 의해 밝혀 보면 다음과 같다(16세기 이후는 매우 혼란하여 밝히기가 어려울 것으로 보인다).[21] 이것 이외에 몇 개 더 늘어날 가능성이 있다.

가슬(금삼 2-12), ᄀᆞ을(두 7-4), ᄀᆞᆯ(두언 15-99), 것(두언 16-52A). 곁 (용비 43), 空(능엄 17-31), 곶(월인 상 137), 宮(석상 6-4), 구무(두 7-31), ᄭᅴ(능엄 1-28), ᄂᆞᄅᆨ(능엄 5-68), 나모(두 15-111), 南(능엄 1-70), 낮(용비 100), 늧(두언 15-30), 녁(훈언), 니마(금산 2-101), 닢(금삼 3-21), ᄃᆞ(석상 13-1), 堂(월인상 101), 독(능엄 8-88), 돗(두 8-20), 돗(帆)(두 20-40), 東 (용비 38), 뒷간(월석 7-18A), 燈(월석 9-109), 뜰(월석 7-69B), 드틀(석상

---

21) 최세화, 「虛格의 變遷: 의/의를 중심으로」, 『국어국문학론문집』 제5집, 동국대학교출판 부, 24쪽 이하에서는 모두 111개의 단어를 기록하고 있다.

6-57), 籠(능엄 5-46), 樓(두 15-105), ㅁㄹ(두 7-25), 말(월석 10-10A), 목
(석상 6-51), 묏골(두시 8-54), 門(두 15-21), 둘(능엄 2-87), 밀(용비 57),
블(두언 16-52A), 밤(능엄 1-11), 밧(월인상-15), 방(석상 19-10), 빛(월석
10-10A), 밭(석상6-37), 벼슬(두 15-113), 甁(월석 7-9A), 봄(금삼 2-12),
브섭(두 16-72A), 邪(능엄 1-64), 象(월석 10-28B), 山(월인 상 54), 서리
(두 15-29), 섭(월석 18-40A), 城(능엄 3-21), 솔(두 16-64A), 時節(두언
7-25), 아춤(금삼 3-70), 앒(능엄 1-75), 이슬(두 15-40), 잇(두 21-37), 자
ㄹ(능엄 8-88), 적(두 16-3A), 집(석상 6-13), 차(次)(월석 1-101), 窓(두
15-80), 처섬(능엄 1-20), 훍(두언 15-33), 海(능엄 5-73)

② 조사 「이/의」가 오면 명사의 말음이 탈락하는 일이 있다.

②-1 15세기

「노ㄹ」一切ㅅ 조슬ㄹ 왼 길과 놀이 田地 險ㅎ며 조바 (능엄 5-68A)
         東녃 놀이 魴魚뛰노라 (두언 16-62B)
「ㅁㄹ」긴 놀애 집 몰리 激ㅎㄴ니 (두언 7-25)
         집 몰리 벼리 ㄴ라 (두언 22-43)
「쁴」그쁴 提命無量壽佛을 보ㅿᆞᆸ고 (월석 8-17A)
「남그」이본 남기 새닢 나니이다 (용비 84)
         남기셔 낧딘댄 (능엄 3-25)
「굼그」바룴믈 싀ㄴ 굼기 드러이셔 (석상 13-10)
         音薩ㅅ 흔 터럭굼긧 光을 보면 (월석 38)
「붊그」造化ㅅ 붊긔 功名을 호리라 (두언 24-39)

이들 말음탈락특수명사는 위치격조사를 모두 「이/의」만을 취하기

때문에 「애/에」와는 아무 상관이 없다.

②-2 16세기

「ㅎㄹ」 또 미월 초호리 모다 긔약 칙 닐글 례를 아래ㄱ티 ㅎ노라 (여향 74)

「ㄱㄹ」 내 드로니 서근 골이 미 흔근에 돈 열시기면 ㅎ요니 돈이 설흔 니오 (초노 상 23A)

우리 다숫사르미 서근 골잇 떡 밍글라 (초노 상 20B)

「삐」 흠삐 다 내오 (초노 상 24A)

흠삐헤여 덜 거시라 (초노 상 24A)

「굼그」 오줌바들 박을 그 굼기 바르노코 (초박 상 112)

이들 외에 「ㄴㄹ, ㅁㄹ, 붊그, 년그」 등이 있었을 것이나 찾지 못했다.

②-3 17세기

「ㅁㄹ」 다만 콧 몰리 블근 뎜이 뵈면 고티디 못ㅎ느니라 (두창경 92)

오직 곳말리 블근 뎜곳 도드면 몯 고티느니라 (언해두창 하 101)

「ㄱㄹ」 실교와 뫼뿔 골리 사당 섯거 삐니라 (언해두창 하 83)

다리예 슬홀 버혀 골리 섯거환을 지여 뻐 받즈오니 (동국신속 건 100)

사당 골리 섯거 잉도마곰 버븨여 (언해태산 100)

「굼그」 굼기 나오다가 뿔과 꿀내를 맞고 (태평광 1-11)

그 굼긔 드러가 아홉 겨집의 쎄를 어더 가지고 나와 (태평광

1-11)

②-4 18세기

「ᄒᆞᄅ」 밤 다섯날 닐곱 씩에 날 볼 홀리 업쓸야 (李海 53)
「남그」 그 남게 그 츩이 낙겸의 납의 감둧 일이로 츤츤… (注海 386-이정보)
　　　왼숫기를 눈 길게 너슷너슷 쏘와 그 남게 그 숫기 너코 (珍靑
　　　549)

18세기에는 「·」의 음가(音價)가 소멸한 시기이기는 하나, 아직도 몇몇 말음탈락특수명사가 있었는데, 그것이 「에」에도 나타나게 된 것을 보면 18세기가 「의」조사가 소멸의 시기가 되는 것 같다. 따라서 몇 단어의 인습적인 것을 제외하고는 말음탈락특수명사가 없어지는 시기로 보아진다.

②-5 19세기

「남그」 놉푸나 놉푼 남게 날 勸ᄒᆞ야 올녀 두고 (가곡 55)
「굼그」 離別 난는 구멍도 막히옵는가 (가곡 119)
　　　이 구멍 막히단 말이… (가곡 119)

위의 예에 의하면 「남그」는 이때도 「남게」로 자리매김을 하나 「굼그」는 「구멍」으로 그 어형이 바뀌었다. 18세기 중엽 이후부터 차차 소멸하기 시작한 말음탈락특수명사는 19세기에 오면서 몇 개의 단어를 제하고는 거의 없어졌는데, 특히 ≪독립신문≫에 와서는 완전히 없어지고 만다.

「예」는 「이」나 i 계 모음으로 끝난 명사 밑에 씌었다.

○ 犯人ㅅ서리예 가샤 (용비 4)

○ ᄃ리예 ᄠ딜 ᄆᄅᆯ 넌즈시 치혀시니 (용비 87)

○ 부톄 百億世界예 代身ᄒ야 敎化ᄒ샤미 ᄃ리 즈믄 ᄀᄅ매 비취요미 ᄀᆮᄒ니라 (월석 1-1A)

○ 忉利天內예 三十三天이니 가온ᄃᆡ ᄒᆫ 天이오 四方애 여듧곰 버러 잇거든 (월석 1-31A)

이 「예」는 i 계 모음의 음양에 관계없이 사용되었다. 그것은 양성 명사 밑에 「애」가 오지 않았기 때문이다. 「애/ᄋᆡ」와 「에/의」는 비교를 나타낸다.

○ 나랏말ᄊᆞ미 듕귁에 달아 (훈언)

○ 特은 ᄂᆞ믜 무리예 ᄠᅳ로 다ᄅᆯ 씨라 (석상 6-31)

○ 여슷 根이 스러도라 가샤미 소리 드루매 ᄀᆮᄒ샤 (능엄 6-27)

「ᄋᆡ/의」가 비교를 나타내는 예는 잘 나타나지 않으나 후대로 내려 오면서는 더러 나타난다.

(2) 「라셔」[22]

○ 발제라셔 阿那律이 ᄃ려 닐오ᄃᆡ (월석 7-1B)

○ 有蘇氏라셔 달기로 終의게 드려늘 (내훈서 3)

---

22) 여기서 사용된 두 가지 예는 허웅 교수의 『우리 옛말본』 348쪽에 의하였다(허웅, 『우리 옛말본』, 샘문화사, 1975).

이것은 필자의 생각으로는 「이라셔」계의 조사로 보아지나 출발점을 나타내는 뜻이 있으므로 여기에 다루기로 한 것이다.

허웅 교수도 『우리 옛말본』(1975)에서 말하고 있듯이 이 조사가 나타났는데, 「러셔」 전체를 조사로 보아야 할는지 아니면 「셔」만을 조사로 보아야 할는지는 의문이나 필자는 「15세기 국어의 조사연구」에서 이것을 하나의 조사로 다루었기에 여기에 다시 실어 참고로 하게 한다.

○ 比丘ㅣ 어드러셔 오뇨 (석상 19-60)
○ 어드러셔 므슷일로 오시니잇고 (월석 8-92B)

「러셔」는 언제나 「어드러」 밑에서만 쓰이고 있는데, 아마 「어드러러셔」가 줄어서 「어드러셔」가 된 것은 아닌가 싶다. 그런데 이 조사는 16세기 이후에는 나타나지 않는다.

2) 유정(有情) 위치부사격조사 「긔」, 「게」, 「ᄒᆞᆫ듸」, 「ᄃᆞ려」

15세기의 유정위치부사격조사에는 「긔」, 「게」, 「ᄒᆞᆫ듸」, 「ᄃᆞ려」 등이 있었는데, 후대로 오면서 「손듸, 대되, ㅣ게」 등이 더 발달하게 되더니, 오늘날에는 「(에)께, (에)게」 등이 쓰이고 있다. 그런데 이 유정위치부사격조사도 향가에서 사용되었는가 또는 이두에서는 어떠하였는가에 대하여 알아보고 난 연후에, 15세기부터의 변천을 살피기로 하겠다.

(1) 향가 및 이두에서 유정위치부사격조사의 표기

필자의 조사에 의하면, 향가와 이두에서는 별다른 표기가 보이지

아니한다. 그런데 「도천수관음가(禱千手觀音歌)」에서

○ 吾良遺知支賜尸等焉

라는 구절이 있는데 여기서 「良」는 「에게」로 풀이되고 있다.[23] 사실 국어의 유정위치부사격은 목적격조사로써도 표시되었는데 예를 보이면 다음과 같다.

○ 춤기름 혼 되홀 아히롤 날마다 머기면 (언해두창 상 13)
○ 뎐뎨롤 졍셩을 다ᄒᆞ니라 (동국신속건 122)
○ 할아비롤 주ᄂᆞ다 (두언 21-15)
○ 너롤 金 주료 (남명 상 44-45)

이와 같은 일로 볼 때, 향가와 이두에서는 유정위치부사격조사는 별달리 표기된 글자가 없었는데, 고려 말에서부터 발달된 것으로 보인다.

(2) 유정위치격조사의 어원

이들을 하나하나 나누어 그 어원을 살펴보기로 하겠다.

① 「ᄭᅴ」의 어원

이것의 어원에 관하여는 이미 밝혀진 바인데 이숭녕 교수는 『중세

---

23) 徐在克, 『新羅鄕歌의 語彙硏究』, 啓明大學敎出版部, 1975, 26쪽.

국어문법』(1990)에서 특별히 그 어원을 말한 바 없는데, 허웅 교수는
「그어긔」에서 왔다고 말하고 있다(허웅, 1975: 347). 따라서「그어긔-거
긔-긔」로 되고「씌」는「긔」에 촉음ㅅ이 첨가되어서 이룩된 것이다.

② 「손ᄃᆡ」의 어원

허웅 교수가 이미『우리 옛말본』(1975: 300)에서 지적·설명한 바「손
ᄃᆡ」를 위치말이라 하였는데, 다음의 예를 보자.

○ 믈읫 긔약ᄀᆞ티 아니ᄒᆞᆫ 사ᄅᆞᆷ을 약정의손ᄃᆡ 고ᄒᆞ야 힐문ᄒᆞ고[凡不如約
者乙以告于約正而 詰之爲古] (여씨 56)
○ 약정이 그 정실을 모ᄃᆞᆫ 사ᄅᆞᆷ의손ᄃᆡ 므라[約正詢其實狀于衆] (여씨 80)
○ 그집이 약즁에 얼우늬손ᄃᆡ 고ᄒᆞ고[其衆告于約長] (여합 71)

이들 예문에서 보면「손ᄃᆡ」는「于」에 해당됨을 알 수 있다.「于」는
어조사이나 동작의 장소를 나타내는 말임은 물론이다. 따라서 그 뜻
인 즉「是也(여기)」(성음사,『詳解漢字大典』에 의함)일 것이다. 이와 같은
일은「이」주격조사 및「에」위치격조사의 어원을 설명하는 데도 보
조적인 근거가 된다고 보아진다.

③ 「ᄃᆞ려」의 어원
이 조사는 동사「ᄃᆞ리다」에서 유래하였다. 이에 관하여는 이미 이
숭녕, 허웅, 양주동 교수가 밝힌 바인데(이숭녕, 1990: 150; 허웅, 1975: 348),
이제 그 조사화 과정을 알아보기 위하여 다음의 예를 보기로 하자.

○ 이제 또 내 아ᄃᆞᆯ를 ᄃᆞ려 가려 ᄒᆞ시ᄂᆞ니 (석상 6-10)

○婆羅門을 드려 닐오딕 (석상 6-26)

○그 쏠 드려 무론딕 그딋아바니미 잇ᄂ닛가 (석상 6-28)

○須達일 드려 닐오딕 須達이 뉘웃디 말라 (석상 6-381)

○부톄 日連이 드려 니ᄅ샤딕 (석상 6-1)

위의 4번째 예문에서 목적격조사가 생략되면서 5번째의 예와 같이 「드려」가 조사화한 것이다. 그러면 왜 하필이면 다 같은 부사형인 「드리고」가 안 되고 「드리어」가 되었는가가 문제인데, 어미 「아/어」는 완료상태를 나타내나 「고」는 진행, 주로 동작성을 나타낸다. 고로 「드리고」로 되면 동사 그대로가 되기 때문에 허사화할 수 없다. 따라서 「드리어〉드려」가 된 것이다. 이런 이유 때문에 「ᄒ고」, 「두고」 이외의 동사에서 발달한 모든 조사는 다 연결형 「아/어」 아니면, 다른 형 어미로 이루어져 있다는 것을 알아야 한다.

④ 「게」의 어원

오늘날의 「에게」는 「익(의)그에 〉 익(의)게 〉 에게」로 발달되어 왔다고 이숭녕 교수는 말하고 있는데(이숭녕, 1990: 148) 대하여, 허웅 교수는

```
그어긔  ┌─그에
        └─그긔─게
```

로 발달되었다고 설명하고 있다(허웅, 1975: 299). 따라서 필자는 허 교수의 설을 따르고자 한다. 왜냐하면 사리에 더 합당하기 때문이다.

(4) 위치부사격조사의 용법

① 「끠」

이 조사는 개폐음절 밑에 쓰이어 존대를 나타낸다. 그리고 「끠」의
「ㅅ」은 사이시옷이다.

　○ 네迦比羅國에 가아 아자바님끠 다 安否하습고 (석상 6-2)
　○ 浮飯王끠 安否숩더니 (석상 6-3)
　○ 如來끠 나사가 (능엄 8-18)

② 「게」

이 조사는 사잇소리가 오면 「께」로 나타나는데, 개폐 양음절 밑에
쓰인다.

　○ 華色比丘尼게 出家ㅎ야 (월석 10-23A)
　○ 雲雷音王佛께 風流 받ᄌᄫ며 (월석 17-62B)

③ 「ᄃ려」

이 조사는 개폐 양음절 밑에 씌었는데, 평칭이나 비칭에 사용되었다.

　○ 부톄 目連이ᄃ려 니ᄅ샤ᄃᆡ (석상 6-2)
　○ 迦尸國·救ㅎ신들 比丘ᄃ려 니ᄅ시니 (월석 7-7B)
　○ 일로 혜여 보건덴 므슴 慈悲 겨시거뇨 ㅎ고 目連이ᄃ려 니ᄅ샤ᄃᆡ

(석상 6-11)

④ 「혼듸」

이것은 어원으로 보면 「혼+듸」로 되겠으나 그 문맥적 의미로 볼
때 조사로 다루어야 할 것 같다.

○ 各各 主혼듸 잇ᄂ니 (능엄 4-52)

3) 대비부사격조사

15세기의 대비부사격조사에는 「이(으)라와, 으론, 두고, 이, 과/와,
과로/와로, ᄀ티」 등이 있었는데, 후대로 오면서 「보다」가 나타나게
되었다. 이하에서는 이에 대하여 논하겠거니와 향가와 이두에서의
표기문제는 서로 관계가 있는 것에 한하여 다룰 것이며, 어원문제는
간단하게 각 조사를 다룰 때마다 언급할 것이다.

(1) 대비부사격조사의 용법

① 「이라와」, 「으라와/ᄋ라와」

「으라와」는 모음과 「ㄹ」 밑에서 「으」가 줄어진다. 그러나 「이리와」
의 「이」는 모음 밑에서는 줄어지지 않는다. 조모음(調母音) 「으」가 줄어
진 「라와」는 「누」, 「이」, 「너」 등이 오면 「ㄹ」이 덧난다. 그리고 이들은
모음조화와는 아무 관계가 없이 사용된다.

○ 넚 비츠로 莊嚴호미 日月라와 느러 (석상 9-8)

○ 貧欲앳 브리 이 블라와 더으니라 (월석 10-14B)

○ 그 뫼히 구름 근호야 ㅂ릇 무리와 샐리 古仙山애 가니라 (월석 7-32A)

○ 눗비치 히요미 누니라와 더으니라 (두 1-5)

○ 다른 マ올히 녯 マ을히라와 됴토다 (두언 8-35)

여기의 「으라와/ᄋ라와」와 「이라와」는 허 교수도 말하고 있듯이 임의적 변동형으로 보인다. 왜냐하면 형태론적으로 구별할 아무런 이유를 볼 길이 없기 때문이다.

② 「ᄋ론/으론」

이 조사는 모음조화에 의해 구별·사용되었는데, 폐음절 밑에서는 「론」이 쓰인다.

○ 스믈힌 時節에 열힌 제론·衰ㅎ며 (능엄 4-30)

○ 各別히 勞力호ᄆ론 더으니라 (금산 4-30)

③ 「두고」

이 조사는 동사 「두다(置)」에서 발달해 온 것으로 모음조화와는 아무 상관이 없이 쓰인다.

○ 모미 히요미 서리두고 더으니 (금삼 2-122)

○ 웃 사름두고 더은 양ㅎ야 (석상 9-14)

○ 다아 衰ᄒ면 受苦로ᄫᅵ요미 地獄두고 더으니 (월석 1-21)

④ 「이」

　이 대비부사격조사는 서술어가 「ᄀᆮᄒ다」인 경우에 나타나는데 문장의 내용으로 보면 비유를 나타낼 때 사용되었다. 그렇다고 이것을 비유부사격조사로 다룬다면 문법의 테두리를 벗어나므로 광의(廣義)의 비교부사격조사로 처리하여 둔다.24) 그런데 필자는 이 조사가 한문의 번역에서 규칙 정연하게 나타남을 발견하고, 한문문법에 이런 형식이 있는가를 조사한 결과 다음과 같이 설명되어 있음을 알게 되었다.25)

　　「유연관계」의 「相以」에서

　　(1) A+似(類, 像)+B

　　(2) A+如+B

　　로 공식을 제시하고 다음과 같이 예시하고 있다.

　　○ 其類似堯, 其項類皐陶 其肩類子産 (史記 47-6B)

　　○ 陸生曰, 王似賢 (史記 97-3B)

　　○ 其仁如天, 其知如神 (史記 1-6A)

　　○ 君之危 若朝露 (史記 68-4B)

　　○ 一國之政 猶一社之治

　그러면 중세어에서는 어떠한가 알아보기로 하겠다.

---

24) 김승곤, 「중세국어 「이」 比喩格助詞考」, 『국어국문학』 42·43합집, 국어국문학회, 1969.
25) 牛島德次, 『漢語文法論』(古代篇) 「第二章」 「第二節」 「Ⅲ. 相似」, 大修館書店, 1974에 의함.

○ 詮은 猶筌也이니 (능엄 1-7)

○ 詮은 筌이 곧ᄒᆞ니 (능엄 1-9)

○ 住相布施ᄂᆞᆫ 猶日月之有窮ᄒᆞ고 不著六塵은 若虛空之無際ᄒᆞ니 (금삼 2-37)

相에 住ᄒᆞ야 布施호ᄆᆞᆫ 日月이 다옴 이쇼미 곧고 六塵에 著디 아니홈은 虛空이 ᄀᆞᆺ 업소미 곧ᄒᆞ니 (금삼 2-37)

이상에서 비유부사격조사 「이」와 대비부사격조사 「과/와」가 어떻게 구별·사용되었는가를 알 수 있는데, 이와 같은 구별도 15세기에 이미 사양길에 있었음을 알 수 있다. 그것은 「과/와」도 이미 비교를 나타내는 예가 나타나기 때문이다. 이제 다음에서 「이」의 용례를 몇 개 찾아보기로 하겠다.

○ 부톄 百億世界예 化身ᄒᆞ야 敎化ᄒᆞ샤미 ᄃᆞ리 즈믄 ᄀᆞᄅᆞ매비취요미 곧ᄒᆞ니라 (월석서)

○ 色空과 聞見과ᄂᆞᆫ 니ᄅᆞ샨 두 文殊ㅣ 곧ᄒᆞ니 (능엄 2-60)

○ 이 말ᄉᆞ미 三十年前 시러 굴히여 아디 몯ᄒᆞ고 三十年後엔 싸해 더듄 쇳소리 이쇼미 곧ᄒᆞ리라 (금삼 4-124)

○ 善知識아 定慧는 므슴과 곧ᄒᆞ뇨 燈光이 곧ᄒᆞ니 (법보中 6B)

결론적으로 말하면 「이」는 비유격조사이다.

⑤ 「과/와」

이 조사는 향가와 이두에서는 어떻게 표기되었으며, 그 본체가 「과」인지 「와」인지를 알아보고 난 다음에, 그 통시적 설명에 들어가기로 하겠다. 그런데 여기서 하나 덧붙일 것은 연결조사 「과」도 대비부사격 조사 「과」와 같으므로 향가 및 이두에서의 표기와 그 본체문제는 여기서 함께 다룰 것이다.

⑤-1 「과/와」의 향가 및 이두에서의 표기

○ 祖父母及父母果夫矣祖父及父母等乙…伯叔父果伯叔妻在母果父矣同生妹在姑果吾矣兄果長妹果母矣父母果夫果尊乙謀殺爲行臥乎事 (十惡—四曰惡逆)
○ 祖父母果父母果夫矣祖父母果父母果乙訴學爲旀 (十惡—七曰不孝)

대비부사격조사 「과/와」는 향가에서는 나타나지 않는데 『대명률직해』에서는 일률적으로 「果」로 나타난다. 이것은 아마 중세어의 「과/와」에 해당하는 표기를 위한 것으로 보아진다.

⑤-2 「과/와」의 본체

이두에서는 「果」로만 표기되었던 이 조사는 중세어에서 「과」와 「와」로 나타나는데, 어느 것이 그 본체이겠는가가 문제로 등장하는데, 다음 몇 가지 사실로써 「과」가 그 본체일 것으로 보인다.

첫째, 이두에서는 한결같이 「果」로만 나타나는데, 이것은 옛날에는 대비부사격조사는 「과」뿐이었다는 증거가 될 것 같다.

둘째, 중세어에서 「ㄹ」받침으로 끝나는 명사나 「ㅣ」로 끝나는 명사 밑에 오는 「과」는 「와」로 나타나는데, 이런 사실은 「와」는 「과」에서 유래되었다는 것을 나타내는 것으로 보인다.[26]

○ 엄과 혀와 입시울와 목소리옛 字는 中國 소리예 通히 쓰ᄂᆞ니라 (훈언)

○ 나모와 곳과 果實와ᄂᆞᆫ (석상 6-40)

셋째, 후대로 오면서 개음절 명사 다음에 「과」가 쓰이는 예가 나타나는데, 이와 같은 일은 「과」가 본체임을 뜻하는 복고적 언어사실의 재현으로 보아진다.

○ 그 ᄀᆞᄅᆞ 수과 ᄀᆞ티 사당을 너허 (언해두창 상 17)

○ 혈지일은 ᄽᅥ리ᄂᆞᆫ 거시 우과 ᄀᆞᆺ다 (馬海上 49)

○ 녜과 ᄀᆞᆺ티 ᄒᆞ니라 (태평광 1-19)

⑤-3 「과/와」27)의 용법

이 조사는 비교와 아울러 공동을 나타내기도 한다.

○ 道陳이 늠과 다ᄅᆞ샤 (용비 51)

○ 軍容이 녜와 다ᄅᆞ샤 (용비 51)

○ 西方 極樂世界와 ᄀᆞᆮᄒᆞ야 (석상 9-21)

○ 太子와 ᄒᆞ야 그위예 決ᄒᆞ라 가려ᄒᆞ더니 (석상 6-48)

---

26) 허웅, 앞의 책, 1985, 264쪽 참조.

27) 「과/와」의 어원은 밝히기 어려운 일이나, 필자는 명사에서 발달되었다고 생각한다. 왜냐하면 다음 예문에 의하면 促音 「ㅅ」이 사용되는 바 이것은 본래 實辭에 오기 때문이다.

○ 셰혼 즈갸와 늠괏 ᄠᅳ들 조ᄎᆞ샨 마리니(원각上 1-26)

○ 身과 心괏 相이 다아(원각下 2-19)

⑤-4 「과로/와로」

이 조사는 형태면으로는 복합조사이나 그 기능이 단순조사로 보아지므로 여기서 다루는데 이것은 비교와 여동(與同)의 뜻을 나타낸다.

○ 내 이 드리운 손과로 흔 가지라 (능엄 2-18)
○ 目在天의 能히 一切를 내노라 홈 혜윰과로 굳도다 (능엄 10-53)
○ 文字와로 서르 ᄉ뭇디 아니홀씨 (훈언)

이 조사는 16세기부터는 잘 나타나지도 않으면서 비교의 뜻으로는 쓰이지 아니하고 여동의 뜻으로만 쓰인다. 여기 편의상 함께 예시하여 참고로 삼게 한다.

• 16세기
○ 아ᅀᅵ며 벋과로 화동ᄒ며 (여향 6)

• 18세기
○ 그듸와 나와로 믜샹애 비방ᄒ더니 (왕랑)

이 「과로/와로」는 후대로 오면서 오늘날의 여동격조사로 변하였다. 그런데 19세기에도 나타나지 않으며 20세기 초에도 전혀 나타나지 않는다.

4) 방편부사격조사

15세기의 방편부사격조사에는 「ᄋ로/으로」, 「오로/우로」, 「록」 등이 있었는데 후대로 오면서 「ᄋᆞ로셔/으로셔」, 「오로셔/우로셔」, 「로써」 등이 다시 발달하여 왔다.

이들 조사도 앞에서 다룬 조사들과 같이 향가와 이두에 나타났던 것에 대해서 그 표기가 어떻게 되었는가를 알아봄으로써, 훈민정음과의 계보를 연결시켜 보려고 한다. 그리고 어원 문제는 각 방편부사격조사를 다룰 때마다 거기에서 간단히 언급할 것이다.

(1) 향가 및 이두에 있어서의 방편부사격조사의 표기

○ 手良每如法叱供乙留 法界滿賜仁佛體 (廣修供養歌)
○ 心未筆留 慕苦白乎隱 佛體前衣 (禮敬諸佛歌)
○ 淨戒叱主留 卜以支乃遺只 (懺悔業障歌)
○ 煩惱熱留煎將來出來 (請轉法輪歌)
○ 曉留朝矛萬夜未 (請佛住世歌)
○ 大悲叱水留潤良只 (恒順衆生歌)
○ 舊留然叱爲事置耶 (普皆廻向歌)

이상의 표기에서는 주로 「(乙)留」로 나타나는데, 이들은 『균여전』 소재의 향가에서의 기록이고 『삼국유사』 향가에서는 나타나지 아니하였다. (이로써 보면 「ᄋᆞ로」는 고려시대에 발달한 것인지도 모르겠다.) 다음에는 『대명률직해』에서의 예를 보기로 하자.

○ 才物數爻乙用良 枉法以從重論齊… (戶律—逃避差役)
○ 趣便以家財等乙等用下爲在乙良 (戶律—卑幼私擅用財)
○ 官司以支給會當爲在 衣類乙官吏等亦趣便以感給爲在乙良 (戶律—收養孤老)

이두에서는 모두 「以」로 나타나는바, 결국 훈민정음 당시의 「ᄋᆞ로
/으로」는 『균여전』향가에서는 「(乙)留」로 표기되다가 이두에서는 「以」
로 표기되었는데 이것은 훈을 빌어 쓴 것으로 모두가 「ᄋᆞ로/으로」를
표기하기 위한 것이다[28]

(2) 방편격조사 「ᄋᆞ로/으로」, 「오로」, 「으록」의 용법

① 「ᄋᆞ로/으로」, 「오로」

이때는 「ᄋᆞ로/으로」, 「오로」의 두 가지가 나타나는데 「ᄋᆞ로/으로」
는 모음조화에 의해 쓰이고, 「오로」는 음양 구별 없이 쓰이었다. 그리
하여, 이들은 방향, 수단, 기구 등의 의미를 나타낸다.

　　○ 즉자히 니러 竹園으로 오더니 (석상 6-24)
　　○ 처섬 이에셔 사던 저그로 오ᄂᆞᆳ낤ᄀᆞ장 혜면 (석상 6-74)
　　○ 須達이 제 나라ᄒᆞ로 갈 쩌긔 부텨씌와 술ᄫᆞ디 (석상 6-43)
　　○ 네 손디 五百 銀도ᄂᆞ로 다ᄉᆞᆺ 줄깃蓮花를 사아 (석상 6-15)
　　○ 左人녀고로 돌며 右人녀고로 올모며 (금삼 3-6)
　　○ 안ᄒᆞ로 깃고 밧고로 슬ᄒᆞ니 (금삼 3-33)
　　○ 七寶로 ᄭᅮ미고 (월석 2-27)
　　○ 度量升斗로 物을 量度ᄒᆞ야 (월석 9-7)

---

28) 「ᄋᆞ로/으로」의 어원이 문제되는데 「以」로 표기된 것으로 미루어보면 「가지다」의 뜻을
　　지닌 동사에서 발달해온 것으로 보인다.

② 「으록」

이 조사는 「으로」에 강세의 「ㄱ」이 덧붙은 것이나 뜻은 "보다"이다.

  ○ 어딘 工匠이 녜록 져그니 (두언 18-19)
  ○ 호미 메여 아히록 몬져 가 (두언 18-9)
  ○ 迷人아 오늘록 後에 이 길흘 밟디 말라 (월석 21-119)

이 조사가 대명사 「나, 이…」 등에 쓰이면 ㄹ이 덧난다.

  ○ 文章은 다 날록 몬졔로다 (두언 20-6)
  ○ 일록 몬져 四品將軍이러니 (육조상 35)

1.4. 관형격조사

앞 1.3의 부사격조사를 다룰 때에 언급한 바 있지만, 이 조사는 위치부사격조사에도 쓰이었음은 주지의 사실인데, 향가에서는 「矣, 衣, 未, 也」로 표기되었고 이두에서는 「矣」로만 표기되었는바, 그 본체는 위치부사격조사에서 말한 대로 「矣」임이 확실하다.[29] 이제 다음에서 이의 표기에 관한 예를 향가와 이두에서 약간 보이기로 한다.

  ○ 郎也 慕理尸 心未 行乎尸 道尸 (慕竹旨郎歌)
  ○ 耆郎矣 皃史是史藪邪 (讚耆婆郎歌)
  ○ 郎也 持以支如賜烏隱 心未 際叱肹逐內良齊 (讚耆婆郎歌)

---

29) 이에 대하여는 위치부사격조사의 本體를 논할 때 말한 바 있으나, 다음의 각주 34)를 참조하라.

○ 直等隱 心音矣 命叱使以惡只 (兜率歌)

○ 乾達婆矣 游烏隱 城叱肹良 望良古 (彗星歌)

○ 三花矣 岳音見賜烏尸 聞古 (彗星歌)

○ 自矣 心未 (遇賊歌)

○ 心未 筆留 慕呂白乎隱 佛體前衣 (禮敬諸佛歌)

○ 於內 人衣 善陵等沙 (隨喜功德歌)

○ 吾衣 身 (隨喜功德歌)

○ 皆吾衣 修孫 (普皆廻向歌)

○ 吾衣 身 伊波 人有叱下呂 (上同)

○ 吾衣 願 盡尸日置仁伊而也 (總結无盡歌)

○ 祖父母及父母果夫矣祖父及父母等乙打傷爲旀 (大明律直解 名例律一四
日 惡逆)

○ 犯人矣 已身分坐罪爲乎事 (大明律直解 名例律一應議者之父祖有犯)

○ 同姓 五寸叔父果母矣同生姉果… (大明律直解, 名例律八日議員, 軍官軍
人犯罪免徒流)

　이상에서 살펴본 관형격조사의 표기를 도표로 나타내어 보면 다음
과 같다.

관형격조사의 표기

구분 표기학	『삼국유사』향가	『균여전』향가	이두	비고
未	2개	1개	-	이두에서는 모두 「矣」를 씀
矣	5개	-	3개	
也	1개	-	-	
衣	-	5개	-	

여기 표에 의하면 『삼국유사』 향가에서는 주로 「矣」가 쓰였는데, 이것은 아마 훈을 빌어 표기한 것이요,[30] 『균여전』의 향가에서는 모두 「衣」로 기록하였는바, 이것은 아마 표음적 표기로 보아진다. 그러다가 『대명률직해』에 와서는 모두 「矣」를 사용하고 있다. 이와 같은 사실로 미루어 볼 때 「의」의 본체는 「矣」인 것 같다.[31]

---

30) 양주동, 앞의 책, 1965, 342쪽 이하 참조.

31) 관형격조사의 어원에 대하여 여기에서 조금 논해야 하겠는데, 결론부터 먼저 말하면 「의」의 어원은 3인칭 소유대명사인 것으로 보인다. 이제 그 근거를 제시해 보겠다.

① 중세어에서 관형사형어미 다음에 「의」가 바로 왔다는 사실이다. 이와 같은 일은 그저 단순한 언어 사용의 습관으로 볼는지 모르나, 그것은 절대로 그렇지 아니하다. 오늘날 「뿐, 듯, 대로…」등이 관형사형 어미 다음에서 명사가 되는 것은 이들이 본래 명사였기 때문임과 비교하여 보아도 알 수 있다. 이제 중세에서의 예를 보이고 설명을 덧붙여 보면 다음과 같다.

○ 病ᄒᆞ닉 넉시(석상 9-61)

② 향가에서는 물론 이두에서도 3인칭소유대명사로 쓰인 예가 많이 나타난다.

○ 哀反多矣徒良(風謠)
○ 矣家 一日留宿後(亂中雜錄)
○ 某甲矣身乙弟毆兄律乙依准爲(名例律—共犯分首徒)

③ 양주동 교수도 『고가연구』(1965: 342)에서 「矣」가 실사였음을 말하고 있을 뿐 아니라 소창진평도 『鄕歌及び吏讀の硏究』 529쪽에서 「'矣'가 후대에 이르러 많이 再歸代名詞에 쓰인 듯하여…」로 설명하고 있는데, 이것이 후대에 재귀대명사로 바뀐 것이 아니고, 본래 3인칭소유대명사였음을 잘못 본 것이다. 본래 우리말의 재귀대명사는 대명사를 가지고 사용하였는바 이것이 재귀대명사로 보이는 이유는 「이 臣下ㅣ 말」(용 98)에서 그 뜻인즉 「臣下 이 사람의」로 되는데, 여기에서 「이 사람의」를 「自身」으로 바꾸어 「臣下 自身의 말」로 풀이한 데서 「의」가 재귀대명사로 보아지게 된 것이다.

④ 우리말의 인칭대명사에는 1·2·3인칭이 있었는데, 1·2인칭에는 주격, 소유격이 있고 목적격은 주격에다 상성 표시를 하여 나타내었다. 그렇다면, 3인칭엔들 주격 「이」만 있고 소유격이 없으란 법은 없다고 생각된다. 따라서 「의」는 「으+ㅣ」로 분석되는데 「ㅣ」는 그 본체요, 「으/ᄋ」는 「ㅣ」로 하여금 소유격명사가 되게 하는 하나의 요소로써 조모음적 성격을 띠고 있다. 여기서 소유대명사의 본체인 「ㅣ」는 「나」와 「너」를 소유격 「내」, 「네」로 만드는 「ㅣ」와 같은 것이다. 그러므로 「臣下ㅣ 말」(용 98), 「公州ㅣ 江南」(용 15) 등에서 「ㅣ」가 소유격의 뜻을 나타내는 이유를 분명히 알 수 있게 된다.

1.4.1. 관형격조사의 용법

1.4.1.1. 「익/의」

「익」는 양성모음 밑에 쓰이고 「의」는 음성모음 밑에 쓰이어 다음과 같이 여러 가지 뜻을 나타낸다.

> ○ 흔 사루믹 아수미어나 (석상 9-60) – 관계
> ○ 귓돌외믹 類라 (능엄 8-121) – 소속
> ○ 象익 소리 믈쏘리…남지늬 소리 겨지븨 소리 나히 소리 간나히 소리
>   法소리 法아닌 소리… (석상 19-28) – 소산
> ○ 구담익 오술 니브샤 (월석 1-5B) – 소유
> ○ 天地 衆生익 供養바도미 (월석 9-5) – 봉사
> ○ 弟子익 힝뎌글 (석월 6-19) – 성취
> ○ 山익 草木이 軍馬ㅣ 드뷔니이다 (용비 98) – 소재

1.4.1.2. 다음과 같이 종속절에서 주격의 구실을 한다.

> ○ 功익 녀트며 기푸믈 조차 (석상 9-16)
> ○ 須達익 밍ᄀ론 座애 올아 (석상 6-59)
> ○ 避支佛의 몰롤 거시라 (석상 13-74)

1.4.1.3. 「ㅣ」

이 조사는 명사가 모음으로 끝날 때에 쓰이는 관형격조사이다. 허웅 교수는 「익/의」와 「ㅣ」는 형태적 변이형태로 가정하고 있다.[32]

○ 公州ㅣ 江南을 저ᄒᆞ야 (용비 18)

○臣下ㅣ 말 아니 드러 (용비 8)

○ 相如ㅣ 쁠 (두언 15-35)

○ 쇠 머리 ᄀᆞ틀씨 (월석 1-27A)

○ 내 모미 長者ㅣ 怒를 맛나니라 (월석 8-98)

○ 뉘 子弟ᄂᆡ다 (법화 7-135)

1.5. 호격조사

국어의 호격조사에는 「하」, 「아/야」, 「이여」 등이 있는데, 학자에 따라서는 「하」는 극존칭의 경우에 쓰인다고 하기도 하며 또는 그렇지 않다고도 한다.33) 그리고 「이여」는 「이다」에서 발달한 것인데 「애무나 감탄을 나타낼 때에 쓰였던 것 같다」고 한다.34) 이제 이들에 관하여 알아보기로 하겠는데, 먼저 향가 및 고가요(古歌謠)에서의 표기와 용례를 통하여 그 본체를 알아보기로 하겠다.

1.5.1. 중세어 이전의 호격조사

○ 郎也 慕理尸 心未 (慕竹旨郎歌)

○ 雪是 毛冬乃乎尸花判也 (讚耆婆郎歌)

○ 防冬矣 用屋尸 慈悲也 根古 (禱千手觀音歌)

---

32) 그런데 여기의 예로 미루어 보면 「ㅣ」가 관형격조사의 본체임은 확실한데, 한 가지 유의할 것은 주격조사의 「ㅣ」와는 분명히 구별되어야 한다는 것이다. 그러면 왜 주격조사로 「ㅣ」가 나타났느냐 하는 것이 문제인데 그것은 한자의 성음법에 흡사하여 관형격인 명사(특히 "ㅣ"와 축약될 수 있는 것)가 주어가 될 때는 「ㅣ」를 종성으로서 그 한자와 합하여 발음하려는 데서 「ㅣ」가 나타난 것으로 보인다.(허웅, 앞의 책, 1975, 355쪽)

33) 金亨奎, 『古歌謠註釋』, 일조각, 1968, 200~201쪽; 허웅, 앞의 책, 1975.

34) 허웅, 위의 책, 358쪽.

○ 哀反多 矣徒良 (風謠)

○ 月下 (願往生歌)

○ 花良 汝隱 (彗星歌)

○ 慧星也 白反也 人是有尸多 (彗星歌)

○ 世理都 之叱島隱第也 (怨歌)

○ 南无佛也 白孫舌良希 (稱讚如來歌)

○ 灯炷隱須彌也 (廣修供養歌)

○ 伊於衣波最勝供也 (上同)

○ 秋察羅波處也 (請轉法輪歌)

○ 佛道向隱心下 (常隨佛學歌)

○ 日置仁伊而也 (總結无盡歌)

○ 善陵道也 (上同)

위에 나타난 호격조사를 분류하여 표로 나타내면 다음과 같다.

호격조사

구분 토씨	나타난 빈도	중세어의 호격조사	비고
也	11	이여	
良	2	아(여)	「여」는 「이여」의 「이」가 줄어진 것으로 보인다.
下	2	하	

이 표에 의하면 「아/야」는 겨우 「良」 두개가 나타나고는 모두 「이여」와 「하」뿐이다. 그런데 「무숨」은 ㅎ종성체언이 아닌데도, 호격조사는 「下」가 와 있고 또 「둘」도 중세어에서는 ㅎ종성체언이 아닌데도 「下」가 쓰이고 있다. 그리고 「龜旨歌」에는 「龜」에 「何」가 쓰이고 있는데, 중세어에 의하면 「거붑」도 ㅎ종성체언이 아니다. 그러나 이

둘도 당시는 ㅎ종성체언이었던 것 같다. 이와 같이 국어에는 옛날부터 중세어와 같이 호격조사에 「하, 아/야, 이여」 등이 있었는데, 「하」는 존칭에 「이여」는 감정, 감탄을 나타내는 데 사용되었으며, 「아/야」는 비칭에 각각 사용되었던 것 같다. 그리고 「야」는 「아」의 hiatus 회피 현상의 결과 이루어진 것으로 보인다.

1.5.2. 호격조사의 용법

1.5.2.1. 「하」

이것은 존칭의 호격조사이다. 따라서 높여야 할 말 다음에 쓰인다.

○ 님금하 아른쇼셔 (용비 125)
○ 世尊하 아뫼나 이 經을 디녀 (석상 9-41)
○ 如來하 우리 나라해 오샤 (석상 6-42)
○ 大德하 사른미 다 모다 잇ᄂ니 (석상 6-58)

이것은 앞 체언이 개음절이나 폐음절이나 관계없이 씌었다.

1.5.2.2. 「아/야」

이것은 비존칭호격조사로 「아」는 폐음절 하에 쓰이고 「야」는 개음절 하에 쓰인다.

○ 文殊舍利아 아라라 (석상 13-51)
○ 瞿曇아 나ᄂ 一切生이 다 부톄ᄃ외야 (석상 6-92)

○ 阿逸多야 쏘 사루미 놉두려 닐오딕 (석상 19-11)

○ 阿逸多야… (월석 17-241)

1.5.2.3. 「(이)여」

이들은 감탄호격조사로 「이여」는 폐음절 하에 쓰이고 「여」는 개음
절 하에 쓰인다.

○ 文殊舍利여 (석상 9-19)

○ 노푼 놀애여 鬼神 잇는 돗호물 (두언 15-74)

○ 歌利王이여… (금삼 3-58)

○ 어딜셔 觀世音이여 (능엄 6-65)

○ 快타 이 무루미여 (능엄 8-67)

○ 鄭公이 四代엣 孫子ㅣ여 (두언 22-41)

명사가 한자로서 모음으로 끝나면 「이여」는 「ㅣ여」로 쓰인다.

2. 연결조사

연결조사에는 단어연결조사와 절연결조사의 둘이 있는데, 단어연
결조사에는 「과/와」, 「흐고」, 「이며」, 「이야/이여」 등이 있고 절연결
조사에는 「마른」, 「컨마른」, 「코」 등이 있는데, 이 중 「마른〉마는〉
마는」은 오늘날 보조조사화 되었다. 그리고 단어연결조사 중 「과」의
본체문제에 관해서는 이미 대비부사격조사를 논할 때 언급하였으므
로, 여기서는 재론하지 않을 것이다.

2.1. 연결조사의 용법

2.1.1. 「과/와」

「과」는 폐음절 체언 하에 쓰이고 「와」는 개음절 체언 하에 쓰이는데, 이들 연결조사는 같은 성분들은 격조사에 연결시켜주는 것이 그 임무이다. ㅎ종성체언 밑에서는 「과」는 「콰」로 된다. 그리고 「과/와」의 본체는 「과」임에 대하여는 이미 앞에서 언급한 바와 같다. 또 「과/와」는 공동을 나타내기도 한다.

○ 엇뎨 믜콰 내콰 간격홀 쑨니리오 (두언 8-59)

○ 어제와 오ᄂᆞᆯ 왜 다 ᄒᆞ놊 ᄇᆞ름 부놋다 (두언 16-60)

○ 저와 남과롤 어즈려 (석상 9-32)

○ 六塵과 六根과 六識과롤 모도아 (석상 13-77)

○ 엇뎨라 옷과 밤과애 窮人ᄒᆞ야 (두언 16-19)

○ 여러 緣은 곧 根과 識과이 緣ᄒᆞᄂᆞ 여러가짓 法이라 (능엄 2-17)

○ 몸과 마음과로 몯 아로ᄆᆞᆫ (월석 9-46)

○ ᄒᆞᄂᆞᆯ콰 싸쾌예 머리 격ᄒᆞ리라 (금삼 2-43)

○ 가지와 닙과ᄂᆞ 사오나ᄫᆞᆯ 사ᄅᆞ믈 가ᄌᆞᆯ비시고 (석상 13-93)

○ 仁과 智와도 사ᄅᆞ미게 쏘 그러ᄒᆞ야 (금삼 3-50)

○ 오직 天과 獄과ᄲᅮᆫ 아니언마ᄅᆞᆫ (원각 하 1-2-43)

○ ·와 ᅳ와란 첫소리예 브터 쓰고 (훈언)

○ 오직 부터와 부텨와ᅀᅡ 能히…다 아ᄂᆞ니라 (법화 1-145)

○ 生과 멸와로셔 이슌 디 아니며 (능엄 3-17)

○ 敎海와 싸해 ᄀᆞ득ᄒᆞᆫ 葛와 藤괘라도 불로 火爐ㅅ 우희… (금삼 5-30)

○ 金과 銀쾌며 시혹 이 土와 木괘며 經을 이 나못니피며 (능엄 9-76)

○ 눈과 돌과 ᄇᆞ름과 곳과며 ᄒᆞ늘히 길며 (금삼 3-17)

○ 諸根ᄋᆞᆫ 여러 불휘니 눈과 고콰 혀와 몸과 ᄠᅳᆯ괘라 (석상 6-56)

이상에서 보인 바와 같이 「과/와」는 체언과 체언과를 연결시켜 줌은 물론 체언으로 하여금 「이, 를, 애/의, 로, 이여, ᄂᆞᆫ, 도, 쑨 란, ᄉᆞ, 로, 셔, ㅣ라도, 이며」 등에 연결시켜주는 구실을 하고 있다. 「이며」는 그 자신이 연결조사인데 거기에 또 「과/와」가 와서 「ᄢᅢ며」식으로 쓰이고 있는데 이와 같은 일은 특이하다. 그리고 「과」는 「ㄹ」받침 밑에서는 「ㄱ」이 탈락한다. 위와 같은 여러 사실로 미루어 보면 「과」는 본래부터 연결조사이지 대비부사격조사는 아니었던 것 같다.

2.1.2. 「ᄒᆞ고」

이 조사는 「ᄒᆞ다」의 활용형이 연결조사로 굳어진 것인데, 아마 입말에서 쓰이던 것으로 짐작된다.

○ 夫人도 목수미 열둘 ᄒᆞ고 닐웨 기터 겨샷다 (월석 2-13)

○ 하ᄂᆞᆶ들에 三百六十五度ᄒᆞ고 ᄯᅩ 度를 네헤 ᄂᆞ호아 ᄒᆞ나히니 (능엄 6-16)

이 조사의 뜻은 '그 위에 또' 하는 뜻이 있으므로, 일종의 강세연결조사로 보아진다.

2.1.3. 「(이)며」

이것은 「이다」의 활용형에서 발달한 것으로 무엇을 죽 나열하는 뜻을 나타낸다. 이것이 「과/와」와 다른 점은 그 의미에 있어서도 차이가 있지마는 그 연결에 있어서 다른 조사에다 그 앞의 체언을 직접 연결시키지 않는 점이다. 즉 「이며이, 이며를, 이며도, 이며와…」 등의 형식은 나타나지 않는다는 것이다. 그리고 「이며」는 폐음절 하에 쓰이고 「며」는 개음절 하에 각각 쓰인다.

○ 人間이며 天上이며… (월석 6-91)
○ 眷屬은 가시며 子息이며 죠이며 집안사르믈 다 眷屬이라 ᄒᆞᄂ니라 (석상 6-10)
○ 罪니블 ᄆᆞ듸며 녀나믄 그지업슨 어려ᄫᆞᆯ 일와… (석상 9-16)[35]
○ 圓光이며 化佛이며 寶蓮花ᄂᆞᆫ 우희 니르듯 ᄒᆞ니다 (월석 8-45)
○ 죠이며 臣下ㅣ며 百姓이 만ᄒᆞ며 (월석 13-7-8)

받침 없는 한자어 밑에서는 「이며」는 「ㅣ며」로 나타난다.

2.1.1.4. 「(이)여」

「이여」는 폐음절 하에 쓰이고 「여」는 개음절 하에 쓰이는데, 그 뜻은 감탄나열을 나타내면서, 나열하는 말마다에 이 조사를 붙임이 특이하다.

○ 張개여 李개여 흔보로 다 닐온 마리과 (금삼 2-65)
○ 나랏 사르미 굴그니여 혀그니여 우디 아니ᄒᆞ니 업더라 (월서 10-12B)
○ 王이…네가짓 兵馬를 얻고자 ᄒᆞ샤 一千이여 一萬이여 無數히 얻고져

---

35) 「이며」가 오면 말음탈락특수명사는 말음을 탈락하였을 것으로 보이나 적절한 예가 나타나지 않았다. 18세기의 예를 참조하라.

ᄒᆞ샤도 (월석 1-27)

○ 德이여 福이라 호늘 나ᅀᆞ리 오소이다 (동동)

이 조사도 「이다」의 활용형에서 발달한 것이다.

2.1.1.5. 「마ᄅᆞᆫ」

이 조사는 완결된 문장에 붙여서 뒤집는 뜻을 나타낸다. 어떤 경우
는 완결된 문장이 뒤집음의 의문형으로 끝난 경우가 많은데, 그것은
「마ᄅᆞᆫ」이 뒤집음의 뜻을 가졌기 때문이다.

○ 그듸내 ᄀᆞᆺ비ᅀᅡ 오도다마ᄅᆞᆫ 舍利ᅀᅡ 몸어드리라 (석상 23-53)
○ 劫火ᄅᆞᆯ 몃마 디내야뇨마ᄅᆞᆫ 사만이 ᄀᆞᆮᄒᆞ도다 (남명 상-31)
○ 엇뎨 모미 니줋 주리 업스리오마ᄅᆞᆫ 世間앳 艱難ᄒᆞ며⋯ (월석 13-59)
○ 엇뎨 王位 아니리오마ᄅᆞᆫ⋯殊勝境界엇뎨 업스리오 (월석 13-58)
○ 도라올 期約은 엇뎨 오라리오마ᄅᆞᆫ 여희ᄂᆞᆫ ᄠᆞᆮ든 ᄆᆞᄎᆞ매 感激ᄒᆞ노라
  (두언 8-20)

2.1.1.6. 「컨마ᄅᆞᆫ」

이것도 그 용법은 「마ᄅᆞᆫ」과 같은데, 그 본 형태는 「ᄒᆞ건마ᄅᆞᆫ」이었
으나 이것이 「컨마ᄅᆞᆫ」으로 축약된 것이다.

○ 기퍼 測量호미 어려우나컨마ᄅᆞᆫ 頭頭에 샹녜 現露ᄒᆞ니라 (금삼 3-27-28)
○ 비록 陽和의 히믈 비디 아니ᄒᆞ나컨마ᄅᆞᆫ 桃花ㅣ ᄒᆞᆫ 양ᄌᆞ로 블그니라
  (금삼 4-3)

○ 반ᄃ기 부녜 ᄃ외리라컨마ᄅᆫ 우리 이 ᄀᆞᆮᄒᆞᆫ 虛妄受記를 쓰디 아니호
　리라 (법화 6-80)

위의 것은 절 사이에 「컨마ᄅᆫ」이 들어간 보기이나, 절을 이루지 못
한 말 다음에 쓰이는 일도 있다.

○ 비록 그러나 컨마ᄅᆫ 눈 알ᄑᆡ어니 엇뎨ᄒᆞ료 (금삼 2-62-3)
○ 象과 ᄆᆞᆯ과 톳기와 세히컨마ᄅᆫ 다ᄅᆞ니 (금삼 5-19)

2.1.1.7. 「코」

이것은 「ᄒᆞ고」의 준 것으로 조사로 보기는 좀 이른 듯하나, 그 기
능으로 볼 때 오늘날의 인용조사의 시발인 것으로 보이므로, 여기에
서 다루기로 한다.

○ 堅意ᄅᆞᆯ 測量호미 어렵도다코 房中에셔 헤아리고 (법보 상 17A)

3. 의문조사

의문조사에는 「고」와 「가」의 두 가지가 있는데, 이들의 훈민정음
이전의 기록은 어떠하였는가를 간단히 알아보고, 변천에 대하여 설
명하기로 하겠다.
　향가에서 살펴보면, 「고」와 「가」의 기록은 잘 나타나지 아니하나,
지정사의 의문형만 나타나는데, 참고로 이에 관하여 잠깐 살피기로
하겠다.

○ 二肹隱 誰支下焉古 (處容歌)

　필자가 보기에 지정사의 의문형은 이것뿐인데, 「고」는 동사의 의
문형어미와 연결형어미로도 쓰이고 있는바, 그 예를 보이면 다음과
같다.

　　○ 執音乎母牛放敎遣 (獻花歌)

　　○ 國惡支特以支知古如 (安民歌)

　　○ 二肹隱吾下於北古

　　　二肹隱唯支下隱古 (處容歌)

　　○ 奪叱良乙何如爲理古 (上曰)

　　○ 他密只嫁良置古 (薯童謠)

　　○ 夜矣卯乙抱遣去如 (上曰)

　　○ 放冬矣用屋尸慈悲也根古 (觀音歌)

　　○ 西方念丁去賜里遣 (往生歌)

　이들 예문에서 보면, 의문형으로 「古, 遣, 過」의 셋이 있고 연결형에
도 역시 「古, 遣, 過」의 셋이 있을 때 어느 것이 그 기본형인지 알기
어려우나 배대온(형설출판사, 2003)의 『역대이두사전』의 43쪽에 따르면
은 나열형 연결어미라고 설명되어 있을 뿐 아니라 향가에서도 연결형
어미로 많이 쓰여 있다. 그리고 위의 향기에서 보면 「古」는 연결형어
미로 몇 개 쓰였으나 의문형 종결어미로 쓰인 예가 많다. 『삼국유사』
의 향가에서 보면 연결어미로는 4개 종결형어미로 「古」는 8개 쓰이어
있으며 연결형 어미로는 3개 쓰이어 있다. 따라서 「古」는 종결형 어미
임이 틀림없다. 더구나 오늘날 경상도방언에 의하면

○ 이기 멋고?

○ 이기 머시고?

등과 같은 형식의 의문문이 많음을 보아도 그 이유의 일단은 유출되지 않을까 여겨지기 때문이다. 그런데 「고」와 「가」 중 그 본래의 형태는 「고」인 것 같다. 왜냐하면 향가나 이두의 기록에 이것만이 의문형어미로 나타나기 때문이다.

3.1. 의문조사의 용법

3.1.1. 「고」

이 의문조사는 의문사가 있는 의문문에 쓰이므로, 어찌 의문조사라 부르기로한다. 「고」의 ㄱ은 모음이나 「ㄹ」 밑에서는 탈락한다.

○ 그듸 子息 업더니 므슷 罪오 (월석 1-19)

○ 엇던 因緣으로 일후미 常不經고 (월석 17-82)

○ 어늬 이 봄고 (농엄 2-48)

○ 이 엇던 光明고 (월석 10-7)

○ 그 엇던 싸코 (법화 5-165)

○ 부톄 누고 (월석 21-195)

○ 이 므스고 (금삼 2-41)

위의 마지막 두 예에 의하면, 모음 밑에서도 ㄱ은 반드시 탈락하지 않는데, 이것은 모음충돌에서 오는 어형 파괴를 방지하려는데, 그 이유가 있는 것 같다고 한다.[36)

3.1.2. 「가」

이 조사는 의문사가 없는 문장에서 쓰이므로 일반의문조사라 부르기로 한다. 이 「ㄱ」도 모음 하에서 반드시 ㄱ이 탈락하는 것은 아니다.

　○이 說法가 이 說法 아니아 (금삼 4-37)
　○이제 소리아 아니아 (능엄 4-126)
　○이쓰리 너희 종가 (월석 8-94)
　○이 두 사르미 眞實로 네 항것가 (월석 8-94)
　○다숫 가짓 비치 너희 물 아니가 (두언 8-56)
　○이젯 그리미 아니 이가 (두언 16-40)

아마 여기서의 ㄱ 불탈락현상의 이유도 「고」의 경우와 같은 것 같다.

---

36) 허웅, 앞의 책, 1975, 368쪽.

격조사, 연결조사, 의문조사의 요약

여기서는 격조사, 연결조사, 의문조사 등의 용법을 간단히 요약하기로 하겠다.

1. 격조사

1) 주격조사

주격조사에는 「이」와 「ㅣ」의 둘이 있었는데, 「이」는 한자말이 아닌 체언 밑에서 쓰이고 「ㅣ」는 한자어가 주어가 될 때 사용되었다. 「이」는 폐음절 체언 밑에 쓰였는데, 만일 체언이 개음절로 끝나면서 비 i 계로 끝날 때는 이와 축약하는데 그때 체언이 평성이면, 축약된 체언의 음절은 상성으로 변한다. 그러나 만일 체언이 개음절 i 계일 때는 주격조사 「이」는 생략된다. 그리고 말음탈락특수명사에 쓰이면 그 말음이 탈락한다. 주격조사 「이」는 3인칭 인칭대명사와 3인칭 비인칭대명사에서 발달하여 왔다.

2) 목적격조사

이것은 대상을 나타내던 어떤 명사에서 발달하여 온 듯한데, 그 본체는 「을」로서 모음조화에 의해 「올/를」과 「을/를」이 구별 사용되었다. 또 「올/을」은 개음절 체언 하에 쓰이고 「를/를」은 폐음절 체언 하에 씌었는데 「ㄹ」은 「을」의 「으」가 줄어서 된 것으로, 이것은 개음절 한자어 밑에서 사용되었다. 목적격조사도 주격조사와 같이 말음탈락특수명사 밑에 쓰이면 그 체언의 말음이 탈락한다.

3) 부사격조사

이에는 위치부사격조사(이것을 다시 하위구분하면 위치, 방향 등을 나타
내는 위치부사격조사와 유정물을 나타내는 체언에 쓰이는 유정위치부사격조사
의 둘이 있다)와 대비부사격조사 및 방편부사격조사의 셋이 있는데 위
치부사격조사 중 「익/의」가 오면 말음탈락특수명사의 말음은 탈락
된다. 부사격조사 중 「에·의·씌·게·과/와·만·마도·마곰·맛감」 등은
체언에서 발달해 왔으며, 「이라와·두고·ᄀ티·라셔」 등은 용언에서
발달해 왔다.

4) 관형격조사

이에는 「익/의」와 「ㅣ」의 둘이 있는데, 「익」와 「의」는 음양에 따라
구별 사용되었다. 그리고 「ㅣ」는 받침 없는 한자어가 관형어가 될 때
씌었다. 그리고 「익/의」는 삼인칭대명사의 소유격이었다.

5) 호칭격조사

이에는 「하」, 「아/야」, 「(이)여」의 셋이 있었는데, 「하」는 존칭호격에
쓰이었고, 「아/야」는 비존칭호격에 쓰이었으며 「(이)여」는 감탄호격에
사용되었다. 「야」는 「아」의 hiatus회피를 위해된 것임을 물론이다.

2. 연결조사

이에는 단어연결조사와 절연결조사의 둘이 있었는데, 전자에는 「과
/와」, 「이며」, 「이여」, 「ᄒ고」 등이 있었는데 특히 「과/와」는 두 개

이상의 단어를 다음 격조사에까지 직접 연결시켜 준 것이 현대어와 다른 점이었다. 그리고 절연결조사에는 「마ᄅᆞᄂᆞ」, 「컨마ᄅᆞᄂᆞ」, 「코」 등이 있어서 절을 다음 절에 연결시켜주었다. 그런데 여기의 「코」는 「ᄒᆞ고」의 준 것이나 여기서는 굳이 「코」로 쓰이는 이상 조사로 다루기로 하였다.

3. 의문조사

이에는 어찌의문조사 「고」와 일반의문조사 「가」의 둘이 있어서 구별, 사용되었다.

4. 보조조사

보조조사도 격조사와 같이 15세기의 것을 다룰 때에 중세어와의 연결을 지어본다는 의미에서 향찰과 이두의 표기는 물론 그 어원이 확실한 것은 그 어원도 어울러 밝혀서 설명할 것이다. 그리고 다른 세기의 보조조사는 그저 그 체계에 따라 그대로 설명해 나갈 것이다.

4.1. 분별보조조사 「ᄋᆞᆫ/은」, 「ᄂᆞᆫ/는」, 「ㄴ」

이 분별보조조사 「ᄋᆞᆫ」, 「ᄂᆞᆫ」은 양성모음 밑에 쓰이고 「은」, 「는」은 음성모음 밑에 쓰이었다. 그리고 「ㄴ」은 「ᄂᆞᆫ/는」과 수의로 변이되었다. 그런데 이들은 향찰과 이두에서 각각 어떻게 표기되었는가를 알아보고 15세기의 것을 살펴보기로 하겠다.

4.1.1. 향가 및 이두에서의 표기

○ 君隱父也 (安民歌)

○ 二肹隱 吾下於叱古 (處容歌)

○ 善花公主主隱 (薯童謠)

○ 花良 汝隱 (兜率歌)

○ 生死路隱 (祭亡妹歌)

○ 吾隱 去內如 (祭亡妹歌)

○ 潓陵隱 (過賊歌)

○ 身萬隱 (禮敬諸佛歌)

○ 灯油隱 (廣修供養歌)

○ 手焉 (廣修供養歌)

○ 吾焉 (常隨佛學歌)

○ 覺樹王焉 (恒順衆生歌)

○ 日尸恨 (普皆廻向歌)

○ 加者隱 原數良中 (名例律―加減罪例)

○ 凡監臨亦 稱者隱 (名例律―稱監臨主守)

이상의 여러 예문에서 그 표기한 것을 보면, 『삼국유사』 향가에서는 「隱」으로 표기되고 『균여전』의 향가에서는 「隱」 또는 「焉」으로 표기되다가, 이두에서는 다시 「隱」으로 되돌아왔는데, 이와 같은 사실은 모두 훈민정음의 「은/은」, 「는/는」을 표기하던 것이었다.

4.1.2. 「은/은」, 「는/는」의 본체

앞 (a)의 예문에 의하면, 향찰과 이두에서 분별보조조사는 모두 「隱」

과 「焉」으로만 표기되어 있는데, 이것은 훈민정음의 「은/은」을 표기하던 것에 해당하고, 「ᄂ/는」을 표기하던 것에 해당되지 않는다. 따라서 분별보조조사의 본체는 「은/은」이요, 「ᄂ/는」은 개음절 밑에서 「ㄴ」이 첨가된 것이다.[37]

4.1.3. 분별보조조사의 용법

4.1.3.1. 체언에 쓰이어 여러 가지 성분이 된다.

○ ᄯᅩ 가온ᄃᆡ 가히 엇게엔 ᄇᆞ얌… (월인 상 70) – 부사어

○ 한아빈 몇히를 長沙앳 나그내 ᄃᆞ옛ᄂᆞ니오 (두언 7-26) – 주어

○ 故ᄂᆞᆫ 전ᄎᆡ (훈언) – 주어

○ 大ᄂᆞᆫ 클 씨라 (월석 1-13) – 주어

○ 頭ᄂᆞᆫ 머리라 (훈언) – 주어

○ 尼樓ᄂᆞᆫ 賢홀씨 (월석 1-80) – 주어

○ 國은 나라히라 (훈언) – 주어

○ 聲聞緣覺은 아래 사겨 잇ᄂᆞ니라 (월석 1-73) – 주어

○ ᄉᆡ미 기픈 므른 ᄀᆞ므래 아니 그츨씨 (용비 2) – 주어

○ 天性은 ᄇᆞᆯᄀᆞ시니 (용비 71) – 주어

---

37) 허웅, 『국어 음운학』, 269쪽에서도 그렇게 설명하고 있다. 이 분별보조조사의 어원은 무엇이었든지 알아내기란 여간 어려운 것이 아닌데 문장에서의 차지하는 위치로 볼 때, 본래 분별이나 지정의 뜻을 나타내던 명사였던 것으로 보인다.

4.1.3.2. 「운/은」이 오면 말음이 탈락되는 명사가 있다.

1) 15세기

　「ㅎㄹ」: 홀른 아츠미 서늘ㅎ고 (월석 2-51)
　「아ᄉ」: 아슨 功名을 일버ᅀᅥ셔 (두언 8-27)
　「남그」: 불휘 기픈 남ᄀᆫ ᄇᄅᆞ매 아니 뮐 씨 (용비 2)

이 따위 명사에는 「ᄀᆞᄅ, ᄆᆞᄅ, ᄂᆞ느, 여ᄉ, 굼그, 븗그, 년그」 등이
있다.

2) 16세기

　「ㅎㄹ」: 홀른 병이 듕커늘 (소학언 6-11)
　「ᄆᆞᄅ」: 그 믈른 어딘 이를 굴히며 몸을 닷가 (번역소학 9-14)

3) 17세기

　「ㅎㄹ」: 홀론 호ᄌ 몯ㅎ열거늘 아비와 그를 옵프듸 (동국신속건 2)
　　　　　 홀론 흔대 세펄기 나 삼년채 닐곱 여듧 펄기 되나나 (동국신속
　　　　　 건 35)
　「아ᄉ」: 네 아슨 밤마다 느려갈 적이면 (인선 4-48; 왕후언간 61)
　　　　　 아비와 아은 올오믈 어드니라 (동국신속건 314)

이때 「ᄀᆞᄅ」는 말음탈락현상이 없어지고 말았다.

네 두론 서근 ᄀᆞ론 每斤에 열닷돈식 ᄒᆞ니 (중노 40)

또 「아ᅀᆞ」는 다음과 같이 나타나기도 한다.

아ᅀᆞᄂᆞᆫ 반ᄃᆞ시 형을 공경ᄒᆞ야 (경민 11A)

17세기에 와서는 말음탈락현상은 명사에 따라서, 나타나기도 하고 나타나지 않기도 하니 조사 「은/은」의 경우, 말음탈락현상이 깨어져 가는 시기가 바로 이때인 것 같다.

4) 18세기

「ᄒᆞᄅᆞ」: 홀론 董卓이 평산에 잘 제 (삼역 26)
　　　　홀론 呂布ㅣ 董卓을 조차 (삼역 77)

말음탈락특수명사의 예는 18세기까지만 나타나고 19세기부터는 나타나지 않는다.

4.1.3.3. 동사, 형용사, 부사에도 쓰인다.

○ 웃드믈 사모니 늘거는 쓰니 가장 至極ᄒᆞ더라 (두언 16-155)
○ ᄆᆞᅀᆞᆷ 사마ᄂᆞᆫ 決定히 感ᄒᆞ야 (능엄 2-18)
○ 머리 이션 보습고 알픗 몸과 (원각 상 2-2-46)
○ 이브터 ᄆᆞᄎᆞ매 니르리ᄂᆞᆫ 일후미 無色界라 (능엄 9-32)

4.2. 지적보조조사 「ᄋᆞ란/으란」, 「ᄋᆞ라는/으라는」

4.2.1. 향가와 이두에서의 표기

지적보조조사 중 조모음이 「ᄋᆞ」로 된 것은 양성모음 밑에 쓰이고, 조모음이 「으」로 된 것은 음성모음 밑에 쓰인다. 그런데 이들은 훈민정음 이전에 어떻게 표기되었던가를 알아보니, 혜성가에서 다음과 같이 꼭 하나의 예가 보일 뿐이다.

○ 城叱肣良 望良古 (彗星歌)

그리고 이두에서는 「乙良」으로 나타나는데 예를 보이면 다음과 같다.

○ 奉王旨推問爲在人乙良所犯罪狀果… (名例律—應議者犯罪)
○ 奉王旨推問爲在人乙良… (上同)
○ 六品二下乙良 檢察使, 接廉使… (名例律—職官有犯)
○ 曠罪等事乙良推考決斷徐 (名例律—軍官有犯)
○ 人吏乙良每季朔乙當爲 (名例律—文武官犯公罪)

이들 「乙良」은 「으란」 또는 「을랑」을 표기해 주기 위한 것이었다면, 결국 혜성가의 「城叱肣良」은 「(肣)良」과 다를 바 없다고 보아진다.

4.2.2. 지적보조조사의 용법

○ 요와 유와란 附書初聲之下ᄒᆞ고 (훈언)

○ 이제 져믄 져그란 아주 ᄆᆞᅀᆞᆷ장 노다가 (석상 13-171)

○ 노ᄑᆞᆫ 싸호란 노포ᄆᆞᆯ 므더니 너기고 (금삼 4-45)

○ 됴ᄒᆞᆫ 고ᄎᆞ란 ᄑᆞ디 말오 (월석 1-9B)

○ 외라ᄂᆞᆫ 水情이 ᄎᆞᆫ 듯ᄒᆞ니ᄅᆞᆯ 시부라[瓜嚼水情寒] (두언 15-54A)

○ ᄀᆞᅀᆞᆳᄆᆞ믈라ᄂᆞᆫ 皇陂ᄅᆞᆯ 思億ᄒᆞ노라 (두언 16-11A)

○ 글란 ᄉᆞ랑티 아니코 (월석 7-17B)

대명사 「그」 다음에 「란」이 오면 이것은 「ㄹ란」으로 된다. 그리고 분별보조조사 「ᄂᆞᆫ/은」은 대개 주어에 쓰이고, 「(ᄋᆞ/으)란」은 목적어에 쓰인다.

4.3. 선택보조조사 「이나/이어나」

4.3.1. 선택보조조사의 어원 및 이두에서의 표기

이 보조조사 「이나/이어나」는 「이다」의 활용형에서 발달한 것이며, 후대의 「이든지」는 어간 「이」에 어미 「든」에 다시 불완전명사 「디>지」가 합하여 된 것인데, 이것 역시 「이다」의 활용법에서 온 것이다. 그런데 훈민정음 이전에 이들은 어떻게 표기되었는가를 알아보니, 향가에서는 나타나지 아니하고, 『대명률직해』에서는 「이어나」는 「是去乃」로 나타나 있다.

○ 遷官段 他官良中 移差是去乃, 出使是去乃 隣官良中 權知是齊, 去任段 政滿遞置是去乃 在喪是去乃 致任等類是乎事 (名例律—無官犯罪)

이것은 「이어나」의 본체가 「이거나」임을 보이는 좋은 예로 보아지는데, 「든지」에 대한 예는 보이지 않는다. 그러나 그것은 이때는 「디〉지」가 명사였기 때문이다.

4.3.2. 선택보조조사의 용법

「이어나」는 폐음절 체언 밑에 쓰이고, 「(어)나」는 개음절 체언 하에 쓰인다. 그리고 받침 없는 한자어 밑에는 「(ㅣ)나」가 쓰인다. i 계모음으로 끝난 명사 밑에는 「(어)나」로 쓰이고, 비 i 계 모음으로 끝난 명사 밑에는 「이(어)나」가 쓰인다. 그리고 이때에 「이어나」의 「이」는 윗 명사의 모음과 축약된다.

> ○ 아뫼나 이 經을 디녀 (석상 9-41)
> ○ 比丘 ㅣ 나 比丘尼나 優婆夷나 노니마다 다 절ᄒ고 (석상 19-58)
> ○ 比丘 ㅣ 어나 比丘尼어나 白衣檀越이어나 ᄆᆞᅀᄆ매 貧婭ᄅᆞᆯ 滅하야 (능엄 7-7)
> ○ 부디어나 손토보뢰어나 佛像을 그리ᅀᆞᆸ더니 (석상 13-104)
> ○ 노ᄑᆞᆫ 두들근 ᄯᅩ 萬尋이나 ᄒᆞ도다 (두언 15-5)

이 조사는 명사에만 붙어서 선택이나 확대의 뜻을 나타내었다. 선택보조조사도 말음탈락특수명사 밑에 오면 말음이 탈락한다.

> ○ 功德이 ᄀᆞ조ᄆᆞᆯ 흘리어나 닐웨예 니를어나 ᄒᆞ면 (월석 8-47)

이와 같은 용례는 16세기 이후는 잘 나타나지 않는다.

4.4. 균일보조조사 「마다」

4.4.1. 훈민정음 이전의 표기

○ 利利每如 邀里白乎隱 (禮敬諸佛歌)
○ 手良每如 法叱供乙留 (廣修供養歌)

위의 예는 모두 『균여전』의 향가에서만 나타난 것인데, 이두에서는 나타나지 아니하며 중세국어의 구결에는 「宀多」로 표기되어 있다.[38] 그런데 위의 두 번째 예에 의하면 「마다」는 본래 명사였던 것 같다. 더구나 그 표기가 훈을 빌어서 「每」를 사용한 것을 보아 그러한 생각이 들게 된다. 향가에서의 표기 중 훈을 빌어 쓴 것은 대개가 실사이기 때문이다.

4.4.2. 균일보조조사의 용법

이 조사는 개폐 양음절로 끝난 명사 밑에 두루 쓰인다.

○ 海東六龍이 나르샤 일마다 天福이시니 (용비)
○ 곳과 여름괘 가지마다 다르더니 (석상 6-60)
○ 人人은 사름마대라 (석상 서 6)
○ 사름마다 히여 수비 니겨 날로 뿌메 便安킈… (훈언)

이 조사는 명사에만 쓰이는데, 특히 「이다」와 연결될 때는 「마대

---

38) 安秉禧, 『中世國語口訣의 硏究』, 일지사, 1975, 65쪽에 의하면, 「物了多」(周大上 326)와 같은 예를 들고 그 예가 극히 드물다고 하였다.

라」로 됨은 상례에서 볼 수 있음과 같다.

4.5. 역시보조조사 「도/두」

4.5.1. 향가와 이두에서의 표기

○ 吾隱 去內如 辭叱都 毛如云遺 去內尼叱古 (祭亡妹歌)

○ 倭理叱軍置 來叱多 (彗星歌)

○ 月置 八切爾數於將來尸波衣 (上同)

○ 世理都 之叱途烏隱第也 (怨歌)

○ 必只 一毛叱德置 (稱讚如來歌)

○ 惡寸業置 (普皆廻向歌)

○ 禮爲白孫佛禮刀 (上同)

○ 日置 仁伊而也 (總結无盡歌)

○ 遷徙付處人等矣 家口置 如前放還齊 (名例律─徒流人在道會赦)

○ 次知管領捉調置 亦是 監臨主守 (名例律─稱監臨主守)

위의 여러 예를 통해 볼 때, 제망매가의 「辭叱都」에서는 사이시옷 밑에 「都」가 와 있고, 기타의 예에서는 훈을 빌어 쓴 「置」가 쓰이고 있음(단, 보개회향가에서는 표음적 표기인 「刀」가 하나 나타난다)을 볼 때, 역시보조조사 「도」는 「또한」의 뜻을 나타내는 명사에서 발달해 온 것 같다. 「都, 置, 刀」로 표기되어 오던 역시보조조사는 훈민정음에 이르러는 「도/두」로 표기되기에 이르렀는데, 다음에서 그 용법을 살펴보기로 하겠다.

4.5.2. 역시보조조사의 용법

이 조사는 체언 및 동사, 부사 밑에 쓰이었다.

○ 岐山 올只샴도 하놇드디시니 (용비 4)

○ 東山이 싸토 平ᄒ며 나모도 盛ᄒ더니… (석상 6-46)

○ 阿羅漢ᄋᆫ 得ᄒ리도 잇더라 (석상 6-69)

○ 四衆을 머리셔 보고도 쪼 부러 가 절ᄒ고 (석상 19-30)

○ 比ᄂᆫ 言化如水ᄒ며 思若神ᄒ야 爲治大要 旣價所損則 時或用이라도 亦 不至於亂也이니라 (두언 6-12·13)

○ ᄒᆞᆫ번도 아니 도라늘 (월인곡 상·기 151)

4.6. 각자보조조사 「곰」

이 조사는 향가나 이두에서는 물론 구결(口訣)에서 어떻게 표기되었는지 잘 나타나지 아니한다. 따라서 15세기부터의 변천에 대해서만 설명하기로 하겠다.[39) 그런데 이 조사는 모음이나 ㄹ밑에서 쓰이면 ㄱ이 탈락한다. ㅎ종성체언이 오면 「콤」으로 바뀜은 말할 필요도 없다.

○ 四方이 각각 變ᄒ야 十方곰 ᄃᆞ외면 四十方이 일오 四十方이 各各 變ᄒ야 十方곰 ᄃᆞ외면 四百方이 일리니 (석상 19-24)

○ 奢摩地와 三摩鉢庇와 神那와 各各 ᄒ나콤 닷고미 單修ㅣ오 (능엄 8-54)

○ 네 제자들히 五百比丘옴 ᄃᆞ려 이리 안자 ᄂᆞ라 가니 (월석 7-21B)

---

39) 「여기」 각자보조조사의 어원은 「각각」이나 「~씩」의 뜻을 나타내던 명사에서 발달한 것으로 보인다. 왜냐하면 항상 각자보조조사는 명사 밑에만 쓰이기 때문이다.

그리고 이 조사는 대개 그 앞의 체언으로 하여금 주어나 목적어가
되게 한다.

4.7. 유여(有餘)보조조사 「나마」

이 조사도 각각보조조사와 같이 향가나 이두에서 쓰인 예를 찾을
수 없는데 훈민정음 이전에는 동사였기 때문이라 생각된다.

그리고 이 동사는 15세기에는 「그 위에 더 있음을」 나타낼 때 씌
었다. 이것은 그 어원이 말하고 있듯이 「남다(餘) < 넘다」에서 온 것이
기 때문이다. 그러던 이 조사가 후대로 오면서 '부족해서 미안하다'
는 뜻으로 변하였으니, 의미면에서 본다면 정반대의 방향으로 바뀌
었다고 할 수 있다.

○ 門人이 一千나마 잇ᄂ니 (법보 상 5)
○ 머리 조차 一千디위나마 절ᄒ고 (월석 23-82)

전자는 주어로 씌었고 후자는 목적어로 씌었다. 그런데 16세기에
는 나타나지 않다가 17세기에는 또 나타난다.

4.8. 국한강세보조조사 「믓」, 「붓」, 「봇」

이 조사들은 향가나 이두에서는 나타나지 않는데 그때는 이들은
실사였기 때문이다. 즉 이들은 부사에서 발달해 왔다.

이 조사는 그 뜻하는 바가 같기 때문에 한꺼번에 모두 다루기로
하는데 허 교수에 의하면 변이형태인 듯하다고 한다. 그 뜻이 같은
것으로 보면 그렇게 볼 수 있다.

○ 夫人이 술보샤되 금못 아니면 어느길해 다시 보수 보리 (월석 8-82)

○ 이 マ튼 福利못 不思議라 (월석 21-143)

○ 世尊하 ᄒ마 내눈못 없스면 내 보미 어디 몯ᄒ리니 (능엄 1-99A)

○ 王뿐 너를 ᄉ랑티 아니ᄒ시린댄커니와 (석상 11-30)

○ ᄒ다가 무수맷 벋붓 아니면 (영가하 128)

이 조사는 주로 주격으로 쓰이고 있다.

4.9. 불구(不拘)부조조사 「만뎡」

이 조사는 향가나 이두에서 나타나지 않는다. 왜냐하면 그때는 이들은 실사였기 때문이다. 그런데 이 조사의 뜻은 「-만이라도」로 풀이되는데 명사로 하여금 위치부사어가 되게 한다.

○ 밥 머긇 덛만뎡 長常 이 이를 싱각ᄒ라 (월석 8-8B)

4.10. 양보보조조사 「인돌」

이 조사는 「이다」의 용법에서 유래한 것이다. 이것을 조사로 보는 이유는 이 자체로서는 아무리 보아도 술어로 볼 수 없기 때문이다.

○ ᄒ물며 어버인돌 내야 주며 가시며 子息이며 종인돌 주며 와 비는 사ᄅ물 주리여 (석상 9-23)

○ 塞外北狹인돌 아니 오리잇가 (용비 53)

○ 현 날인돌 迷惑을 어느 플리 (월인 상 70)

이 예문에서 보면 「인들」은 위 예문의 차례에 따라 목적격, 주격, 부사격으로 각각 씌었다.

4.11. 가정보조조사 「잇돈」

4.11.1. 이두에서의 표기

○ 凡國家律令叱段 參酌事情輕重爲良 (吏律—講讀律令)[40]

○ 凡錢法叱段寶原等庫乙設立爲 (戶律—錢法)

○ 木石重器叱段人力以易輪轉不得爲臥乎等用良 (刑律—趙除刺字)

이 조사는 「叱段」 또는 「段」으로 표기되었는데, 모두가 중세어의 「잇돈」 또는 「(이)쫀」에 이어온 것이다. 이의 형태적 분석은 「이+ㅅ+ᄃ+ᄂ」으로 되는데, 그 뜻인 즉 「~인 것은」 또는 「~인즉은」으로 풀이될 수 있으나 본 뜻은 「-이라면」이다.

4.11.2. 「잇돈」의 용법

이 조사는 명사에만 붙어서 가정을 나타낸다. 필자는 1986년에 '쫀'을 가정형어미라고 발표한 적이 있다(『조선학보』 119·120집, 1986).

○ 무슴잇돈 뭐우시리여 (월인 상 62)

○ 金色잇돈 가시시리여 (월인 상 62)

---

40) 「잇돈」은 다음에서와 같이 가정의 뜻을 나타낸다.
○ …遺棄小兒叱段親生父母亦難便棄置小兒是去有乙(戶律—立嫡子違法)

4.12. 강세보조조사 「사」

4.12.1. 향가와 이두에서의 표기

○ 毛冬居叱沙哭屋尸以憂音 (慕竹旨郞歌)

○ 入良沙寢矣見昆 (處容歌)

○ 一等沙隱賜以古只內乎叱等邪 (禱千手觀音歌)

○ 兒史沙叱 望良古 (怨歌)

○ 此兵物叱沙 過乎 (過賊歌)

○ 阿耶法供沙叱多奈 (廣修供養歌)

○ 於內人衣善陵等沙 (隨喜功德歌)

○ 委官矣 字細推明乙 侍侯爲良沙 (名例律—職官有犯)

○ 王旨行下以沙 軍馬乙 抄送捕捉爲乎矣 (兵律—擅調官軍)

○ 重囚乙沙 輕囚在處良中 起送爲族 (刑律—鞫獄停囚待對)

이상의 예에서 보는 바 「沙」는 훈민정음의 「사」를 표기해 주었던 문자로 생각되는데, 이는 그 용법도 「사」와 같음을 알 수 있다. 즉 중세어에서는 「사」는 체언, 용언, 지정사, 부사 조사 등에 사용되었는데, 상례의 「沙」도 체언, 동사, 조사 등에 쓰이고 있다.

4.12.2. 「사」의 용법

이 조사는 상술한 바와 같이 여러 품사에 두루 쓰이는데, 복합조사를 이룰 때는 항상 조사의 맨 뒤에 붙는다. 대개의 복합조사는 「보조조사 + 격조사」의 순으로 이루어지는데 이것만은 「보조조사 + 격조사 + 사」의 순으로 연결된다. 이와 같은 일은 「사」가 강세만을 나타내기 때문이다.

> ○ 사름미아 가느니라 (석상 6-86)
> ○ 우리아 부터를 조사ᄌ바 듣줍고 (법화 5-121)
> ○ 그제아 히드리 처섬 나니라 (월석 1-42)
> ○ 그듸내 ᄌ비아 오도다마른 (석상 23-531)
> ○ 相이 곧 相 아니라아 眞이 ᄃ외느니라 (금삼 3-23)
> ○ 이 量애 너믄 사름미라아 올타 (금삼 3-28)

4.13. 도급(到及)보조조사 「이드록/이도록」

이 조사는 「이다」의 활용형이 굳어서 조사화한 것인데, 향가나 이두에서의 표기 문제는 특별히 다룰 필요를 느끼지 않는다. 따라서 15세기의 용법을 보기로 하겠다.

> ○ 샏른 ᄇ르미 부러 나지드록 어드웠도다 (두시언 1-44)
> ○ 늘그늬 허틸 안고 이리드록 우는다 (월석 8-101A)
> ○ 밤듕이드록 자디 아니ᄒ시며 (내훈 하 38)

이 조사는 명사, 부사에 두루 씌었다.

4.14. 유지보조조사 「다가」

이 조사는 중세어에서 조사로 보아지는데, 그 전에는 완전한 하나의 동사였던 것으로 보인다. 따라서 향가나 이두에서 조사로서 나타나지 않는다. 그러면 이 조사는 어떤 동사에서 왔겠느냐가 문제이나 아마 「다그다[拿把]」에서 발달한 것으로 보인다. 왜냐하면 다음의 예로서 그것이 분명하기 때문이다.

○ 이 사ᄒᆞ론 디플 다가[將這切了的草] (初老上 20A)
○ 버다 네 콩을 건뎌 내여다가[火伴你將科撈出來] (初老上 24A)
○ 다른 콩ᄆᆞ를 다가 버므려 주고[只將科水伴與他] (初老上 24)
○ 지즑과 돗 가져다가[將藁薦席子來] (初老上 25B)
○ 즉재 게셔 ᄒᆞᆫ 무적 큰 돌 가져 다가[就那裏拿起 泪大石頭] (初老上 28A)
○ 그 사ᄅᆞ미 머리 우희 다가[把邦人頭上] (初老上 28)
○ 그 도즈기 그 사ᄅᆞ미 전대 가져 다가[那賊將邦人的纏帶] (初老上 28)
○ 속절업시 닷님자와 겨탓 평인을 다가 의심ᄒᆞ야 텨져주니[幹把地主並 左近平人深疑打考] (初老上 28)

이에서 보면 「다가」는 「將·拿·把」의 세 자로 나타나는데, 그 공통적인 뜻은 「가지다」이다. 그러므로 「이 사ᄒᆞᄅᆞᆫ 디플 다가」는 「이 썰은 짚을 가져」로 된다. 그리고 「가져다가」는 「가져 가져(서)」의 겹말이 되는데, 이와 같은 문법은 우리말의 특질 중의 하나라고 볼 수 있는바, 오늘날도 「외가」하면 될 것을 「외가집」이라 한다든가 「20일」하면 될 것을 「20일 날」하는 것과 같은 식의 것이다. 따라서 「다가」는 타동사 「다그다」에서 온 것이 분명하다.

4.14.1. 유지보조조사의 용법

이 조사는 주로 부사, 동사 뒤에 사용되었다.

○ 네 바리를 어듸 가 어들다 도로다가 두어라 (월석 7-8)

○ 그 겨지비 밥 가져다가 머기고 (월석 1-44)

○ 爲頭 도즈기 나를 자바다가 교집사마 사러니 (월석 10-25)

○ 羅侯羅 드려다가 沙彌 사모려 ᄒᆞᄂᆞ다 홀씨 (석상 6-3)

4.15. 시발보조조사 「브터」

이 조사는 15세기에 한편으로는 동사로 쓰이면서 또 한편으로는
조사로 사용되었으므로, 향가나 이두에서는 조사로 쓰이지 아니하였
다. 그러므로 그 기록도 나타나지 않는다. 따라서 여기서는 그 어원
을 살펴보기로 하겠다.

이숭녕 교수는 조사 「브터」는 동사 「븥다[附]」에서 왔다고 하고는
이것이 원인격으로 쓰인다고 주장하면서, 예로서

○ 허므리 根 브터 니디위 (名由根起枵 88)

○ 녀미 妄見을 브터 조차 妄業을 지슬씨 (由比妄見循 造妄業枵 79)

○ 同女를 브터 오니 (因友以攀一龍 79)

○ 이제 이를 브터 ᄉᆞᄆᆞᆺ 아라[今明依比通達] (圓四 154)

등을 보이고는 "본문의 한자 因, 由, 依의 譯이 '브터', '-을 브터'가
되었으니 원인격의 구실을 함은 물론이다"[41]라고 하였다. 그러나 다
음의 예를 보자.

○ 뎌 즈슴 ᄭᅴ브터 나랏일 시름ᄒᆞ논 늣므를 괴외히 衣巾에 쓰리노라[何

---

41) 李崇寧, 『中世國語文法』, 을유문화사, 1961, 155쪽.

來憂國沒寂莫酒衣巾] (두언 6-31B)

　　○ 泰中은 네로브터 님금 겨신 ᄀ올히니라[泰中自古帝王州] (두언 6-9B)

　　위의 몇 개의 예문 중 필자는 맨 끝의 예문을 중시하고자 하는데, 그것은 「브터」는 「附」의 「붙다」에서 온 것이 아니고, 「自」의 「붙다」에서 온 것으로 보고자 하기 때문이다.

　　위에서 이 교수가 예로 든 「由」나 「從」은 「自」와 통하지 「附」와 통하지는 않으며, 「브터」라는 단어가 나타내는 의미인즉 '달라 붙는 것[附]'이 아니고, '무엇에서 떨어져 나오는 것'을 나타내기 때문이다. 더구나 「브터」로 번역되는 한자어에는 「自」, 외에 「因」, 「由」, 「從」, 「隨」, 「依」 등이 있는데, 이들을 『대한한사전(大漢韓辭典)』을 통해 보면 "自: 부터자(由也, 從也)의 뜻을 가진 「붙다」에서 「從부터종[自也]」, 「因 = 由」, 「隨 = 從」(좇을 따름)" 등으로 설명되어 있어 대개가 「自」의 뜻임을 알겠기 때문이다. 그러므로 필자는 「브터」는 「自」의 뜻을 가진 「붙다」에서 왔다고 주장한다. 그리고 위에 든 「브터」는 동사이지 조사가 아니다. 물론 타동사에서 온 보조조사는 오늘날에도 그 앞에 목적격조사가 올 수 있다.

　　○ 짐조차 지시니 마음이 아프다.
　　○ 짐을 조차 지시니 마음이 아프다.

　　또 '10일부터 15일까지'를 한자로 쓸 때는 '自 10日 至 15日'이라 쓰지 '附10日 至15일'라고는 쓰지 않는 것이 이를 크게 뒷받침하고 있다.

4.15.1. 시발보조조사의 용법

○ 우브터 넷 양ᄌ로 다 일어늘 (월석 1-82)
○ 처섬브터 다시 始作할씨 (월석 2-62)
○ 처섬브터 다시 諸位예 디나 (능엄 8-53)
○ 始來 ᄇ리고브터 能히 그 言論辯을 다ᄒ리 업스니라 (법화 4-8)

이 조사는 명사는 물론 동사에도 붙는다.

4.16. 지정보조조사 「이라」

이 조사는 지정사 「이다」에서 발달해 온 것인데, 감탄, 강세의 뜻을 나타낸다.

○ 엇뎨 구틔여 二千 무리라ᅀᅡ 비르수 戒馬의 氣運을 鎭壓ᄒ리오 (두언 6-22)
○ 한 字ㅣ라도 사매 가ᄂ ᄒ얌직 ᄒ도다 (두언 16-22)

위의 두 예는 전자는 주격으로 씌었고 후자는 목적격으로 씌었다.

4.17. 위치보조조사 「셔」

이 조사는 「이시어」가 「이셔」로 되고, 다시 이것이 「셔」로 변하면서 이루어진 것이다. 그러므로 향가나 이두에서는 특별히 그 예를 찾기가 어려우므로 15세기부터의 변천을 살피기로 하겠다.

○ 셔울셔 당당이 보면 비치 업스리니 (두언 15-21)

○ 그 若ㅣ 이에셔 倍ᄒ며 (월석 21-26)

○ 그 罪ㅣ 또 뎌셔 너므리라 (법화 4-83)

○ 이 거시 고아 長常 먼 ᄃᆡ셔 날ᄉᆞ니라 (두언 15-21)

○ 머리셔 제 아비 보ᄆᆞᆫ (법화 2-196)

○ 구루미 노피셔 나가디 아니ᄒᆞᄂᆞ니 (두언 15-17)

○ 孤ᄂᆞᆫ 져머셔 어버이 업슨 사ᄅᆞ미오 (석상 6-13)

○ 眷屬 ᄃᆞ외ᅀᆞ바셔 셜ᄫᆞᆫ 일도 이러ᄒᆞᆯ씨 (석상 6-5)

위의 예에서 보는바, 이 조사는 위치, 비교, 출발점을 나타내면서 또한 용언이나 부사에 붙어 상태의 유지를 나타낸다. 그리고 이 조사는 명사, 부사, 동사 등에 두루 사용되었다.

4.18. 다짐보조조사 「곳」

이 조사는 부사에서 발달하여 온 것이므로, 향가나 이두에서는 잘 나타나지 아니한다. 이 조사는 모음이나 「ㄹ」 밑에서 ㄱ이 탈락한다.

○ 사름곳 아니면 (금삼 2-6)

○ 일옷 니ᄅᆞ면 (석상 13-88)

○ 그리옷 아니ᄒᆞ면 (월석 8-62)

○ 아니옷 주시면 (석상 23-55)

○ 내 難을 球티옷 아니ᄒᆞ면 (월석 21-56)

○ 니옷 이 相ᄋᆞᆯ 알오 (석상 31-84)

이 조사는 명사, 부사, 동사 등에 두루 씌었다.

4.19. 여운보조조사 「곰」

이 조사는 부사에서 발달해 온 것으로 부사나 동사에만 붙는데, 어떤 여운을 남기는 구실을 한다. 그리고 이 조사는 ㄱ이 탈락하는 일이 없으므로 명사에만 쓰이는 각자보조조사 「곰」과는 형태면에서도 차이가 있다. 그리고 이 조사는 향가나 이두에서는 나타나지 아니한다.

○ 시러곰 어드운딕 ㄱ초아 두리아 (두언 8-170)
○ 種種方便으로 다시곰 술바도 (석상 6-6)
○ 아ᄃ리 아비 나해셔 곱ㄱ곰 사라 (월석 1-47)
○ 늘 보리라 우러곰 온다 (월석 8-87)

4.20. 고사(姑捨)보조조사 「ᄂᆞ커니와」

이 조사를 분석해 보면 「ᄂᆞ+커니와」로 되어 두개의 단어로 보아야 할 것 같으나, 「커니와」가 하나의 독립된 단어로 인정되지 않는다면, 「ᄂᆞ커니와」를 하나로 묶어 조사로 다루기로 한다.

○比丘尼 닐어딕 너희ᄂᆞ커니와 내 지븨 이싫 저긔 受苦 만타라 (월석 10-23A)

이 조사는 이때에는 반드시 「ᄂᆞ」과 같이 사용되었다. 여기서는 주어로 씌었다.

제3장 16세기 조사의 용법

조사의 용법에 들어가기 전에 먼저 16세기 조사일람표를 보이면 다음과 같다.

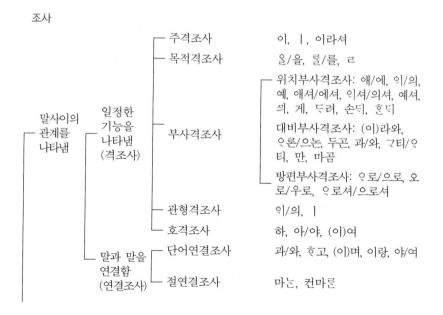

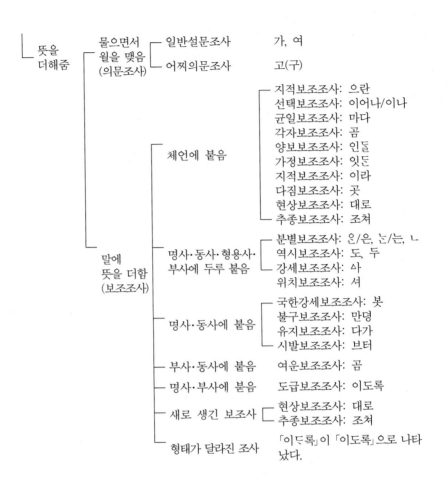

1. 격조사

1.1. 주격조사

1.1.1. 「이」

1.1.1.1. 폐음절로 끝나는 체언 밑에 씌었다.

- 모돈 사룸이 ᄒ욜 이리 잇거든 (여향 7)
- ᄋ 글디 아니ᄒ 거든 다 익호미 업스니 (여향 9)
- 집 간난호미 간난이 아니라 길헷 간난이 사룸 간난히ᄂ니라 (초박 상 107).
- 하ᄂᆯ히 어엿비 너기샤 모미 편안ᄒ면 가리라 (초노 상 2A).

1.1.1.2. 체언이 「이」계 이외의 모음으로 끝나 있으면 주격조사 「이」는 이들과 합하여 한 음절로 축약되는데, 이때 체언이 평성이면 축약된 음절은 상성으로 변한다.

- :네 어드러로셔 브터 온다 (초노 상 1A).
- :뎨 ᄆ쇼 고티기 잘 ᄒᄂ니라 (초박 상 126).
- :제 올 저긔 여듧 푼 은에 흔말 경미오 (초노 상 9B).
- :비 뢰 므슴 어려운 고디 이시리오 (초박 상 126).

위와 같이 축약되는 경우 체언이 거성이거나 상성이면 축약된 음절도 역시 거성이나 상성이 된다. 그 이유는 15세기의 경우와 같다.

○ ·내 블 디디 몯ᄒ고 (초노 상 39).

○ 여러가짓 지 ·죄 됴코 (초박 상 92).

○ ·뉘 아니라커니 (초박 상 45).

○ 됴흔 ·뎐피 잇ᄂ녀 (초박 상62).

1.1.1.3. 체언이 「이」로 끝났을 때는 주격조사 「이」는 생략된다.

○ ·이 내 이우지라 (초노 상 16B)

○ 우·리 흔가짓 스테 모ᄅ는 사름들히 (초노 상 16B)

○ 어:듸 이십릿 싸코 (초노 상 23)

○ 너:회 ᄒ마 姑舅兩儀에서 난 형톄로디

○ 죠고맛감 삿기:광대 네 마리라 호리라 (쌍화뎜)

1.1.2. 「 ㅣ 」

1.1.2.1. 받침 없는 한자어가 주어가 되면 주격조사는 「 ㅣ 」가 온다.

○ 始修行路ㅣ 無非一大師ㅣ 시니 (능엄찬)

○ 죠고맛간 삿기 上座ㅣ 네마리라 호리라 (쌍화뎜)

○ 桃花ㅣ 발ᄒ두다 (만전춘)

○ 父母ㅣ 병이 잇거든 (소학언 6-1)

○ 防難尊者ㅣ 眞慈方便으로 副爲未學 어시늘 (능엄찬)

○ 뎌 인가ㅣ 사ᄅ미 만흔 주를 보면 (초노 상 46B)

그런데 한자어가 「이」나 i계 모음으로 끝났을 때도 굳이 「ㅣ」조사를 사용하는 일이 있다. 이것은 그것이 주어임을 명확하게 해 주기 위한 목적에서 그러한 듯하다.

○ 아비 易(:이)ㅣ 집의 이셔 (소학언 6-12)

○ 繼母朱氏ㅣ 不慈ᄒ야 (소학언 6-21A)

○ 아비 儀ㅣ 魏安東將軍 司馬昭의 司馬ㅣ 되얏더니 (소학언 6-23A)

1.1.2.2. 주격조사 「이」, 「ㅣ」는 존칭 비존칭에 두루 씌었다.

○ 父母ㅣ 병이 잇거든 (소학언 6-1)

○ 자식 업고 손진 업스면다 ᄂᆡ 거시 ᄃᆞ외리니 (초박 상 14)

○ 孔子ㅣ ᄀᆞᆯ으샤듸 (소학언 2-20A)

주격조사 「이」는 상하를 가리지 아니하고 누구에게나 쓸 수 있는 통용성을 가졌던 것으로 보인다. 『선가귀감(禪家龜鑑)』을 16세기의 것이라고 본다면, 16세기에는 폐음절로 끝난 한자어 밑에 「ㅣ」가 쓰인 예가 많이 나타난다.

○ 古人ㅣ 이 圓相을 그려 뵈시니 (선가 상 3)

○ 人人ㅣ 本具ᄒ여 箇箇ㅣ 圓成ᄒ야 (선가 상 3)

○ 法에 한 義用ㅣ 있고 人에 한 根機ㅣ 이시니 (선가 상 4)

1.1.3. 「이라셔」

이것은 「이다」의 활용형에서 이루어진 것이나, 그 기능으로 보아 단순조사로 다루기로 한다. 이 조사는 강세의 뜻을 나타내는 것이 특징이다.

○ 딕월이라셔 모롤 사룸의손딕 알외라 (여향 74)

예는 그리 잘 나타나지 않는다.

1.2. 목적격조사

1.2.1. 「올/을」

1.2.1.1. 폐음절로 끝난 체언 밑에 쓰이는데, 「올」은 양성모음으로 끝난 체언 밑에 쓰이고, 「을」은 양성모음으로 끝난 체언 밑에 쓰인다.

○ 노믹 싸호몰 잘 말이며 (여향 6)
○ 죵올 잘 져어ᄒ며 (여향 6)
○ 둘흘 ᄒ야 집 보게 ᄒ고 (초노 상 46B)
○ 네 므슴 그를 빅혼다 (초노 상 2B)

그런데 16세기만 하여도 모음조화가 상당히 깨어져서 사실상 양성·음성을 가리기가 어려울 지경이다.

○ 짐시로믈 ᄆ찼글와 (초노 상 45B)
○ 믈 머귤 콩을 밧괴여 주디 (초노 상 53A)
○ ᄌ데롤 ᄀᄅ치며 (여향 9)
○ 젼뎨예 흔권 조히를 너허 (초노 상 27)

1.2.1.2. 목적격조사 「올/을」은 관형사형어미 다음에 사용되었다.

○ 사스미 짒대예 올아셔 히금을 혀거를 드로라 (청산별곡)

이와 같은 예는 실제로 그리 많지 않다.

1.2.1.3. 폐음절 「이」로 끝나는 체언 밑에는 「을」이 주로 사용되었다.

○ 그 직임을 잘 거힝호미오 (여향 8)
○ 짐을 이ᄅ 살며 (여향 8)
○ 손이 쥬신을 답례호ᄃᆡ (여향 50)

1.2.2. 「롤/를」

1.2.2.1. 「롤」은 양성 개음절 체언 밑에 쓰이고 「를」은 음성 개음절 체언 밑에 쓰인다.

○ 네 나롤 보ᇫ피쇼셔 (초박 상 17)
○ ᄌ녀롤 ᄀᄅ치며 (여향 9)
○ 전대예 흔 권 조희를 너허 (초노 상 27B)
○ 네 나를 헐겁지 빌이고려 (초박 상 108)
○ 일 어머롤 일코 (소학언 6-1)

이들 예에서 보는 바와 같이 16세기에 와서는 사실상 모음조화에 따른 「롤」과 「를」의 구별은 상당히 혼란을 빚고 있다.

1.2.2.2. 개음절 「이」로 끝나는 명사 밑에는 「롤」보다 「를」이 주로 많이 사용되었다.

○ 늘와 씨를 실 어울워 짜시니 (초박 상 28)

○ ㅎ룻 바믹 지기를 닐굽 여듧번식 ㅎ야 (초박 상 43)

○ 아기를 다가 쏘 머리 갓고 니마 우희 쓰느니 (초박 상 113)

○ 흔근 고기를 사틱 ㄱ장 슬지니란 말오 (초노 상 21A)

1.2.3. 「ㄹ」

○ 네 갇모 둘만 가져다가 날 ㅎ나 맬이고려 (초박 상 130)

○ 네 날 드려 뎌긧 경티를 니ㄹ고려 (초박 상 134)

이 「ㄹ」은 개음절 한자어 밑에는 잘 나타나지 않는다. 위의 예에 나타난 「ㄹ」은 「를/를」의 준 것으로도 볼 수 있다. 목적격조사가 16세기에는 유정위치격으로 많이 사용되었다(물론 15세기에도 있기는 하였으나 이때만큼 심하지는 않았다).

○ 너를 돈 다숫 주마 (초박 상 89)

○ 달라 ㅎ얀 디 반년이나 호틱 나를 갑디 아니ㅎ니 (초박 상 69)

○ 너를 흔돈 여듧푼 은을 내여 주마 (초박 상 65)

또 이때에는 목적격조사가 두개 거듭 나란히 사용된 예가 많다.

○ 이 류엣 즁을 저를 티디 아니코 므슴ㅎ료 (초박 상 72)

○ 이 은을 므스글 쎨이ㄴ다 (초노 상 65A)

○ 父母ㅣ 병이 잇거든 옷슬 씌롤 그ㄹ디 아니ㅎ며 (소학언 6-1)

여기 마지막 예의 「옷슬」은 '옷의'로 풀이하여도 큰 무리는 없다.

끝으로 참고삼아 말할 것은 16세기에 목적격조사가 와야 할 것 같은 자리에 주격조사가 쓰인 예가 있기에 이에 덧붙인다.

○ 네 이 다숫 가짓 갈히 이리 밍ㄱ로믈 곱고 조케 ᄒ면 은 세돈애 밍글로다 (초박 상 32)

○ 너는 高麗ㅅ 사ᄅ미어시니 쏘 엇디漢語 닐오미 잘 ᄒᄂᆞ뇨 (초노 상 2A)

○ 금으로 ᄉ지 그린 돌애예 아래는 두 그테 거믄 구슬로 믜자 쎄욘 약 대터리로 ᄲᆫ 오랑 드리웠고 (초박 상 59)

이와 같은 용법은 당시의 구어에서 실제 있었을 것으로 보인다.

1.3. 부사격조사

1.3.1. 위치부사격조사

1.3.1.1. 「애/에」, 「ᄋᆡ/의」, 「예」

1) 「애」와 「ᄋᆡ」는 양성모음 밑에, 「에」와 「의」는 음성모음 밑에 각각 쓰이어 위치, 방향, 상태 등을 나타낸다.

○ 흔ᄃ래 두냥곰 졋갑 주고 (초박 상 114)

○ 삼장ᄉ애 블 혀라 가고신ᄃᆡ (쇠화점)

○ 너희 세희 둉에 이 늘그니 ᄒ야 보라 ᄒ야라 (초노 상 34A)

○ 고로믜는 믜 흔 피레 두량식 주고 사 (초노 상 13B)

○ 간사로우며 패란애 말와 또 아름대로 됴뎡과 각ㄱ을 공ᄉ 잘 ᄒ며

(여향 82)

○ 오낤바미 어듸 가 자고 가료 (초노 상 9B)

○ 이른 나릭 손이 친히 가 샤례ㅎ라 (여향 47)

○ 대문 밧기 가 마자 드러오고 (여향 43)

2) 「예」는 「이」 모음이나 i 계 모음 밑에서 사용되었다.

○ 굴근 술위예 시러 가져 (초박 상 25)

○ 우리 光祿寺예 가 무리 (초박 상 4)

○ 이 외예 안부 므롬과 의심드왼 일 잇거든 질졍ㅎ야 (여향 38)

○ 이바디예 참예ㅎ야든… (여향 46)

3) 「애/익」와 「에/의」는 비교를 나타낸다.

○ 슬허 샹케 홈을 례예 넘게 ㅎ야 (소학언 6-16)

○ 너브신 복이 하늘외 ᄀᆞ트샤 (박통상 1)

16세기에도 15세기와 같이 비교를 나타내는 예가 잘 나타나지 않는다. 그런데 「과/와」는 서로 비교함을 나타내는 데 대하여 「익/의」의 비교는 그것이 붙는 명사가 비교의 주체가 되는 데 차이가 있다.

1.3.1.2. 「애셔/에셔」, 「익셔/의셔」, 「예셔」

이숭녕 교수의 『중세국어문법』(1990: 102)과 허웅 교수의 『우리 옛말본』(1975: 400)에 의하면 15세기에는 이들 조사를 복합조사로 보고 있다. 그러면 이들 조사가 언제부터 단순조사화하였겠는가를 알아보는 것이 중요한 일인데, 그 용법으로 살펴볼 때 16세기부터 단순조사화한 것으로 보인다. 물론 형태야 복합이지마는 의미면으로는 하나의 단일개념을 나타내는 조사로 보아진다.

「애셔」와 「이셔」는 양성모음 밑에 쓰이고 「에셔」와 「의셔」는 음성모음 밑에 쓰인다. 그리고「에셔」는 i 계 모음으로 끝난 명사 밑에 쓰인다. 이 조사는 정처(定處), 비교, 출발 등을 나타낸다.

○ 내 遼東(東)잣안해셔 사노라 (초노 상 84)―정처

○ 關애셔 뿌미 언메나 갓가온가 먼가 (초노 상 48B)―정처

○ 이 친동싱 兩姨에셔 난 형뎨로니 (초노 상 16B)―출발

○ 시급흔 이리 잇거든 흔 긔약 듕에셔 집갓가온 사름이 약정의손듸 고
   ᄒ야[急則同約之近者 爲之告約正] (여향 71)―출발

○ 져믄 사름은 오리예셔 너무 말오 나와 근툰사름은 삼리예셔 너무 마
   라 (여향 51)―비교

○ 너희 兩姨예셔 난 형뎨라 ᄒ니 (초노 상 16A)―출발

○ 믈러갈 저기어든 쥬인이 청ᄒ야 계절의셔 물타라 ᄒ라[退則主人請就
   階上馬] (여향 42)―정체

○ 문 밧기 물 브려 밧기셔 기들오고 유무 드리라[門外下馬 待於外次乃
   通名] (여향 40)―정처

○ 네 언제 王京의셔 써난다 (초노 상 1A)―출발

○ 강셔의셔 난 ᄀ장 샹등 친짓 총나못거픐실로 미즌 싣 우희 (초박 상
   5)―정처

1.3.2. 유정위치부사격조사

1.3.2.1. 「씌」

○ 스승님씌 글 듣줍고 (초노 상 3A)
○ 부못긔 효도ᄒᆞ오며 (초박 상 100)
○ 허믈이 웃듬 쟝슈씌 인ᄂᆞ니이다 (소학언 6-4)
○ 孟子씌 묻ᄌᆞ온대 (맹해 滕文公 上)

16세기에도 그 용법은 15세기와 같고 후대로 내려가면서 그 용법은 한결같다. 그런데 이 조사는 사람이나 동물에 두루 씌었다.

1.3.2.2. 「게」

○ 쇠사ᄅᆞ미 쇠몰게 쇠채 아니 티면 (초박 상 80)
○ 사름이 내게 긔탁호믈 잘 맛드며 (여향 7)
○ 아기 나히던 어믜게 은과 비단을 샹급ᄒᆞ고 (초박 상 113)

1.3.2.3. 「ᄃᆞ려」

○ 훈 긔약잇 사름ᄃᆞ려 닐어 구완케 ᄒᆞ라 (여향 72)
○ 내 너ᄃᆞ려 말솜 무러지라 (초노 상 26A)
○ 네 가 쥬인ᄃᆞ려 무러 (초노 상 69A)

1.3.2.4. 「손디」

○ 믈읫 긔약ㄱ티 아니흔 사름을 약정의손디 고흐야 힐문흐고[凡不如約
   者乙以告干約正而 詰之爲古] (여향 56)
○ 약정이 그 정실을 모든 사름의손디 무러[約正詢其實狀于衆] (여향 80)
○ 그집이 약듕에 얼우늬손디 고흐고[其衆告于約長] (여향 71)

이들 예문에서 보면 「손디」는 「于」에 해당됨을 알 수 있다. 「于」는
어조사이나 장소를 나타내는 말임은 물론이다. 따라서 그 뜻인즉, 「是
也」일 것이다. 이와 같은 일은 「이」 주격조사 및 「에」 위치격조사의
어원을 설명하는 데도 보조적인 근거가 된다고 보아진다. 이것의 어
원은 허웅 교수가 이미 지적, 설명한 바와 같이 위치의 명사였다.

이 조사는, 이숭녕 교수는 15세기에 조사로 인정하나 허웅 교수는
불완전명사로 인정하였다. 그런데 필자는 이를 굳이 16세기에서부터
는 조사로 인정하게 되었는데, 그 이유는 다음의 예문을 보면 알게
될 것이다.

○ 닥월이 마짜 잇짜가 그들 ㅁ추매 약정의손디 고흐야 그 버근 닥월을
   맛디라[直月掌之羅可 月終則以告干約正而授其次爲羅] (여향 2)
○ 믈읫 긔약ㄱ티 아니흔 사름을 약정의손디 고흐야 힐문흐고 허믈 스는
   칙이 스라[凡不如約者乙 以告于約正而 之 且書干籍爲羅] (여향 36)
○ 그 집이 약듕에 얼우늬손디 고흐야[其家告干約長爲古] (여향 71)
○ 네 이리 漢人손디 글 빈호거니 (초노 상 6A)

이 조사는 존칭과 비존칭에 통용된 듯하다.

1.3.2.5. 「흔디」

○ 대가흔디 져그나 줌곳 자면 뤼일줌·나브디 아니ᄒ리라[大家得些睡
明日不渴睡] (초노 상 57)

이때에 예가 하나만 나타났는데 아마 실제 언어생활에 있어서는
많이 씌었을 것이나, 17~19세기의 문헌에서는 그 용례가 잘 나타나
지 않다가 20세기 초에 와서 겨우 예가 1~2개 나타난다.

1.3.3. 대비부사격조사

1.3.3.1. 「(이)라와」

○ 널라와 시름 한 나도 자고 니러우니노라 (청산별곡)

여기 「너」의 받침 「ㄹ」은 덧난 것인데, 이것은 그 실사(實辭)가 「나,
너, 이…」 등과 같은 대명사가 올 때 언제나 그러하다.

1.3.3.2. 「으론」

○ 여ᄒ므론 아즐가 옇므논 질삼뵈 ᄇ리시고 (서경별곡)

「ᄋ론/으논」의 예는 15~16세기 밖에는 나타나지 않는데, 16세기
의 「으논」은 「으론」의 임의적 표기형으로 생각된다.

1.3.3.3. 「두곤」

○ 직조 홀 성이 늡두곤 더으니는 저프디 아니ᄒ고 (번소 8:37)
○ 흔말 어둠두곤 더으니 (초노 상 43B)
○ 아릭두곤 두 자히 놉고 (초노 상 26B)

15세기의 「두고」는 16세기에는 「두곤」으로 나타나는데 17~18세기에는 「도곤」으로 나타난다.

1.3.3.4. 「과/와」

○ 명함으로 우와 ᄀ티 호ᄃᆡ (여향 39)
○ 나와 ᄀ튼 사름이 다 믈 탯거든 (여향 45)
○ 許浚이와 의논ᄒ거니와 (선조언간)
○ 네 닐어미 너 뜯과 ᄀ다 (초노 상 11A)

1.3.3.5. 「ᄀ티/ᄋ티」

「ᄋ티」는 ㄹ이나 모음 하에서의 ㄱ탈락이라고 볼 수 있으나 반드시 그렇지 아니하다. 아마 ㄱ탈락현상이 이때부터 특히 입말에서 문란해지기 시작한 것은 아닌가 싶다. 이 조사는 『노걸대(老乞大)』와 『박통사언해(朴通事諺解)』에서 많이 나타난다. 그런데 「ᄀ티」는 형용사에서 발달한 것이다.

○ 그리 전년ᄀ티 됴히 거두면 (초노 상 54AB)
○ 님의 노픈샨 은과 덕과는 하늘ᄀ티 노픈샷다 (감군은)

○내 믈이 닐이 비러 오니 ㅂ롬늘ᄋ티 쾌ᄒ니 (초노 상 19B)

'과로'는 16세기부터는 복합조사화했다.

○아ᄉ미며 벋과로 화동ᄒ며 (여향 6)

1.3.3.6. 「만」

이 조사는 대비부사격조사로 보느냐 보조조사로 보느냐 문제이나, 그 기능상으로 보면 비교부사격조사로 다루는 것이 좋을 듯하여 여기에서 다루는데, 그 의미상으로는 비교는 물론 단독의 뜻을 나타낸다.

○일쳔 쓴 거시 흔 무저비만 ᄀ트니 업스니라 (초박 상 23)
○손ᄀ락만 큰 ᄌ타날 딩ᄌ애 ᄀ새 공작의 짓 고잣고 (초박 상 58)

이 예는 그리 많이 나타나지 않는다.

1.3.3.7. 「마곰」

이 조사는 오늘날의 「만큼」의 최초 형태로 보아지는데, 16세기에는 그리 많은 예가 나타나지 않는다.

○룡안마곰 굵고 ᄀ쟝 믉고 죠ᄒ니라 (초박 상 39)

1.3.4. 방편부사격조사

1.3.4.1. 「ᄋᆞ로/으로/로」

이 조사는 모음조화에 따라 「ᄋᆞ로」는 양성모음 하에 쓰이고, 「으로」는 양성모음 밑에 쓰인다. 그리고 이들 조사는 다음과 같이 여러 뜻을 나타내었다.

- ○ 문 밧긔 셔션 양으로 ᄒᆞ라 (여향 77) ― 현상
- ○ 약정으로 아래 사름은 (여향 77) ― 비교
- ○ 말로 되면 부족ᄒᆞ리라 (초박 상 23) ― 연장
- ○ 비호는 물이 千이나 ᄒᆞ더니 날이며 들로 ᄀᆞ다듬마 文章을 호딕 (소학언 6-9A)
- ○ 믈 쓸이고 쓸며 應ᄒᆞ며 對흠으로 브터 뻐 감ᄋᆞ로 그 효도ᄒᆞ며 손슌ᄒᆞ며… (소학언 6-12A) ― 시발

위 조사는 위의 예에서 표시해 놓은 대로 비교를 나타내기도 하였으니 위에서 두 번째 예가 그러하다. 그리고 「브터」 앞에 쓰일 때는 시발의 뜻도 나타낸다. 더구나 아래서 두 번째 예와 같이 「쌓이다」 또는 「점점 더하다」의 뜻으로도 쓰이며 첫 번째 예와 같이 「대로」의 뜻으로도 쓰이며, 문맥에 따라서는 방향, 장소 등을 나타내기도 한다.

1.3.4.2. 「오로/우로」

이것은 『노걸대(老乞大)』, 『박통사언해(朴通事諺解)』에서 주로 많이 나타나는데, 아마 이것은 명사의 모음이나 그 받침에 의한 동화로 그

리된 것으로 보아지므로 입말에서 「ᄋ로/으로」와의 수의(隨意)변이형
태로 여겨진다.

○ 당시론 五百里 우호로 잇ᄂ니 (초노 상 10B)
○ 네 ᄆᆞᆺ모로 비호ᄂ다 (초노 상 6)
○ 우리 앒푸로 나아가 (초노 상 10A)
○ 모로매 지부로 오고라 (초노 상 44B)
○ 이 ᄒᆞᆫ듕엣 ᄆᆞ른 열닷량 우후로 풀오 (초노 상 9A)

1.3.4.3. 「ᄋ로셔/으로셔」

이 조사는 15세기에는 복합조사였으나 16세기부터는 단일개념을
나타내는 단순조사로 씌었다. 그리고 이 조사는 「로+서(이시어 〉 이셔
〉 셔)」로 이루어진 것이다.

○ 西湖ᄂ 玉泉으로셔 흘러 오ᄂ니 (초노 상 134)
○ 내 高麗 王京으로셔 브터 오라 (초노 상 1A)
○ 플윗 遼東으로셔 간 나그내ᄃᆞᆯ히 년듸 브리디 아녀 (초노 상 11B)
○ 제 ᄆᆞᆺ모로셔 즐기는 거슨 (초박 상 139)
○ 高麗ᄯᅡ호로셔 오니 (초노 상 75A)

이상의 예에서 보는 바 임의적 변동형으로 보이는 「오로셔」가 나
타나는데, 이것은 15세기에도 있었다. 「오로셔」의 「오」는 동화현상
에 의한 것으로도 볼 수 있겠는데, 시발(출발)을 나타낸다.

1.4. 관형격조사

1.4.1. 「이/의」

이 조사는 모음조화에 의하여 구별·사용되었다. 그런데 16세기에는 모음조화가 상당히 깨져 있었다. 그리고 이 조사는 다음 예문에서 보이는 바와 같이 여러 가지 뜻으로 쓰였다.

○ ᄂᆞ민 어려운 이를 구ᄒᆞ며 (여향 7) — 처지
○ 한 긔약잇 사름이 거츳 모딘 득명을 시러 (여향 70) — 행동주
○ 다 ᄂᆞ민 거시 ᄃᆞ오리니 (초박 상 14) — 소유
○ 사름의 뵈요믈 바도ᄃᆡ 답레 말오 (여향 39) — 행동주
○ 이(易)의 병이 비로소 이틀이러니 (소학언 6-20) — 발생
○ 뎌의 어미ᄂᆞᆫ 아이라 (초노 상 16B) — 관계

16세기에는 「애」가 관형격조사로 쓰인 예가 있는데 아마 「의」의 오기일 것으로 보인다.

○ 존ᄒᆞᆫ 사름과 댱샹애 사름은 절 말라 (여향 79) — 소속
○ 요괴로오며 간사로오며 패란애 일와 ᄯᅩ 아름대로 각 ᄀᆞ을 공사 잘 ᄒᆞ며 (여향 82) — 상태

1.4.2. 「ㅣ」

○ 네ᄂᆞᆫ 楊州ㅣ 쇠올히여 (신도가)
○ 은ᄉᆞ로 입 ᄉᆞᄒᆞᆫ ᄉᆞ직 머리옛 섭등지오 (초박 상 56)

○네 스승이 엇던 사람고 (초노 상 6B)

이 조사는 대명사 「나」, 「너」 등에 붙은 경우를 제외하면, 그 사용되는 빈도가 훨씬 줄어들었다.

1.5. 호격조사

1.5.1. 「하」

이 조사는 문맥에 의해 보면, 존칭과 비존칭에 통용된 듯하다.

○ᄆᆞ슴 됴ᄒᆞ신 얼우신하 어듸 브리여 겨신고 (초박 상 115)
○ 형님하 小人이 어제 웃듸긔 흔 명함 두숩고 오니 (초박 상 116)
○ 랑듕하 네 어듸셔 사는다 (초박 상 22)
○ᄆᆞ슴 됴ᄒᆞ신 누의님하 네 나를 후시 흔블 밍ᄀᆞ라 다고려 (초박 상 93)
○ 너 쥬신하 즉재 날 위ᄒᆞ야 사라 가라 (초노 상 21A)
○ 쥬신하 블 혀 가져 오고려 (초노 상 25A)

1.5.2. 「아/야」

「아」는 폐음절 하에 쓰이고 「야」는 개음절 하에 사용되었다.

○ 이 버다 네 사ᄒᆞ논 딥피 너므 굵다 (초노 상 19B)
○ 아희야 네 사발 뎝시 권ᄌᆞ 가져 (초노 상 46A)
○ 딩아 돌하 당금에 계상이다 (악장가사 34)
○ 더러운 놈아 이봐 (초박 상 117)

1.5.3. 「(이)여」

「이여」는 폐음절 하에 쓰이고, 「여」는 개음절 하에 쓰인다. 그리고 이것은 감탄호격조사임은 15세기와 같다.

○ 나그내여 너는 또 셩이 므스고 (초노 상 44B)

○ 댱개여 이바 (초박 상 32)

○ 백의 일 세상이여 (유림가)

○ 오나라 아이여 (초박 상 47)

여기 마지막 예에서 보는 바와 같이 「아ᅀᆞ」는 말음탈락특수명사인데, 호격조사가 와서 말음이 탈락되었다.

2. 연결조사

2.1. 단어연결조사

2.1.1. 「과/와」

○ 금독과 은독괘 밧과 안히 틈 업슨 거셔 (초박 상 80)

○ 밤마다 먹는 딥과 콩이 대되 언머만 쳔이 드는고 (초노 상 11B)

○ 이러투슨 덕과 입과를 긔약의 스름이 각각 제 몸애 닷ㄱ며 (여향 9)

○ 솔고와 이사랏과 여러가짓 셩흔 어름 다른 그릇 안해 둠가 두면 (초박 상 10)

○ 은과 덕과는 하늘ㄱ티 노프샷다 (감은군)

15세기에 같은 성분을 여러 가지 조사에게 연결시켜주던 「과/와」는 16세기에 들어와서는 그 방법이 차차 깨어지기 시작하여 위에 보인 몇몇 조사, 즉 「이」, 「룰」, 「」에게만 연결시켜주고 있다.

2.1.2. 「고」

이 조사는 16세기에는 그리 많이 나타나지 않는다.

○ 요강보고 자리 뜬 보 둘 너 갈계 가시니 (송강 부인언간)
○ 요강보고 흔 뭉쳐 둣다가 올계 가져 오나라 (송강 부인언간)

2.1.3. 「(이)며」

「이며」는 폐음절 하에 쓰이고 「며」는 개음절 하에 쓰였다.

○ 존흔 사름과 져믄 사름이 물이며 항녈이 믈윗 다솟 등이니 (여향 37)
○ 新婦는 조식이며 손조들히 다 시러곰… (소학언 6-11)
○ 벼개며 돗글 부쳐질 고 (소학언 6-8)
○ 나지며 밤의 블으지져 (소학언 6-16)
○ 아슴이며 벋과로 화동며 (여향 6)

2.3.4. 「이랑」

이 조사는 청산별곡 이외에는 잘 나타나지 않는데, 아마 입말에서는 씌었을 것으로 짐작된다. 혹 이것이 15세기의 「이란」에서 발달해 온 것이 아닌가 여겨진다.

○ 멀위랑 ᄃ래랑 먹고 靑山에 살어리랏다 (靑山別曲)

○ ᄂᄆ자기 구조개랑 먹고 바ᄅ래 살어리랏다 (靑山別曲)

2.3.5. 「야/여」

○ 나쟈 바먀 셔긔 나ᄂ니 (초박 상 135)

○ 그 헐모은 부디 누히 추모로 나져 바며 머ᄆ디 말오 ᄇᄅ라 (초박 상 26)

위 예에서 보는 바와 같이 「여」는 「야」로도 되는데, 이것은 임의적 변동에 의한 것으로 보아진다.

그런데 이 조사는 17세기 이후에는 나타나지 않는다. 그러나 실제 언어생활에는 씌었는데, 문헌에 잘 기록되지 아니하였던 데서 그러하지 않았나 생각된다. 왜냐하면 오늘날에도 쓰이고 있기 때문이다.[1]

2.2. 절연결조사

2.2.1. 「마ᄂ」

15세기의 「마ᄅ」이 16세기에 와서는 「마ᄂ」으로 바뀌었다. 그리고 이것은 15세기 때와 같이 반드시 절에만 붙지는 아니하였다.

○ 엇디 너를 ᄉ티이다 ᄒ리오마는 完이 이 몰옴이니라 (논어子ᄍᆞ 제9)

○ 사라셔서ᄂ 다시 보면 그지는 홀가마는 (학봉언간)

---

1) 정인승, 『표준문법』, 교학사, 1978, 102쪽.

2.2.2. 「컨마룬」

이 조사는 16세기에 「컨마ᄅᆞᆫ」으로 나타나는데, 예가 많이 나타
나지 않는다.

○ 泰山이 놉다컨마ᄅᆞᆫ 하늘해 몯밋거시니와 (감군은)

이 조사는 17세기부터는 나타나지 않는다.

3. 의문조사

3.1. 일반의문조사

3.2.1. 「가」

○ 스나히가 간나히가 (초박 상 110)
○ 그 샹자리 젼이 너하가 (초노 상 48B)
○ 이 네 아ᅀᆞᆷ가 (초노 상 15B)
○ 이 친동싱 兩姨가 이동싱 륙촌 兩姨 (초노 상 16B)

위의 두 의문조사는 특히 『박통사언해』와 『노걸대』에서 많이 나타
난다. 이런 사실로 미루어보면 이들 조사는 입말에 씌었던 조사였던
것 같다.

3.2.2. 「여」

이 의문조사는 16세기에만 나타나는데 아마 특수한 방언이었던지 모르겠다. 만일 15세기의「ᄯᅥ녀」를 「ᄯᅥ+여」로 분석해 본다면 여기 「여」는 의문조사로 볼 수 있으나 필자는 「ᄯᅥ녀」 전체를 억양형어미로 보기 때문에 이는 제외한다. 따라서 이것은 16세기부터 나타나서 오늘날의 의문조사 「야」에 이어온 것 같다.

○ 벙근 시우게 벙근 니브레 벙건 할미 안해셔 조으는 거셔 (초박 상 79)
○ 금독과 은독괘 밧과 안히 틈업슨거셔 (초박 상 80)
○ 쇠사르미 쇠물게 쇠채 아니 티면 물 브리디 아니ᄒᆞ는 거셔 (초박 상 80)

이 조사는 오늘날 전라도 방언에서 쓰이고 있음을 보아 아마 그 방언으로 남게 된 것 같다.

3.2. 어찌의문조사

3.2.1. 「고」

○ 어듸 싀십릿 싸코 (초박 상 23)
○ 어멋 바람고 (초박 상 28)
○ 네 스승은 엇던 사름고 (초박 상 97)
○ 숨人아 므슴 은고 (초박 상 14)

이 「고」는 ㅎ종성체언이 서술어가 되면 「코」가 된다.

격조사, 연결조사, 의문조사의 요약

여기서는 15세기와 비교하여 새로 생긴 조사는 물론 그 용법에 차이가 생긴 것에 대해서만 간단히 설명하기로 한다.

1. 격조사

1) 주격조사

「이」와 「ㅣ」의 용법은 15세기와 다를 바 없으나, 새로운 주격조사 「이라셔」가 생겼는데 이것은 「이다」의 활용형에서 발달한 것이다.

2) 목적격조사

「울/을」은 관형사형어미 다음에도 사용되었다. 그리고 목적격조사가 유정위치부사격조사로도 쓰인 예가 많이 보인다.

3) 부사격조사

(1) 위치부사격조사 「애」는 「이」의 뜻으로 쓰인 예가 간혹 보인다. 그리고 「에」와 「의」는 비교를 나타내기도 하였다. 특히 16세기부터는 「애셔/에셔」, 「이셔/의셔」 등이 단순조사화하였다. 그리고 「흔듸」, 「손듸」가 새로 나타났는데, 「흔듸」는 오늘날 「한테」의 조(祖)가 되는 것이다.

(2) 대비부사격조사 중 15세기의 「두고」는 이때에 「두곤」으로 바뀌었고 「ㄱ티」는 「ㅇ티」로 나타나기도 하였으며 「만」, 「마곰」이 새로 나타났다.

(3) 방편부사격조사 「ㅇ로/으로」는 기구, 비교, 시발, 마다, 현상 등의 뜻으로 씌었다. 그리고 「ㅇ로/으로」의 수의(隨意)변이형태로 보이는 「오로/우로」가 나타났다. 또 「ㅇ(으)로셔」는 이때부터 단순조사로 쓰이어 시발을 나타내었는데, 이의 임의변이형태로 「오로셔」가 나타나기도 하였다.

(4) 관형격조사 및 호격조사는 15세기와 별로 다른 데가 없다.

2. 연결조사

이 조사로서 처음 나타난 것에는 「이랑」과 「여」의 두 가지가 있다. 그리고 절연결조사의 「마른」으로 그 형태가 바뀌었으며 「코」는 이때에는 나타나지 아니하였다.

3. 의문조사

이것은 아무 변화 없이 사용되었는데, 일반의문조사에 「여」가 새로 나타났다.

4. 보조조사

16세기에는 15세기에 비하여 보조조사의 수가 몇 개 줄어드는가 하면 어떤 보조조사는 몇몇 형태가 없어지기도 한다.

4.1. 분별보조조사 「ᄋᆞᆫ/은」, 「ᄂᆞᆫ/는」, 「ㄴ」

4.1.1. 「ᄂᆞᆫ/는」과 「ᄋᆞᆫ/은」은 모음조화 및 앞 명사가 개음절로 끝나느냐 폐음절로 끝나느냐에 따라 구별 사용된다. 「ㄴ」은 「ᄂᆞᆫ/는」의 임의적 변이형태임은 물론이다.

　　○ 주기린 주기고 드리린 드리고 (초박 상 46)
　　○ 이 ᄒᆞᆫ 등엣 ᄆᆞ른 열닷량 우으로 폴오 (초노 상 9A)
　　○ 빗갑슨 ᄊᆞ던가 디던가 (초노 상 9A)

4.1.2. 동사, 형용사, 부사에도 사용되었다.

　　○ 집의 이셔ᄂᆞᆫ 부형을 섬기며 (여향 8)
　　○ 요ᄉᆞ이ᄂᆞᆫ 임히 집다히 긔별 몯드ᄅᆞ니 (송강언간)
　　○ 졸곡과 쇼상과 대샹이 미처ᄂᆞᆫ 다 샹녜옷 닙고 가 됴문ᄒᆞ라 (여향 55)
　　○ 콩딤 ᄂᆞᆫ 딘 서너 돈 은을 쓰고 (초노 상 12A)
　　○ 이젠 엇디 져그니오 (초노 상 7)

4.2. 지적보조조사 「ᄋᆞ란」

　　○ 오ᄉᆞ란 딕령이나 텰령이나 니브라 (여향 39)

○ 이 츠니란 네 가져 가 (초노 상 62A)

○ 늘흐란 너무 두겁게 말오 (초박 상 31)

○ 글란 네 므슴 노흐시라 (초노 상 68A)

○ 잉무든 장글란 가지고 (청산별곡)

이때에는 「으라는」은 없어진 듯하여 잘 나타나지 않는다. 그리고 대명사 「그」밑에서는 조사가 「ㄹ란」이 됨은 15세기 때와 같다.

16세기에 「을론」이 하나 나타났는데, 형태상으로 보면 복합조사 같으나, 뜻으로 볼 때 「ㄹ란」과 같은 듯하므로 여기서 보이기로 한다.

○ 비러간 거슬 흐야브린 사름을론 벌호듸 긔약이 맛디 아니흔 죄 굳티 흐야 (여향 72)

4.3. 선택보조조사 「이나/이어나」

○ 아모 사름이나 보자거든 모다 힘뻐 발명흐라 (여향 70)

○ 네 아모듸나 듣보라 가고려 (초노 상 70B)

○ 달라 흐얀디 반년이나 호듸 (초박 상 69)

○ 오사란 딕령이나 텰령이나 니브라 (여향 39)

○ 사름으로 유무 드리고 집기슭 아래어나 혹 텽ㄱ싀어나 셔셔 (여향 42)

○ 주는 거슨 비단이어나 수을밥이어나 과실이어나흐라 (여향 52)

이 조사가 와서 되는 월 성분으로는 주어, 부사어, 목적어 등이다. 그리고 이 조사는 명사에 사용된다.

4.4. 균일보조조사 「마다」

○ 네 날마다 므슴 이력 ᄒᄂᆫ다 (초노 상 92)

○ 글마다 ᄒᆞ 사ᄅᆞ 돌여 딕월을 사모ᄃᆡ (여향 3)

○ 사ᄅᆞ이 들 초ᄒᆞᄅᆞ마다 몯거든 (여향 74)

○ 翁主를내 날마다 가 (선조언간)

○ 네 이 여러 ᄆᆞ쇼ᄃᆞᆯ히 밤마다 먹논 딥과 콩이 대되 언머만 쳔이 드ᄂᆞ
  고 (초노 상 11B)

○ 구의로 ᄆᆞ슬 집문마다 ᄇᆞᄅᆞ매 분칠ᄒᆞ고 써쇼ᄃᆡ (초노 상 47B)

이 조사는 명사에만 사용되었다.

4.5. 역시보조조사 「도/두」

○ 나도 봉심ᄒᆞ야 성년홀 거시라 (초박 상 33)

○ 비록 벼슬 이겨두 서로 ᄀᆞᄐᆞᆫ 사ᄅᆞ이어든 나호로 안치라 (여향 47)

○ 비록 동향 사ᄅᆞ이라두 벼슬로 안치라 (여향 47)

○ 비록 잠깐 편티 아니셔도 ᄲᆞᆯ리 셔울로부터 사ᄅᆞ ᄇᆞ리소 (송강언간)

15세기에는 「두」는 많이 쓰이지 아니하였으나 16세기에는 많이
나타나는데, 이 조사는 명사, 동사에 쓰였다. 그리고 「두」는 「도」의
강세된 형태인 것 같다.

4.6. 각자보조조사 「곰」

○ ᄒᆞᆫ ᄃᆞ래 두량곰 젓갑 주고 (초박 상 114)

○ 위예 잇는 사룸으로 다 두번곰 절ᄒ라 (여향 76)

○ 믈읫 위예 잇는 사룸이 다 두번곰 절ᄒ라 (여향 78)

○ 우리 ᄒ나히 둘콤 잇거 가 (초노 상 37B)

○ 여러 거름곰 즈늑즈늑ᄒ듸 재니라 (초노 상 12B)

○ 열 사ᄅ미 ᄒ숨곰 돌여치라 (초박 상 42)

○ 귀약ᄒ 사룸 둥에 둘마다 ᄒ사룸곰 돌여 딕월을 사모듸 (여향 3)

필자의 통계에서는 모두 목적어에 쓰인 경우만이 나타났으나, 아마 주어로 쓰인 예도 있었을 것으로 추측된다. 왜냐하면 현재도 방언에서는 주어에도 쓰이는 경우가 있기 때문이다. 그리고 이 조사는 「씩」의 뜻을 나타낸다.

16세기에는 유여보조조사는 나타나지 않았다. 그러던 것이 17세기부터는 다시 나타나게 된다.

4.7. 국한강세보조조사 「봇」

이때는 「벗」, 「믓」은 나타나지 아니하고 「봇」만 나타난다.

○ 쥬인 절ᄒ거든 봇 답례ᄒ고[主人拜則答之] (여향 53)

○ 정봇 듕ᄒ거든 비록 쥬신이사 오슬고텨 닙지 아니ᄒ며 울디 아니ᄒ야두 ᄯ또 오슬 고텨 닙고 울라[情重則雖主人下變不哭變吏哭之] (여향 54)

이때의 예문으로 보면 한문에 「則」이 있으면 「봇」이 나타난다. 따라서 이 조사는 부사에서 발달한 것이 더 분명해진다. 이 조사는 17세기부터는 나타나지 아니한다.

4.8. 불구보조조사 「만뎡」

○ 져믄 거시 모미 미셩히 도여아만뎡 아므려나 펴니곰 거쇼셔 (송강자
  뎡언간)

15세기에 명사에 씌었던 것이 이때는 동사에 쓰이고 있다.

4.9. 양보보조조사 「인들」

○ 빅골미분인들 단심이쭌 가시리잇가 (악장가사 34)
○ 네 어딋 나그낸들 알리오 (초노 상 48A)

첫 번째 예의 「인들」은 주격으로, 다음 것은 목적격으로 쓰이고 있다.

4.10. 가정조사 「잇둔」

○ 긴힛둔 아즐가 긴힛둔 그츠리잇가 信잇둔 아즐가 信잇둔 그츠리잇가
  (서경별곡)
○ 구스리 바회예 디신들 길힛둔 그츠리잇가 즈믄히룰 외오곰녀신들
  信잇둔 리잇가 (정석가)
○ 빅골미분인들 단심잇둔 가시리잇가 (악장가사 34)

이 조사의 용법은 15세기와 같은데 주로 주어로 쓰인다. 17세기부
터는 나타나지 아니한다.

4.11. 강세조사 「ᅀᅡ」

○ 좃딥피ᅀᅡ 됴ᄒᆞ니 (초노 상 18A)
○ 외ᄂᆞ니 잇닷 마리ᅀᅡ 니ᄅᆞ려 (초노 상 7A)
○ 엇디 앗가ᅀᅡ 예 오뇨 (초노 상 18)
○ 그ᅀᅡ 잇ᄂᆞ니라 (초노 상 13A)
○ ᄀᆞ장 자가ᅀᅡ 二丈 기픠옴 ᄒᆞ거니와 (초노 상 36A)
○ 위 듣고ᅀᅡ 줌 드러지라 (한림별곡)
○ ᄌᆞ석 나하ᅀᅡ 부모의 은혜를 안다 ᄒᆞᄂᆞ니라 (초박 상 115)

명사가 폐음절인 때는 조모음 「이」가 나타난다. 그리고 「ᅀᅡ」는 동사, 형용사, 부사 등에 두루 쓰임은 15세기와 같다.

4.12. 도급보조조사 「이도록」

○ 히 쏘 이리도록 늣도다 (초노 상 60A)
○ 삼년이도록 드렝줄도 저프다 ᄒᆞᄂᆞ니라 (초박 상 74)
○ 네 그리도록 츤츤ᄒᆞᆫ 양을 혜어든 (초박 상 127)
○ 그리도록 너므 만히 드려 므슴ᄒᆞᆯ다 (초박 상 39)

15세기에 「이ᄃᆞ록」이었던 것이 16세기에는 「이도록」으로 바뀌었다. 이때도 용법은 15세기와 같아 명사와 부사에 쓰였다.

4.13. 유지보조조사 「다가」

○ 네 밥 먹기 ᄆᆞᄎᆞ든 둘홀 ᄒᆞ야 믈모라 게다가 노ᄒᆞ라 (초노 상 56A)

○ 어린 스승의 살을 븍녁 ㅂ롬 아래다가 비설ᄒ고 (여씨 75)

○ 술위 가져다가 시르라 (초박 상 24)

○ 여러 담스리와 슬 도우리 블러다가담 사라 (초박 상 19)

이 조사는 「아래」, 「여기」, 「거기」, 「저기」 등과 같은 대명사 또는 명사, 동사 뒤에서는 그대로 붙고, 여타의 경우에는 「에다가」, 「의다가」 등과 같이 복합조사로서 붙게 된다.

4.14. 시발보조조사 「브터」

○ 내 오늘브터 대갈과 대바리 장만ᄒᅌᅣ (초박 상 73)

○ 언제우터 나뇨 (초박 상 25)

○ 오늘우터 알와라 (초노 상 35B)

○ 네 누의니미 일죽 언제우터 죽 먹ᄂ뇨 (초박 상 109)

「우터」는 모음이나 ㄹ 밑에서 「브」가 「우」로 바뀐다. 그러나 반드시 그런 것은 아니다.

4.15. 지적보조조사 「이라」

○ 내라 독벼리 너를 ᄇ리려 (초노 상 54)

○ 어듸라 더디던 돌코 누리라 마치던 돌크 (청산별곡)

○ 입김쐬운 이실씨니라 (소학언 2-32)

이때에는 「이라」 단독으로 쓰이며 또 서술어에도 씌었다. 마지막 예는 지정사로 보아야 할 것 같기도 하다.

4.16. 위치보조조사 「셔」

이것은 「이시어 〉이셔〉셔」로 발달한 것인데 뜻으로 보면 15세기와는 달리 출발의 뜻도 나타낸다. 16세기에는 제법 이와 관계가 멀어진 듯한 입장에서 쓰이고 있다.

○ 량듕하 네 어듸셔 사는다 (초박통상 22)
○ 머리셔 ㅂᄅ매 노피 하늘히 다핫고 (초박통상 135)
○ 예셔 하뎜애 가매 언멋 길히 잇느뇨 (초노 상 598)
○ 네 지비 어듸셔 사는다 (초노 상 8A)
○ 머리셔 도라온 사ᄅᆷ이 잇거든 (여향 51)

이 조사는 위치·출발점·비교를 나타내었으나, 위의 예에서는 비교를 나타내는 예는 나타나 있지 않다.

4.17. 다짐보조조사 「곳」

○ ᄒ다가 免帖곳 업스면 일뎡 세번 마조믈 니브리라 (초노 상 4B)
○ 다믄 져린 외옷 잇다 (초노 상 41A)
○ 나옷 수을 탐ᄒ면 취흔 사ᄅᆷ믈 앗기ᄂᆞ니라 (초노 상 42A)
○ 내 밥곳 머그면 흔돈 반애 흔 판식 ᄒᄂ니 (초박 상 19)
○ 내 이패옷 몯 이긔면 사오납거낫ᄃ 이 믈옷 두면 됴타 (초박 상 46)

이 조사 「곳」은 모음 밑에서는 ㄱ이 탈락한다. 그리고 이 조사가 오면 월 성분은 주어, 목적어 등이 된다.

4.18. 여운보조조사 「곰」

이 조사는 부사·동사에 쓰인다.

  ○ 즈믄히를 외오곰 녀신돌 (정석가)
  ○ 흔잔 ᄀᄃ기곰 먹고 (초노 상 64A)
  ○ 칙의 서셔 쌔곰 그 어디디 몯흔 사름을 경계ᄒ라 (여향 8)
  ○ 괴시란듸 우러곰 좃니노이다 (서경별곡)

고사(姑捨)보조조사 '곰'은 16세기와 17세기에는 나타나지 않다가 18세기에 나타난다.

4.19. 추종보조조사 「조쳐」

이 조사는 15세기까지는 동사 「좇다[隨]」였으나, 16세기부터 조사화하기 시작하였으므로, 향가나 이두에는 동사로 밖에는 나타나지 아니하는데 그 예를 몇 개 보이면 다음과 같다.

  ○ 白雲音 逐于 浮去隱 安支下 (讚耆婆郎歌)
  ○ 事畢爲乎追于 前件信牌乙還納交周爲乎矣 (大明律三— 11B)

위의 두 번째 예는 어미로 보아지나 그 의미는 역시 「따라서」이다. 그리고 이것은 「隨乎」로도 사용되었다. 다음에서 16세기의 용법을 살펴보기로 하겠다.

  ○ 의믜서 쟝조쳐 가져 오라 (초노 상 41A)

○ 이믜셔 밋뷔조쳐 가져다가 싸쁠라[就拿苔箒來歸地] (초노 상 69A)

4.20. 현상보조조사 「대로」

이 조사는 16세기에 처음 나타나는데, 명사에 쓰이어 그 명사로 하여금 부사어가 되게 한다.

○ 패란애 일와 쏘 아름대로 묘령과 각 ᄀᆞ올 공ᄉᆞ 잘 ᄒᆞ며 (여향 82)

이 조사의 어원은 명사였다. 그것은 왜냐하면 오늘날 이것이 관형사형어미 밑에 쓰이기 때문이다.

○ 아는 대로 답하라.
○ 할 대로 하여라.

제4장 17세기 조사의 용법

먼저 17세기 조사일람표를 보이면 다음과 같다.

조사

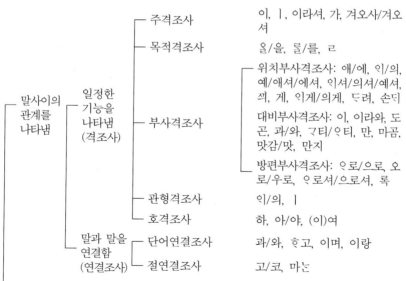

		주격조사	이, ㅣ, 이라셔, 가, 겨오사/겨오셔
		목적격조사	을/을, 롤/를, ㄹ
말사이의 관계를 나타냄	일정한 기능을 나타냄 (격조사)	부사격조사	위치부사격조사: 애/에, 익/의, 예/애셔/에셔, 익셔/의셔/예셔, 씌, 게, 익게/의게, ᄃ려, 손디
			대비부사격조사: 이, 이라와, 도곤, 과/와, ᄀ티/ᄋ티, 만, 마곰, 맛갑/맛, 만지
			방편부사격조사: ᄋ로/으로, 오로/우로, ᄋ로셔/으로셔, 록
		관형격조사	익/의, ㅣ
		호격조사	하, 아/야, (이)여
	말과 말을 연결함 (연결조사)	단어연결조사	과/와, ᄒ고, 이며, 이랑
		절연결조사	고/코, 마ᄂ

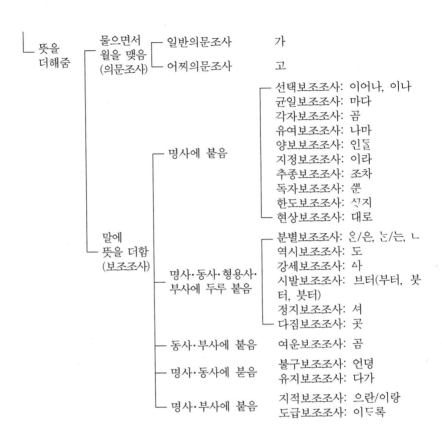

1. 격조사

1.1. 주격조사

1.1.1. 「이」

1.1.1.1. 「이」는 체언이 폐음절로 끝날 때 쓰인다.

○ 어미과 쏠히 다 사다 (동국신속건 381)

○ 도로 남진 겨지비 도니라 (동국신속건 34)

○ 더러운 믈이 비위예 ᄀ득ᄒ야 (언두창 상 2)

○ 효 처엄 나죵이 업다 ᄒ리오 (동국신속건 2)

1.1.1.2. 「이」 조사의 축약

체언이 i 계 이외의 모음으로 끝나면, 주격조사 「이」는 이와 합하여 한 음절로 축약되는데, 15~16세기에는 이때 체언이 평성이면 상성으로 바뀌었으나 17세기에는 성조가 없어졌으므로 이 같은 현상은 없어졌다.

○ 셴머리를 ᄆᄎ매 뉘 어엿비 너기리오 (중두 20-35)

○ 범의게 더윈 배 되여늘 (동국신속건 11)

○ 네 이믜 내 지애비를 디위고 (동국신속건 11)

○ 간장은 수픠 되니 비치 프르고 (언해창 상 4)

○ 패 닉거든 머기면 됴ᄒ니라 (언해태산 48)

○ 쥬언쉬 ᄀ오듸 (언해태산 51)

○ 아기 나홀 제 창직 몬저 나고 (언해태산 59)

○ 그르쓰면 지 홰 즉제 나느니라 (언해두창 7)

1.1.1.3. 체언이 「이」로 끝나 있을 때는 주격조사 「이」는 생략된다.

○ 온갓 새 그므레 거러 이슈믈 아래로 어엿비 너기나니 (중두 17-3A)

○ 블 비취여 보와도 니러나는 셰 업거든 (언해두창 상 91)

○ 잇는 대 흔 이러미 남고… (중두언 17-3B)

○ 내 얻디 도적기 더러이리오 (동국신속건 10)

○ 가마괴 비록 머믈이나 (동국신속건 61)

○ ㅂ대 디니는 절로 니러나느니라 (언해두창 상 92)

1.1.1.4. 「이」 주격조사는 존칭, 비존칭에 두루 씌었다.

○ 강헌대왕이 대로ᄒᆞ샤 인ᄒᆞ야 병 듕ᄒᆞ야 (동국신속건 6)

○ 시듕 뎡몽쥐 쥰이와 도뎐이와 은이 동심ᄒᆞ야 (동국신속건 6)

○ 도적기 최시를 만나늘 (동국신속건 9)

○ 더러운 믈이 비위예 ᄀᆞ득ᄒᆞ야 (언해두창 상 2)

이상의 예에서와 같이 17세기의 「이」 주격조사는 그 용법이 15~16세기와 조금도 다름이 없음을 알 수 있다.

1.1.2. 「ㅣ」

1.1.2.1. 받침 없는 한자어가 주어가 되면, 주격조사는 「ㅣ」가 온다.

○ 風流ㅣ 다 버디 됴토소니 (중두언 20-12)

○ 禮數ㅣ 阻隔ᄒ다 (중두언 20-12)

1.1.2.2. 17세기에는 「이」가 올 자리에 「ㅣ」가 쓰이기도 하고 「ㅣ」가 생략되어야 할 자리에 쓰이기도 하였다.

○ 西伯ㅣ 이제 괴외ᄒ시니 (중두언 17-1A)

○ 武太ㅣ 朝廷을 當ᄒ야 (중두언 20-42)

위의 예에 의하면 「ㅣ」의 용법이 상당히 흔들리고 있음을 보이는데, 이에 대처하여 「가」 주격조사가 나타나게 된 것 같다.

1.1.3. 「이라셔」

이것은 강조의 주격조사로서 오늘날도 입말에서는 쓰이고 있다.

○ 아ᅀᆞ라 아ᅀᆞ누의라셔 형과 믓 누의를 ᄭᅮ지즈면 댱 일빅ᄒ고 (경민 11B)

○ 그 안해라셔 으믜게 삼가디 아니ᄒ다코 ᄇ리다 (동국신속건 53)

1.1.4. 「가」

1.1.4.1. 「ㅣ」(또는 「이」)가 쓰여야 할 자리에 주격조사 「가」가 쓰이었다.

○ 청음은 뎌리 늘그신ᄂᆡ가 드러와 곤고하시니 (효종 언간)

○ 니광하가 통례 막혀 압히 인도하올제 (숙종 언간)

○ 종이 미련ᄒ여 촌 ᄇ름을 뽀여 두드럭이가 블의에 도다 브어 오르니

   (仁宣王后 언간)

○ 多分 비가 올 거시니 (첩해 8)

○ 東萊가 요ᄉ이 편티 아니ᄒ시더니 (첩해 1-26)

1.1.4.2. 「가」는 비존칭에 쓰인다.

○ 니 광하가 통례 막혀 압히 인도ᄒ올제 (숙종 언간)

○ 두드럭이가 블의에 도다 (인선왕후 언간)

○ 多分 비가 올 거시니 (첩해 8)

이 조사의 존칭에는 다음의 「겨오셔」가 있다.

지금까지 「가」 주격조사가 나타난 최고의 문헌은 무엇인가 하는 문제가 있으나, 아마 확실한 것으로서의 최고의 것은 위의 첫 번째 예의 효종 재심양시(在瀋陽時)의 언간인 것으로 보인다.[1]

---

1) 김사엽 교수는 松江 慈堂의 "춘구ᄃ릭 자니 비가 셰 니러셔 즈르ᄃᄂ니니(선조 5년)"의 「가」를 최고의 것으로 보고 있다. 「가」주격조사의 어원은 무엇인가에 대하여도 여러 설이 있다. 그 중 賓田님은 廣義의 강조 혹은 협의로는 감동 내지 의문 등을 나타내던 간동(間動)조사적인 것이나 아니었던지 모르겠다고 하였다.
   그러나 필자가 아는바, 한국어 조사의 발달원리에 따르면, 격조사는 체언에서 발달하고, 보조조사는 명사를 비롯하여 동사에서 발달한다. 그렇다면 국어에서 발달해 온 「가」도 체언에 속했던, 어떤 단어였을 것으로 생각하고자 한다.
   필자는 I의 A (1)에서, 이두의 「亦」가 「ㅣ」의 용법으로도 쓰였을 뿐 아니라, ㅎ종성체언 하에서도 쓰였다는 것을 말한 바 있다. 그런데 이두집성에 의하면 「亦」의 음이 「이여(시)·가히(i-io(si).ka-hi)」이라고 설명되어 있다. 더구나 옛말에서뿐만이 아니라 현대어에서 「이가」식으로 쓰이는 일이 있다.
      ○ 어인 놈의 八字ㅣ가 晝夜長常에 곱숑그러서 잠만 자노(가곡 35)
      ○ 사람이가 뭐 그래!(함경도 방언)
   이와 같은 사실은 「가」가 「이」에 의하여 대체되어짐을 뜻하는 것으로 보아지는데, 특히 위의 첫째 예는 「ㅣ」가 「가」에 의하여 완전히 대체되어지던 마지막 자취라고 보아질 때,

1.1.5. 「겨오샤」, 「겨음셔」, 「겨ᄋ오샤(셔)」

이 조사는 다음의 예문이 보이는 바와 같이 동사 「겨다」에서 발달
하여 왔는데 그 본형태는 「겨오시아 〉겨오샤 〉겨오사」로 된 것이므
로, 「겨오사」를 존칭주격조사의 본체로 삼아야 하겠으나, 17세기만
하여도 모음조화가 깨어졌을 뿐 아니라, 본래 존대란 기분상의 문제
도 있으므로 「겨오셔」 하는 것이 「겨오사」 하는 것보다 다소 되바라
지지 않는 느낌이 들므로, 당시 사람들이 「겨오셔」를 많이 쓴 듯하기
에 필자는 이것으로써 그 본체로 삼기로 하였다.

1.1.5.1. 주어를 존대하여야 할 경우에 사용되었다.

○ ᄌᆞ뎐으로겨오셔 겨오시고 아래로 어리 아히들을 싱가ᄒᆞᆸ시다……

「가」 주격조사가 「亦」와 뭔가 관련이 있다고 보아지는 데 모순은 없을 것으로 보인다.
그런데 더구나 월에서 「가」가 나타내는 의미를 보면, 「이」가 나타내는 의미와 별 다름이
없다.

　　○ 이 솔이 매우 크다.
　　○ 이 나무가 매우 크다.

그렇다면, 같은 뜻을 가진 두 조사가 합하여 「이가」로 되면 그 뜻이 강조됨은 당연하다.

　　○ 사람이 그래서야 되느냐?
　　○ 사람이가 그래서야 되느냐?

그러면 「가」가 나타내는 문맥적 의미는 무엇인가? 필자의 생각으로는 지정을 나타내는
것으로 짐작된다. 그것은 「이」가 3인칭의 인칭·비인칭대명사에서 왔다면, 그리고 또 「가」
의 의미가 「이」의 의미와 같다면, 그렇게 보는데 큰 무리는 없을 것으로 보인다.
이와 같은 여러 사실을 바탕으로 하여 판단해 보면 「가」는 「亦」계에서 온 주격조사로서
이는 실사에서 왔다고 보아진다.

金一根, 「孝宗大王 在瀋陽時諺簡의 문제점」, 『文湖』 5집, 건국대학교국어국문학회·한
　　국고유문화연구소, 1969, 22쪽.
金亨奎, 「주격토 '가'에 대한 小考」, 『崔鉉培 선생 환갑기념논문집』, 정음사.
南廣祐, 「주격조사'가'에 대하여」, 『文耕』 4집.
李崇寧, 「주격조사 '가'의 발달과 그 해석」, 『국어국문학』 19집, 국어국문학회, 1958.
李炳銑, 「주격조사연구」, 『국어국문학』 72~73합집, 국어국문학회, 1976, 34쪽 이하.
賓田敦, 朝鮮資料による 일본어연구, 285쪽.

(明聖王后 언간)

여기서 보면 「겨오셔」는 「으로」 다음에 쓰이고 있다.

1.1.5.2. 「겨오셔」보다 더 존대할 때는 「겨읍셔」나 「겨으오샤(셔)」
를 사용하였다.

○ 네 츄ᄌㅣ라 ᄒᆞᆸ시ᄂᆞᆫ 셩현네겨읍셔 서ᄅᆞ 친ᄒᆞᆫ 부인네의 권당 아
니와도 편지 ᄒᆞᆸ시던 일이 겨읍시더니 (송시렬 언간)
○ 우ᄒᆞ로겨으으샤 어제 복샹을 ᄒᆞ되 신복샹이 업ᄉᆞ니 (明聖王名 언간)

여기서의 두 번째 예문도 「으로」 다음에 쓰이고 있다. 이 같은 일
은 아직도 「겨오셔」가 존칭주격조사로서 완전히 굳어지지 않았기 때
문인 듯하다.

1.2. 목적격조사

이때는 15~16세기와는 달리 그 표기상에 상당한 혼란을 가져옴은
물론 모음조화에 의한 목적격조사의 구별 사용도 점점 사라져 간다.

1.2.1. 「올/을」

1.2.1.1. 「올」은 양성 폐음절 명사 밑에 쓰이고 「을」은 음성 폐음절
명사 밑에 쓰였다.

○ 비령지 ᄆᆞ롤 채티고 창을 빈기고 (동국신속건 5)

○ 오술 파라 관 사 무드니 (동국신속건 18)

○ 어디 가 ㄲᄒᆞᆫ 내홀 어드리오 (중두 20-2A)

○ 마시며 딕먹게 ᄒᆞ야 외로온 시르믈 慰勞호리라 (중두 17-1B)

○ 아홉번을 書信을 브텨 洛陽으로 向ᄒᆞ야 보내요니 (중두 4-61)

이때도 16세기와 마찬가지로 모음조화에 의한 목적격조사의 구별·사용되어 상당한 혼란을 빚고 있었다.

○ 누니 둛게 ᄇᆞ라오믈 디ᄂᆞᆫ 히를 當ᄒᆞ니 (중두 5-9)

○ 약 굴를 ᄆᆞ라 환을 큰 콩낫마곰ᄒᆞ여 (언해두창 하 6)

○ 잉등차나 권ᄒᆞ야 머겨 발표을 ᄒᆞ려니와 (두창경험방 30)

1.2.1.2. 폐음절 「이」로 끝나는 체언 밑에서는 「을」은 쓰이지 아니하고 「을」이 주로 사용되었다.

○ 글월을 브텨 六親을 주노라 (중두 5-54)

○ 아홉버늘 書信을 브텨 洛陽으로 向ᄒᆞ야 보내요니 (중두 4-61)

○ 됴뎡이 운혁은 덕개공신을 조초 긔록ᄒᆞ시고 (동국신속건 31)

1.2.1.3. 17세기에는 개음절 명사 밑에서 「을」이 사용되었다.

○ 별세을 보아 가며 분수를 가감ᄒᆞ라 (두창경험방 30)

○ 인동차나 권ᄒᆞ야 머겨 발표을 ᄒᆞ려니와 (두창경 30)

1.2.2. 「롤/를」

1.2.2.1. 「롤」은 양성 개음절 명사 밑에 쓰이고, 「를」은 음성 개음절 명사 밑에 씌었다.

○ 그 노옹이 쟈근 비롤 저어 능감을 풀며 (태평공 1-1)

○ 바민 九廟롤 블 브티니 (중두 4-39)

○ 열희롤 아ᄉ민 消息이 업도다 (중두 4-62)

○ 寢門에 가샤 安否를 뭇줍놋다 (중두 4-3)

○ 해 시령이 올티 아니흔 긔후를 뎐염호물 인ᄒ고 (언해두창 상 19)

앞 1.2.1에서도 말한 바와 같이 「롤/를」도 모음조화에 의한 구별·사용은 혼란을 빚고 있다.

○ 아비 죵긔롤 내며 (동국신속건 21)

○ 미양 됴셕졔롤 다ᄒ고 (동국신속건 14)

○ 巴川애 中使를 만나니 (중두 5-1)

○ 엇뎨 十萬兵馬를 기들우리오 (중두 4-51)

1.2.2.2. 개음절 「이」로 끝나는 명사 밑에는 「롤/를」이 다 같이 사용되었다.

○ 져믄 졔브터 어버이롤 효도ᄒ야 (동국건-27)

○ 초계 인ᄂᆞᆫ 안근이롤 어러 계우 두어 나ᄅᆞᆫ ᄒ야 죽거늘 (동국신속건 38)

○ 톳ᄭᅴ 고기를 졋ᄃᆞ마 아히를 머기면 힝역 아니 ᄒᄂᆞ니라 (언해두창 14)

○ 길경 감초 각 서푼이를 싸ᄒ라 (언해두창 상 27)

통계에 의하면 『동국신속삼강행실도(東國新續三綱行實圖)』에서는 「이」 밑에 주로 「룰」이 쓰이고 『언해두창집요』에 의하면 「를」이 주로 쓰이고 있으며, 『중간 두시언해』에서는 「를」이 각각 쓰이고 있다.

1.2.2.3. 「룰/를」은 「늘/늘」로 표기되어 나타나기도 한다.

　　○ 어미놀 뫼셔 빙소늘 딕킈다가 (동국신속건 163)
　　○ 어미 다시 스라 아흔히놀 사니라 (동국신속건 266)
　　○ 입뻬에 혹 빅놀 알른 거슨 두영이 당위룰 조차 나는 연괴니 (두창경 47)

1.2.3. 「ㄹ」

이 조사는 아마 「룰/를」이 준 것으로 보인다.

　　○ 有時예 重疊ᄒᆞᆫ 묏부릴 놀라노니 (중두 20-2A)
　　○ 자던 새도 믿가질 ᄉᆞ랑ᄒᆞ나니 (중두 4-22)
　　○ 두 ᄯᅳ릭 블 너흐던 삘 제 니ᄅ고 (중두 4-72)
　　○ 네 이믜 내 지애비를 더위고 날조차 므로려 ᄒᆞᄂᆞ냐 (동국신속건 11)

1.2.3.1. 17세기에도 목적격조사가 유정위치격으로 쓰인 예가 많다. 그리고 목적격조사 두 개가 나란히 쓰인 예도 많다.

　　○ 춤기름 ᄒᆞᆫ 되룰 아히룰 날마다 머기면 (언해두창 상 13)
　　○ 납평쌀애 톳긔고기를 젓ᄃᆞ마 아히룰 머기면 힝역 아니 ᄒᆞᄂᆞ니라 (언해두창 상 14)
　　○ 영장과 졔룰 례를 다ᄒᆞ고 (동국신속건 18)

○ 손소 니기를 자바 뎌졔롤 졍셩을 다ᄒᆞ니라 (동국신속건 122)

1.3. 부사격조사

1.3.1. 위치부사격조사

이때는 모음조화가 매우 혼란한 시기이므로, 15세기와 같이 정확하지는 않으나 그 명맥만은 유지되어 있는 것 같이 느껴진다.

1.3.1.1. 「애/에」, 「이/의」, 「예」

1) 「애/에」, 「이/의」는 양성모음으로 끝난 명사 밑에 쓰이고, 「의」는 음성모음으로 끝난 명사 밑에 쓰이어 위치, 방향, 상태, 비교, 원인 등을 나타내나, 「이/의」는 행동주(行動主)를 나타내기도 한다.

○ 어버이의 몽상애 다 시묘를 삼년곰 살고 (동국신속건 28)
○ 그 복듕의 이셔 여슷날굽 둘애 니르면 얼굴이 이러 (언해두창 2)
○ 주그매 분묘애 녀막사리 ᄒᆞ여 (동국신속건 257)
○ 어버이 늘그심애 공양이 졀낙호미 만ᄒᆞ며 어버이 뎡 드르심애 구의 ᄒᆞ야 고티기를 힘쓰디 아니ᄒᆞ며 (경민 29A)
○ 몸 츠고 입 다믈면 이ᄂᆞᆫ 틱듕에 치운 중이니 (언해두창 상 145)
○ 거의 죽기에 니르더라 (동국신속건 70)
○ 그 아비 바미 범의 자피를 니버 (동국신속건 79)
○ 홀른 바름의 계상 우희 향합을 일험더니 (동국신속건 3)

2) 「예」는 「이」와 i 계 모음으로 끝난 명사 다음에 쓰임은 15~16세

기와 다름이 없다.

○ 흔갓 一期에 눈 멀 쑨 아니라 (선가 상 31)
○ 감초 오분 믈 흔되예 여흡되게 달혀 먹고 (두창경험 39)
○ 졔 밍글기를 흔굴ᄀ티 시묘예 이실시졀ᄀ티 ᄒ야 (동국신속건 27)
○ 가마괴만도 귿디 못ᄒᄆ로 이에 므러 가매 니ᄅ도다 (동국신속건 61)
○ 거의 죽기에 니ᄅ더라 (동국신속건 70)

17세기에는 「예」는 그 용법이 차차 혼란해져 가고 있음을 알 수 있는데, 「이」 모음 밑에서도 「에」가 씌었는가 하면 「요」 밑에서도 씌었음은 위의 예문으로 알 수 있다.

그리고 이때는 「애」가 쓰이는 빈도가 점점 줄어든 것 같다.

3) 「애/에」와 「이/의」는 비교를 나타낸다.

○ 설워ᄒ거늘 녜도의 넘게ᄒ며 (동국신속건 184)
○ 슬허호믈 례예 너무 ᄒ더라 (동국신속건 15)
○ 설워 여위기를 녜예 넘게ᄒ야 주그니 (동국신속건 821)

1.3.1.2. 「애셔/에셔」, 「이셔/의셔」, 「예셔」

1) 「애셔/이셔」는 양성모음 밑에 쓰이고, 「예셔/의셔」는 음성모음 밑에 쓰이어 모두 정처, 방향, 비교 등을 나타낸다.

○ 셩안해셔 블 나 제 지비 니어 블거늘 (동국신속건 20)
○ 아기 빈 소개셔 울거든 (언해태산 105)

○ 효도ᄒᆞᄂᆞᆫ 졍셩이 텬셩에셔 낫더니 (동국신속건 295)

○ 이에셔 더 심ᄒᆞ니 이시니 (두창경 19)

○ ᄒᆞᄅᆞᆫ날에 형뎨 셔지예셔 자더니 (동국신속건 361)

○ 使者ㅣ ᄒᆞ갓 ᄀᆞᆺ비 萬里에셔 도라오ᄂᆞ다 (중두 5-45)

○ 밧 겻틔셔 ᄒᆞᄂᆞᆫ 이ᄅᆞᆯ 붉기 다 알 ᄡᅥ시여늘 (두창경 18)

○ 제 자ᄂᆞᆫ 방의셔 목미야 ᄃᆞ라 죽거늘 (도국신속건 38)

○ 뒷 지뵈셔 藥을 비러 ᄀᆞᄅᆞ딕 (동국신속건 165)

위의 예에 의하면 「외셔」가 하나 나타났는데 혹 오기인지 모르겠다. 그런데 여기서 하나 덧붙여야 할 것은 다음의 조사가 하나 나타났다. 참고로 예시하기로 한다.

[여셔]

○ 臺階여셔 翊戴ᄒᆞᄆᆞᆯ 오로 ᄒᆞ놋다 (중두 20-10)

1.3.2. 유정위치부사격조사

1.3.2.1. 「ᄭᅴ」

17세기에는 「긔」는 나타나지 아니하고 「ᄭᅴ」만 나타나는 것을 보면, 이것이 그대로 하나의 형태로 굳어진 것 같다. 존칭에 쓰임은 물론이다.

○ 삼촌ᄭᅴ 인ᄉᆞ나 ᄒᆞ여라 (인선왕후언간)

○ 만난 거슬 ᄀᆞ초아 몬져 부모ᄭᅴ 받ᄌᆞᆸ고 (동국신속건 56)

○ 스승님ᄭᅴ 글 빅오고 (중노 상 4)

1.3.2.2. 「게」

이 조사는 사람과 동물 등에 두루 쓰이던 것으로 보아진다.

○ 사롬이 비록 아니ᄒᆞ노 로ᄣᅥ 내게 더을디라도 (경민 16A)
○ 고ᄒᆞ여 닙히려 ᄒᆞ던 죄를 제게 닙히단 말이라 (경민 21B)
○ 이믈쎄 실은 져근 모시뵈도 (중노 상 14)
○ 大醫쎄 만히 은혜 갑파 샤례호기라 (중노 상 202)

이 시대에 와서 「게」가 「쎄」로 나타나는 것은 이때 「게」가 이미 된소리화해 갔기 때문이라고 보아진다.

이것은 현재의 「께」와 비교해 볼 때, 현대조사 「께」에 음성적으로 접근해 온 것이다.

1.3.2.3. 「이게/의게」

15세기부터 복합조사로 보아 왔던 이 조사를 16세기에 단순조사로 본 이유는 문맥상으로 볼 때 그런 느낌이 들었기 때문이었다. 더구나 이 조사는 그 용법이 오늘날과 같은 데도 그 이유의 일단이 있다. 그런데 이들은 모음조화에 의해 사용되었으며 경우에 따라서는 「에게 대하여」 또는 「보다」의 뜻을 나타내기도 한다. 17세기에는 그 용법이 단순조사로서 완전히 굳어진다.

○ 진것 겨집의게 금단 ᄀᆞᄐᆞᆫ 약이라 (언해태산 19)
○ 扶指호니 두여 사름의게 잇도다 (중두 5-17)
○ 내 얻디 도적의게 더러이리오 (동국신속건 10)

○제 아비 버미게 자피여 가거늘 (동국신속건 20)

○ᄆᆞᆫ 무ᄋᆞᆫ 고ᄒᆞᆫ 사ᄅᆞ미게 비취옛도다 (중두 20-106)

○모로매 ᄂᆞ미게 特出ᄒᆞᆫ 材質을 奇拔ᄒᆞ야ᅀᅡ ᄒᆞ리라 (중두 5-94)

1.3.2.4. 「ᄃᆞ려」

○쥬인ᄃᆞ려 니로ᄃᆡ 무당을 맛기ᄂᆞᆫ 속그로 비록 마디 못ᄒᆞᆯ 거시오 (두창경 23)

○부군ᄃᆞ려 니ᄅᆞᆫ대 부군왈 (태평광기 1-4)

○아비ᄃᆞ려 고ᄒᆞ야 ᄀᆞᆯ오ᄃᆡ (동국신속건 93)

1.3.2.5. 「손ᄃᆡ」

이 조사는 「손ᄃᆡ」 또는 「손듸」로 나타나는데, 수의변이형태로 보아진다. 그리고 이것은 15세기에는 실사로 보아지므로 조사로 다루지 아니하였으나, 16세기부터는 조사로 보아지므로 다루어 왔는데, 이것은 본래 장소의 뜻을 나타내던 명사였다.

○닥월이 마자 잇짜가 그들 ᄆᆞᄎᆞ매 약정의손ᄃᆡ 고ᄒᆞ야 그 버근 닥월을 맛디라[直月掌之羅可 月終則以告于約正而授其次爲羅] (여씨향 2)

○믈읫 긔약ᄀᆞ티 아니 흔 사ᄅᆞᆷ을 약정의손ᄃᆡ 고ᄒᆞ야 힐문ᄒᆞ고 허믈 스ᄂᆞᆫ 칙이 스라[凡不如約者乙 以告于約正而 之 且書干籍爲羅] (여향 36)

○그 집이 약듕에 얼우늬손ᄃᆡ 고ᄒᆞ야[其家告于約長爲古] (여향 71)

○네 이리 漢人손ᄃᆡ 글 빅호거니 (초노 상 6A)

이 조사는 존칭과 비존칭에 통용된 듯하다.

○ 형아 아이야 네 술흘 믄져 보아 뉘손듸 타 나관듸 (경민 39A)

17세기에는 그리 많은 예가 나타나지 아니하였다.

1.3.3. 대비부사격조사

1.3.3.1. 「이」

이 조사에 의한 비교법은 17세기까지 나타나고 18세기부터는 없
어진다.

○ 어미 주근 닐웨마늬 이운 남기 엇쌱시 어믜 얼굴이 갇거늘 제 집 가
   온데 두어위왇기를 사라실 적フ티 ᄒ더라[母亡七日忽見枯木 似母形
   置室中奉之如生] (동국신속건 52)

이 조사의 예는 그리 많이 나타나지 않는다.

1.3.3.2. 「이라와」

○ 안녁 고존纊이라와 하고 궁궐엣 잔뛰는 보드라오미 소오미라와 느
   도다 (중두 20-33)
○ 뭀盛賊의 서르 조초미 범과 일히라와 심ᄒ니 사ᄅᆞ믈 먹거니 (중두
   4-71)
○ 서ᄅᆞ미 일라와 甚호미 잇ᄂᆞ니 (중두 2-70)

이때에는 「라와」보다는 「이라와」가 많이 쓰인 듯하다. 그러나 18세

기 이후에는 나타나지 않는다.

1.3.3.3. 「도곤」

16세기에는 「두곤」으로 나타나더니, 이때부터는 「도곤」으로 나타나서 19세기까지 사용되었다.

○ 피졉 나가니도곤 편코 됴이이시리이다 (계축 상 17)
○ 골픈 제 흔입 어더 먹으미 브른제 흔말 어듬도곤 나으니라 (중노 73)
○ 이젼 수도곤 마음이 빈ᄒ다 (중노 256)

1.3.3.4. 「과/와」

○ 그 ᄅᄅ 수과 ᄀ티 사당을 너허 (언해두창 상 17)
○ 병졍이 네과 달라 (두창경 110)
○ 내과 ᄀᆺ티 ᄒ니라 (태평광 1-19)
○ 한약이와 혼인을 뎡ᄒ야스더니 (동국신속건 35)

여기서는 이상하게도 「와」가 씌어야 할 자리에 「과」가 쓰이었다.

1.3.3.5. 「ᄀ티/ᄋ티」

이 세기에도 「ᄋ티」가 나타나는데, ᄀ탈락현상에 기인하는 것이다.

○ 일 영장과 제를 흔글ᄋ티 가녜대로 ᄒ고 (동국신속건 58)
○ ᄀ을 여루믈 흔글ᄋ티 엇뎨 해 ᄒ시ᄂ뇨 (중두 5-51)

○ 부모의 샹해 안전 뒤를 보고 믄득 목몌여 공경호믈 겨신적フ티 ᄒ더
  라 (동국신속건 14)

○ 시며 살며 슬허호믈 몬졋 거상フ티 ᄒ더라 (동국신속건 15)

○ 나갈졔 고ᄒ고 도라와 뵈요믈 산졔フ티 다ᄒ더라 (동국신속건 26)

○ 졍화수에 ᄆ라 즐게 씩ᄀᆺ티 ᄒ야 쉬ᅌᅳ긔 븟텨 (두창경 45)

여기 마지막 예에서는 「ᄀᆺ티」가 비로소 나타나기 시작하였는데 이
것이 18세기에 가서는 다양하게 나타난다.

1.3.3.6. 「만」

이 조사는 16세기까지는 실사로 보아지므로 조사로 다루지 아니하
였으나,[2] 17세기에는 분명히 조사화한 것으로 보인다. 이 조사는 17
세기에 비교는 물론 단독의 뜻을 나타내는 보조조사로도 쓰였다. 그
리고 18세기부터는 정도와 단독의 뜻을 나타내는 보조조사로 변한다.

○ 사라 이쇼미 주곰만 ᄀᆮ디 몯ᄒ니라 (동국신속건 30)

○ 수이 주금만 ᄀᆮ디 몯ᄒ다 (동국신속건 51)

○ 초여ᄃ랜 날 자브니만 ᄀᆮ디 몯ᄒ니라 (언해두창 상 10)

○ 네 니 ᄀᆞᆫ 방문만 ᄀᆮ디 몯ᄒ니라 (언해두창 하 60)

○ 여위여 쎠만 이셔 병 드럿써니 (동국신속건 22)

○ 밥과 믈만 마시고 (동국신속건 14)

---

2) 허웅, 『우리 옛말본』, 샘문화사, 1975, 283쪽 참조.

1.3.3.7. 「마곰」

○ 환을 녹두마곰 밍フ라 (언해두창 상 10)
○ 잉도마곰 비븨여 됴흔 술의 흔 환식 플어 머기라 (언해두창 상 13)
○ 잉도마곰 환 지어… (언해태산 108)
○ 도틱쇼리 긋틀 딜어 피 내여 ᄆ라 낫마곰 비븨여… (언해두창 56)

이때에 이 조사는 「마콤」으로도 나타나는데 이것은 오늘날의 「만 큼」의 祖가 되는 것으로 보아진다.

○ 풋마콤 민ᄃ라 믈근 술의 フ라 먹거나 (두창경 63)

이 조사는 18세기에는 잘 나타나지 않다가 19세기에 나타난다.

1.3.3.8. 「맛감/맛」

이것은 17세기에 조사로 쓰였다. 15세기에도 많이 나타났으나(월석 10: 368~369), 그때는 「만한」의 뜻으로 씌었음으로 필자는 조사로 잡 지 아니하였으나, 17세기에는 아무리 보아도 조사로 보지 않으면 안 될 것 같아 여기에서 다루기로 한 것이다.

○ 대강 두틱 七八寸맛감 ᄒ면 임의 濕氣를 믈리텨 (家禮解 7-24)
○ 되셕 노픽 흔자맛감 ᄒ라 (가례해 8-18)

이 조사는 결국 「맛곰/맛콤」과 같은 계통의 것으로 보이나, 다소 다른 데가 있다. 그리고 이 조사는 17세기에만 쓰이고 자취를 감추었다. 이때에는 「맛」도 나타난다.

○軍을 조차 ᄃᆞ니건디 열히 나ᄆᆞ니 能히 分寸맛 功이 업스려마ᄂᆞᆫ (중
　두 5-29B)

1.3.3.9. 「만지」

이 조사도 「맛감」과 같이 17세기에만 씌었다가 한 동안 자취를 감
추는데, 20세기 초에 와서 「만치」가 나타남으로써 「만치」는 「만지」
의 격음화현상으로 이루어진 것임을 알 수 있다. 이 조사는 명사에서
발달한 것이다.

○육두구 ᄒᆞ낫 굽고 유향 콩낫만지 ᄀᆞ른 밍ᄀᆞ라 미음에 플어 머기라
　(언해두창 상 133)

1.3.4. 방편부사격조사

1.3.4.1. 「ᄋᆞ로/으로」, 「오로/우로」, 「로」

이 조사는 다음의 예가 보이는 바와 같이 여러 가지 뜻으로 쓰였다.

○ 닌니ᄂᆞ 날로 더브러 ᄒᆞᆫ 가지로 흔듸셔 살아 (경민 14B)
○ ᄒᆡᆼ역 처엄이나 내듕이나 보원탕을 뻐 웃드므로 마다 고티라 (언해두
　창 상 80) ─ 차례
○ 남그로 얼굴 밍ᄀᆞ라 (동국신속건 229) ─ 재료
○ 갈ᄒᆞ로 죽디 몯ᄒᆞ면 노ᄒᆞ로 복ᄆᆡ야 주구리라 (동국신속건 40) ─ 기구

○ 심통으로 뻐 댓여르믈 當ᄒ면 번드시 밧긋 것 求호믈 닛고 (증두
17-1B) ─수단

○ 일로 보습건댄…… (선가구감 상 9) ─수단

○ 그ᄅ소로 그 피를 바ᄃ되 (두창경 62) ─기구

○ 독ᄒ 긔운으로 더운 긔운을 조차 받게 ᄒ 이리라 (언해두창 89) ─
수단

○ 쥬렴 밧고로 날회여 거ᄅ며 (태평광 1-34) ─위치

「오로/우로」는 15세기부터 17세기까지 쓰이다가 18세기 이후부터
는 전혀 나타나지 아니한다. 「ᄋ로/으로」와 「오로/우로」는 아무런
문법상 차이점을 찾을 수 없기 때문에 하나의 수의변이형태로 보아
진다. 또 다음과 같이 명사가 「나죄」인 경우는 방편격조사가 「로」로
만 나타난다.

○ 아춤나죄로 제ᄒ며 나가며 (동국신속건 36)
○ 아춤나죄로 뵈고 나며 (동국신속건 305)

이것은 「외로」로 보아 복합조사로 볼 수도 있으나, 「나죄」가 하나
의 명사이므로 그렇게 보지 않기로 하였다. 그리고 말음탈락특수명
사 「남그」, 「굼그」 등 다음에 이 조사가 오면 그 말음은 탈락된다.

○ 남고로쎠 아븨 어믜 얼굴을 사겨 (동국신속건 60)

1.3.4.2. 「ᄋ로셔/으로셔」

이 조사는 다음 예문이 보이는 바와 같이 여러 가지 뜻으로 쓰인다.

○ 녹두분 훈냥반 フ르 밍フ라 춤기름에 무라 귀 아프로셔 두눈엥엇즈
　　로 둗거이 브르라 (언해두창 하 69) —시발

○ 힝역 도돈 날로셔 닐웨 여드래 아흐래 날フ지 고름되는 사흥이라
　　(언해두창 상 59) —시발

○ 흐르 수이로셔 다 머기면 (두창경 7) —기간

○ 남진이 뒤흐로셔 셜리 브르면 왼녀크로 머리 도느니는 스나희오 (언
　　해태산 30) —시발

○ 東萊로셔 앗가 도라와습니 (첩해 1-21B) —시발

17세기에는 「오로셔」는 나타나지 않는다.

1.3.4.3. 「록」

이상하게도 이 조사는 16세기에는 나타나지 않다가, 17세기의『중
간 두시언해』에 와서 나타나는데, 이것은 아마 15세기의 잔재로 보
아진다.

○ 어딘 버든 녜록 서르 사괴노라 (중두언 20-88)
○ 文章은 다 날록 몬제로다 (중두 20-11)

이 조사는 18세기부터는 나타나지 않는다.

1.4. 관형격조사

1.4.1. 「이/의」

○ 산 사르미 새를 피예 섯거 머기면 됴ᄒ리라 (동국건 3) ― 소속

○ 엄미 밥블 알거늘 (동국신속건 50) ― 행위의 주체

○ 효ᄌ의 지븨 니르니 (동국신속건 27) ― 소유

○ 도미의 아해 곱더니 (동국신속건 상 9) ― 관계

○ 아비 겨티 ᄠ떠나디 아니ᄒ고 (동국신속건 상 14) ― 소재

○ 부모의 거상 니버 (동국신속건 22) ― 발생

○ 어미 병이 디텻거늘 (상동) ― 발생

조사는 17세기부터는 모음조화와는 관계없이 사용되었는데, 상례
가 보이는 바와 같이 여러 가지 의미로 쓰이었다.

1.4.2. 「ㅣ」

이 관형격조사는 17세기에는 그리 분명히 잘 나타나지 않는다.

○ 경비ᄂ 히쥐 사름이라 (동국신속건 상 151)

○ 요ᄉ이 길쥐 손진ᄉ ㅣ 일향에 은혜를 베품으로써 (경민 33A)

○ 녹ᄉ 노ᄉ뎜은 안쥐 사름이니 (동국신속건 156)

○ ᄉ비 논이ᄂ 광쥐 사름이니 (동국신속건 160)

1.5. 호격조사

1.5.1. 「하」

○ 하늘하 아시거든 비최여 보쇼셔 (동국신속건 39)

이때에는 「하」가 별로 많이 나타나지 않는다. 그것은 왜냐하면 문헌들이 실생활과 밀접한 관계가 있는 실용성의 것이 많기 때문이다. 그런데 이 조사는 필자가 준비한 문헌이 부족해서 그런지는 몰라도, 18세기 이후에는 거의 나타나지 않는다.

1.5.2. 「아/야」

「아」는 폐음절 밑에 쓰이고 「야」는 개음절 밑에 쓰인다.

○ 아히야 네 사발뎝시 탕궐 가져 (노중 82)
○ 술 풀리야 (노중 112)
○ 갑난이야 진짓 거시라 (노중 167)
○ 큰 형아 네 이제 어듸 가는다 (중노 12)
○ 主人아 아직 가디 말라 (중노 55)

「야」는 hiatus회피를 위해 「j+아 〉야」로 된 것은 물론이다.

1.5.3. 「(이)여」

이 조사는 감탄을 나타내는 호격조사로서 「이여」는 폐음절 밑에 쓰이고 「여」는 개음절 밑에 쓰인다.

○ …馬將軍이여 제 닐오되 (중두 4-63)

○ 되곶뎌 부는 나조히여… (중두 5-10)

○ 三軍士卒이여 뉘 온번 사혼 짜를 디낸들 알리오 (중두 5-101)

○ 애 丈夫ㅣ여… (선가 상 10)

맨 끝의 예를 보면, 「ㅣ」가 필요 없는 데도 와 있는 것을 보면 받침 없는 한자어 밑에서는 「ㅣ여」가 와서 「장뷔여」로 읽었을 것이다.

2. 연결조사

2.1. 단어연결조사

2.1.1. 「과/와」

○ フ룸과 뇌쾌 動搖호미 맛당ᄒ도다 (중두 20-92)

○ 落下애 비와 술위왜 드니 (중두 5-27)

○ 위안과 집쾌 오직 다뭇과 도토라치로다 (중두 4-20)

○ 사룸과 믈와를 잇비호믈 아로라 (중두 5-72)

○ 소곰 쟝이며 노물 과실과늘 입의 드리디 아니코 (동국신속건 339)

○ 만일 고기와 나믈 과실과늘 얻거나 (동국신속건 292)

○ 舅와 生과의 和好호믈 당당히 브로미 업거니ᄯ녀 (중두 4-50)

○ 하늘과 싸콰애 흔 ᄇᅀᅠ왠 싸히로다 (중두 20-63)

○ 金과 玉과란 브리고라 (중두 4-53)

○ ᄀᆞ롬과 바ᄅᆞᆯ와는 녜로브텨 오매 相會ᄒᆞ고 (중두 20-106)

○ 하늘과 ᄯᅡ콰는 ᄆᆞᄎᆞ매 어엿비 너길ᄡᅳ디 업스리라 (중두 4-10)

이들 예문에서 보면 「과/와」는 같은 성분들을 「이」, 「를/늘」, 「의」, 「애」, 「란」, 「ᄂᆞᆫ」 등의 조사에다 연결시켜 주고 있는데, 대개는 『중간 두시언해』에서 나온 것인 즉, 15세기의 잔재라 할 수 있다. 그런데 『동국신속삼강행실도』에 의하면 「과늘」이 나오는데 이것은 「과를」의 오기일 것이다.

그리고 17세기에는 「와」를 써야 할 자리에 「과」를 많이 사용하였는데 이것도 오기이다.

○ 時節이 녜과 달라 (첩해 3-13A)

○ 그ᄂᆞᆫ 判事녜과 代官들히 마즘 죵용ᄒᆞ여 (첩해 3-26A)

○ 島主과 船長老ㅣ 뵈어며셔 (첩해 7-9B)

2.1.2. 「ᄒᆞ고」

○ 숙안에게ᄒᆞ고 네게ᄒᆞ고 ᄂᆞ호니 (인선왕후언간)

이때의 예는 이것밖에 찾지 못하였으나 궁중에서 쓰인 정도이니까 일반에서는 많이 사용하였을 것이다. 그러나 18세기에는 나타나지 않으나 실지로 많이 씌었을 것으로 추측된다. 왜냐하면 후대에까지 이어왔기 때문이다

2.1.3. 「이며」

「이며」는 폐음절 명사 밑에 쓰이고 「며」는 개음절 밑에 쓰이며, 「ㅣ며」는 개음절 한자어 밑에 쓰인다.

○ 아히 온 몸이며 머리 눗 아래 우흘다 싯쎠 쎄곰 틔독을 업게 ᄒ라 (언해두창 상 11)

○ 헤아래 버리쁘는 거시 이 識情ㅣ며 生死조차 遷流ᄒ는 거시 이 識情 ㅣ며… (선가상 32)

○ 일즉 보니 열두서둘이며 혹 열닙곱 여둛 둘이며 혹 스믈녀둘 다숫둘 애 나ᄒ리인ᄂ니 (언해태산 130)

2.1.4. 「(이)랑」

이 조사는 17세기에는 지적보조조사로 쓰이고 있다.

○ 싱강을 져므니랑 혼냥 ᄒ고, 늘그니랑 두냥을 디허 (언해태산 96)

2.2. 절연결조사 「고/코」, 「마는」의 용법

2.2.1. 「고/코」

이 조사는 16세기에는 나타나지 않더니 이때에 다시 나타난다. 그런데 이 조사는 본래 「ᄒ고」의 어미 「고」나 「ᄒ고」가 합하여 된 「코」의 두 가지가 있었다.

○ 하늘롤 ᄒᆞᆫ가지로 이디 몯홀 원쉬라. 출하리 주거도 졷디 아니호리라
코 믄득 돗적의 멱 잡고 박차… (동국신속건 78 상)

○ 奉行씌셔 이 樣子를 술오라코 닐라 왓던ᄃᆡ (쳡해 8-5A)

○ 다곰다곰 긔특다코 일ᄏᆞᆷᄂᆞᆫᄃᆡ (청해 9-14B)

○ 그 안해라셔 어의게 삼가디 아니ᄒᆞᆫ다코 ᄇᆞ리다 (동국신속건 53)

2.2.2. 「마ᄂᆞᆫ」

○ 엇뎨 蜀ㅅ兵卒이 三千人이 업스리오마ᄂᆞᆫ 父頌이 江山이 간ᄃᆡ 受苦ᄒᆞ
놋다 (중두언 4-63)

○ 내 엇씨 즉제 죽디 아니ᄒᆞ리오마ᄂᆞᆫ ᄎᆞ마 죽디아니호ᄆᆞᆫ 남진의 신데
오나ᄃᆞᆫ… (동국신속건-43)

○ 도라가교져 너기옵더니마ᄂᆞᆫ 하 극진ᄒᆞ시매 멈쳐 (쳡해 6-8A)

○ 가지가지 ᄉᆞ양ᄒᆞ오완마ᄂᆞᆫ 굿ᄒᆞ야 두시니 (쳡해 8-B)

○ 잡ᄉᆞ와 두어리마ᄂᆞᄂᆞᆫ 선ᄒᆞ면 아니올셰라 (가시리)

이 「마ᄅᆞᆫ」은 내훈에서부터 「마ᄂᆞᆫ」으로 바뀌기 시작하여 16·17세
기에 와서는 「마ᄂᆞᆫ」 또는 「마ᄂᆞᆫ」으로 나타난다.

3. 의문조사

3.1. 일반의문조사 「가」

이 조사는 의문사가 없는 의문문에 쓰인다. 그런데 ㄱ탈락현상은
이때는 잘 나타나지 않는다.

○ 혹함이 ㄱ장 위틱ㅎ니 가히 궁구티 아닐 것가? (어해두창 하 48)

○ 네 이 몰 흔 님자의 것가 (중노 155)

○ 이 각각 치가 (중노 155)

○ 내하ᄂ 본듸 사리가 (중노 155)

3.2. 어찌의문조사 「고」

이것은 의문사가 있는 의문문에 쓰이는데 개폐 양음절 밑에 쓰였다.

○ 므슴 씀고 (태평양 1-31)

○ 어늬 나라 신하고 (동국신속건 5)

○ 뭇노라 大將은 누고 (중두 5-61)

○ 아디 몸홀리로다 어느 니금 宮殿고 (중두 6-1)

○ 뉘 이 나홀 기리 살 사람고 (중두 6-3)

격조사, 연결조사, 의문조사의 요약

역서는 용법이 15~16세기와 달라진 것이 있으면 그것을 밝히고 새로 생겼거나, 소멸한 조사가 있으면, 그들을 간단히 설명하는 정도로 다루겠다.

1. 격조사

1) 주격조사

(1) 「이」, 「ㅣ」

이들의 용법은 별로 변한 것이 없으나, 다만 이때는 방점이 없어졌기 때문에 체언과 축약될 때 성조(聲調)의 변화가 없어졌다. 「이」가 와야 할 자리에 「ㅣ」가 옴으로써 그 용법이 다소 문란해졌다.

(2) 「이라셔」

이때는 새로운 주격조사 「이라셔」가 나타났다.

(3) 「가」

입말에서 쓰인 듯한 「가」 주격조사가 갑자기 나타났다.

(4) 「겨오샤, 겨읍셔, 겨으오샤(셔)」

이들은 「가」의 존칭으로 등장하였다.

2) 목적격조사

이 조사는 그 표기에 있어서 개음절 하에 「을」이 쓰이는가 하면 「를/를」 대신에 「늘」이 쓰이기도 하였다.

3) 부사격조사

위치부사격조사의 「애셔/에셔」, 「익셔/의셔」는 정처, 방향, 비교 등을 나타내었다. 그리고 이들의 수의변이형태로서 「외셔」가 나타나기도 하였다.

대비부사격조사 중 16세기의 「두곤」은 이때에 와서 「도곤」으로 바뀌었다. 그리고 「와」가 씌어야 할 자리에 「과」가 쓰이기도 하였다. 또 「ㄱ티」는 「ㄱ티」, 「ㅇ티」 등의 형태로 나타나기도 하였다. 그리고 「만」은 비교는 물론, 단독의 뜻으로도 씌었다. 「맛갓」, 「맛」은 17세기에 조사로 쓰이다가 없어지고 만다. 「만지」도 이때에 나타나더니 이것이 격음화하여 20세기에는 「만치」로 나타난다.

4) 관형격조사

이것은 별로 달라진 데가 없으나, 「ㅣ」의 용법이 차차 흐려지기 시작하였다.

5) 호격조사

이 조사는 용법도 별로 달라진 데가 없으나, 「하」는 차차 줄어들기 시작하였다.

2. 연결조사

「마른」은 「마ᄂ는」 또는 「마는」으로 나타나고, 「컨마른는」은 16세기에만 쓰이다가 이때는 없어졌다. 그리고 「과/와」의 용법이 15세기와는 상당히 문란해졌다. 또 「이랑」은 지적보조조사로 쓰이었고, 오늘날의 인용조사 「고」가 이때에는 제법 많이 나타났다.

3. 의문부사

이의 용법은 달라진 데가 없다.

4. 보조조사

17세기의 보조조사는 15세기의 것이 없어지기도 하는 반면 새로운 조사가 발달하여 나타나기도 한다. 이런 조사에 대해서는 향가나 이두에서의 표기는 물론 그 어원이 확실한 것은 그 어원도 아울러 밝히고서, 그 용법을 살피기로 하겠다.

4.1. 분별보조조사 「은/은」, 「는/는」, 「ㄴ」

4.1.1. 「은/는」과 「은/는」은 모음조화에 의해서 구별·사용되었으며, 또한 「은/은」은 폐음절 하에 쓰이고 「는/는」은 개음절 하에 쓰였다. 그리고 「ㄴ」은 「는/는」의 수의변동형이다.

> ○비니 섯겨 나던 거슨 업스딕 (인선왕후 언간)
> ○뵛갑슨 왕년(往年) 갑과 흔가지라 흐더라 (중노 15)
> ○뎌들은 진실로 잡사름 아니라 (중노 93)
> ○기르마는 시뎨에 은입 스흔 스견엣 됴흔 기르마 구레니 (중노 217)
> ○구의는 인신을 밋고 (중노 162)
> ○내하는 구윗 저울이라 (중노 230)
> ○프르닌 노픈 잔도(棧道)앳 대 물랫고 (중두 20-36)
> ○프르닌 이 烽火ㅅ니오, 희닌 사름미쌔로다 (중두 4-8)

이때는 위의 예들이 보이는 바와 같이 모음조화는 완전히 깨어졌다. 그리고 이상하게도 「는」은 별로 사용되지 아니하였고, 주로 「는」이 많이 사용되었다. 또 「ㄴ」도 그 사용빈도가 훨씬 줄어들었다.

4.1.2. 이 조사는 명사, 동사, 부사 등에도 쓰이었다.

○ 오늘은 넛고 일급 지달 쓰디 아니호라 (중노 82)

○ 딜녀는 다 내 동긔의 난 배니 (경민 12B)

○ 요스이는 퍽 낫즈오신가 시브오니 (숙종언간)

○ 이번은 날포 든든이 디내옵다가 (숙종언간)

○ 새 거슬 어더는 반두시 천흐더라 (동국신속건 238)

○ 주그매 미처는 슬피 설워 흐기를 삼년을 흐더라 (동국신속건 281)

4.2. 지적보조조사 「(으)란」

4.2.1. 개음절 밑에는 「란」이 쓰이고 폐음절 밑에는 「으란」이 주로 쓰인다.

○ 나를 주기고 내 아비란 주기디 말라 흐니 (동국신속건 287)

○ 대쵸란 브리고 즈의 조차 공심의 두스히 흐며 머그라 (언희납약 19)

○ 글흐기란 그디의 무슴매 연저슈믈 붓그리노라 (중두 20-50)

○ 窮흔 사룸므란 이 뿔 惟異히 너기노라 (중두 20-50)

○ 羽翼으란 高山 늘그닐 스랑흐고 (중두 5-14)

○ 政術란 사오나오믈 둘리 너기고 (중두 20-50)

○ 글란 넘녀 말고 (두창경 89)

○ 어버이 사라신제 셤길 일란 다흐여라 (경민-39B)

위의 마지막 세 가지 예를 보면, 대명사 「이」, 「그」, 「나」 등 이외의 명사나 명사의 끝 음절의 받침이 「ㄹ」인 것에는 「란」이 쓰이고 대명사 「이」, 「그」, 「나」 등이 올 때는 「ㄹ란」이 쓰인다.

4.2.2. 지적보조조사는 부사에도 씌었다.

○ 다만 셩이 닝흔 거시니 만히란 쓰디 말라 (두창경 5)

4.2.3. 「으란」은 「(이)랑」으로도 나타난다. 아마 수의변이형태일 것으로 보인다.

○ 굳난 아기랑 세환을 저제 ᄀ라 머기고 (언해두창 10)
○ 맛당이 밧그랑 경케ᄒ고 안흘 졍냥케 홀디니 (언해두창 상 81)
○ 손발만 금기고 능으랑 금기디 말라 (언해두창 하 89)
○ 세셜 머근 아히랑 다ᄉ푼을 쌔 (언해두창 하 111)
○ ᄀᄅ 두냥을 반으랑 봇고 반으랑 늘로 쓰라 (언해두창 하 55)

4.3. 선택보조조사 「이어나」, 「이나」

4.3.1. 이 조사는 명사 밑에 쓰인다.

○ 우리 무른 쏘 바비나 더 먹고 이셔 (중두 5-98)
○ 산ᄉ 어렵거든 ᄂᄂ 두라비 겁질이나 혹 히매나 석연지나 산뷔 두 손내 ᄒ나식 쥐면 즉시 난ᄂ니 (언해태산 72)
○ 비록 빅발이나 져믄 얼굴이 잇더라 (태평광 1-1)
○ 머리 터럭을 손가락의 가마 박하즙이어나 혹 졍화수를 디거 (언해태산 154)
○ 더데 지울제 즈로 소위어나 혹 ᄀ장 됴흔 쑬을 쌔 블라 (언해두창 하 71)

4.3.2. 「이어나」의 「이」는 위 체언의 모음과 합하여 한 음절이 된다.

○ 셕연지니 산뷔 두 손에 ᄒ나식 쥐면 즉시 난ᄂ니 (언해태산 72)

4.4. 균일보조조사 「마다」

○ 머리 눌ᄂ 뒷ㅣ 날마다 西를 何ᄒ야 두어곰 믈타 (중두 4-8)
○ 젓엄이를 식후마다 머기고 (언해태산 157)
○ 춤기름 ᄒ 되를 아히를 날마다 머기면 (언해두창 상-13)
○ 날마다 분을 사오니 불셔 여러날이 되엿ᄂ디라 (태평광 1-9)
○ 밤마다 먹ᄂ 딥과 콩이 (중노 20)
○ 구의예셔 집문마다 브름애 써쇼듸 (중노 85)
○ 일마다 아니셔룬 이리 업ᄉ니 (인선왕후 언간)

이 조사가 오면, 월 성분은 주어, 부사어가 된다.

4.5. 역시보조조사 「도」

4.5.1. 명사, 동사, 부사에 두루 쓰인다.

○ 힝역의 번갈ᄒ여도 ᄎ믈 머기미 ᄀ장 가티 아니코 (언해두창 하 8)
○ 이 여슷 중에ᄂ 약 아녀도 돈ᄂ니라 (언해두 94)
○ 나히 여ᄃ니 남도록 죠고매도 게을이 아니터니 (동국신속건 28)
○ ᄒ번도 지븨 오디 아니ᄒ더니 (동국신속건 17)
○ 사랫ᄂ니도 유뮈 업고 (중두 4-21)
○ 우리 밥도 머거다 (중노 102)

위의 예에서와 같이 동사, 형용사, 부사에 쓰일 때는 「亦是」라는 뜻을 더해 주고 명사에 쓰일 때는 주어, 목적어, 부사어 등이 된다.

4.5.2. 뜻을 더하면서 비교를 나타낸다.

○ 큰 城은 구두미 쇠도 굳디 몯ᄒ고 (중두 4-12)

4.6. 각자보조조사 「곰」

명사 밑에 쓰이어 '씩'의 뜻을 나타낸다.

○ 내 보고 샹녜 두번곰 절ᄒ니 (중두 17-3B)
○ 머리 누른 奚兒ㅣ 날마다 西로 向ᄒ야 두어곰 ᄆᆯ타 활 혀 구틔여 들어ᄂ다 (중두언 4-8)

그런데 15세기에는 모음 하에서 ㄱ이 탈락되는데 17세기에는 별로 그렇지 아니하다. 그리고 이 조사는 18세기부터는 나타나지 않는다. 오늘날 표준어에서도 전혀 쓰이지 않는 것을 보면, 이 조사는 17세기부터 방언에서나 쓰이는 바가 된 것이 확실한 것 같다. 왜냐하면 현재 전라도방언에서는 쓰이고 있기 때문이다.

4.7. 유여보조조사 「나마」

이 조사는 16세기에는 나타나지 않다가 17세기에 다시 나타났다. 이 조사가 오면 월 성분은 주어, 목적어 등이 된다.

○길히 ㄱ장 험ᄒ야 십ᄂᆞ나마 가되 민가를 만나디 못ᄒ고 (태평광
1-33)

○셧녁 모집이 반나마 붓럿더라 (태평광 1-43)

4.8. 불구보조조사 「언뎡」

이 조사는 동사에 쓰이어 불구의 뜻을 나타낸다.

○조ᄒ며 더러우미 ᄆᆞᆺ매 이슈미언뎡 엇뎌 國土에 브트리오 (선구 하
86)

○中生이 ᄆᆞ슴 아라 저를 濟度ᄒ미언뎡 부톄 能히 中生을 濟度티 몯ᄒ
시ᄂᆞ니라 (선가 하 86)

○오직 그病을 더로미언뎡 그 法은 더디 아니ᄒ시니라 (선가 하 86)

○부터를 性中을 向ᄒ야 되일디언뎡 몸 밧글 向ᄒ야 求티 마롤디어다
(선가 하 85)3)

이 조사는 17세기에 나타나서 18세기에는 없어지고 만다. 그리고
그 의미나 기능은 「만뎡」과 같기 때문에 불구보조조사로 다루었다.4)

---

3) 『禪家龜鑑』은 16세기의 것이라고도 하고 17세기의 것이라고도 하여 연대의 상고가 어려
우나, 여기서는 17세기의 것으로 잡았는데, 그 이유는 영인본의 해제에 그렇게 되어 있
기 때문이다.

4) 「만뎡」이나 「언뎡」은 본래 명사였던 것으로 보이는데, 이들은 항상 그 다음에 동사가 오
지 않기 때문이며 또 오늘날 경상도 방언에서 「죽을 망정」등으로 쓰이고 있기 때문이기
도 하다.

4.9. 양보보조조사 「인돌」

이 조사는 명사로 하여금 주어, 목적어가 되게 하면서, 양보의 뜻을 나타낸다.

○ 우린돌 슬진 미나리롤 혼자 엇디 머그리 (경민 3-13)
○ 군인 ᄒ나힌돌 어디가 어드리 (선조언간)

17세기부터는 이 조사를 찾기가 힘이 든다.

4.10. 강세보조조사 「ᅀᅡ」

17세기에는 「잇든」은 없어지고 「ᅀᅡ」만 남아 있는데 이것도 「사〉ᅀᅡ〉아 또는 야」로 변하여 나타난다.

○ 性이 나타ᅀᅡ 비롯 成佛ᄒ리라 (선가 19)
○ 오늘이야 가히 면면히 먼 길을 성각혼다 (태평광 1-27)
○ 오란 후야 씌야 닐오ᄃᆡ (태평광 1-52)
○ 상한과 곳틔야 분변티 못홀 제 (두창경 28)
○ 그제야 챠디 축문을 세번 닐그라 (언해태산 138)
○ 엇데 ᄒ야아 健壯혼 一萬사ᄅᆞ올 어더 (중두 4-29)
○ 어데ᄒ야야 健壯혼 사ᄅᆞ올 어더 (중두 4-38)

이 시대의 「사/아/야」의 용법과 기능은 15세기와 조금도 다름은 없으나, 『선가귀감(禪家龜鑑)』에서는 「ᅀᅡ」가 나타나고, 『중간 두시언해』에서는 「아」로, 기타의 것에는 「(이)야」로 나타난다.

4.11. 도급보조조사 「이도록」

이 조사는 17세기에 들면서 「토록」으로도 나타나더니 차차 어미화 되어 가는 경향을 보인다. 더구나 「종일토록」과 같은 말에 있어서는 부사접미사로 볼 정도로까지 변해 가는 경향에 있다.

○ 이대도록 어렵사리 니르웁시ᄂᆞ고 (첩해 5-21B)
○ 어버이 다 릶더니 죵신토록 효도ᄒᆞ니라 (동국신속건 43)
○ 단계 부록의 글오ᄃᆡ 나ᄒᆞᆯ 닷쇄도록 대변 몯 보거든 (언해두창 39)
○ 손소 분지 반내믈 녜ᄃᆡ도록 그치디 아니ᄒᆞ야 (동국신건속 13)

이 조사가 오면, 그 명사는 부사어가 된다.

4.12. 유지보조조사 「다가」

이 조사는 16세기와 같이 장소대명사에 쓰이어 부사어를 만들고 동사에 와서는 유지의 뜻을 더하여 준다.

○ 위시를 게다가 밀터니 혹 ᄲᅡ디며 혹 써 오락 가락 ᄒᆞ니 (태평광 1-4)
○ 산가막 존개ᄅᆞᆯ 아모만이나 가져다가 믈에 닷쇄 ᄃᆞᆷ갓다가 날마다 이 믈로 슬과 ᄂᆞ츨 싯기라 (언해두창 74)
○ 엄의 뎡바기예 머리털 둘흘 가져다가 손가온댓 가락 ᄆᆞᄃᆡ를 구디 미면… (언해태산 119)

4.13. 시발보조조사 「부터/붓터/붓터/브터」

이 시기에는 「브터/붓터/부터/붓터」의 네 가지 형태가 나타난다. 이에 의하여 보면 순모음화(脣母音化)에는 17세기부터 기록상에 나타나는 것으로 미루어 입말에서는 이보다 먼저 있었을 것으로 보인다.

○ 즁나라 말세과 진나라 처엄 시절부터 뵈로서 잇ᄂ니라 (두창경험방 3)
○ 새벼붓터 아츰ᄭ지 닐곱번을 누니 (두창경 85)
○ 아ᄒ병이 처엄붓터 슌티 아니ᄒ니 (두창경 86)
○ 처엄붓터 다홀 둣 년ᄒ야 머기면 (두창경 4)
○ 처엄붓터 뭇도록 음식 잘 먹ᄂ 거시 극커 슌ᄒ니 (두창경 25)
○ 져믄제브터 어버이 셥교믈 ᄀ장 효도ᄒ야 (동국신속건 24)
○ 어려셔브터 어버이 셥교믈 어글으츠미 업고 (동국신속건 289)
○ 어려서브터 이 사름 잇ᄂ 줄을 드러시되 (태평광 1-24)

위의 예가 보이는 바와 같이 이 조사는 명사, 형용사(동사), 부사 등에 두루 쓰이었다.

4.14. 지정보조조사 「이라」

이 조사는 명사에 씌어 그것으로 하여금 주어, 목적어가 되게 한다.

○ 나는 졈엇거니 돌히라 므거볼가 (경민 42B)
○ 엇뎨 구퇴여 三千 무리라ᄉ 비르수 戒馬의 氣運을 鎭壓ᄒ리오 (중두 6-22)
○ 흔字ㅣ라도 사메가ᄂ ᄒ얌즉 ᄒ도다 (중두 16-22)

이 조사의 예는 점점 찾기가 힘든다. 이와 같은 사실은 잘 쓰이지 않음을 시사하는 것이다.

4.15. 위치보조조사 「셔」

4.15.1. 명사에 쓰이어 위치, 출발점을 나타낸다.

　○ 명시 싀골셔 긔별 듣고 (동국신속건 43)
　○ ᄆᆞᄎᆞᆷ내 진쥐 셩 가온ᄃᆡ셔 주그니 (동국신속건 303)
　○ 그젓 싄 대조뎐셔 온돌의 왓ᄂᆞ니라 (인선왕후언간 45)
　○ 내게 됴흔 山東셔 난 큰 구의ㅅ나기 깁과… (중노 174)

4.15.2. 동사, 부사에 쓰이어 완료의 뜻을 더하여 준다.

　○ 이미셔 나를 위ᄒᆞ여 사라가라 (중노 37)
　○ ᄌᆞ식 비르서셔 홀연히 긔운이 싄라디고 (언해태산 63)
　○ 아기 근 나셔 믄득 입이 조리혀 (언해태산 147)
　○ 은긔나 셕뎡의나 달혀 먹고셔 ᄯᅩᆷ내라 (언해태산-102)

4.16. 다짐보조조사 「곳」

이 조사는 명사, 동사, 부사 등에 두루 쓰인다.

　○ 道이 놉디옷 더욱 盛ᄒᆞᄂᆞ니라 (선가 상 35)
　○ 믈 반되 브어 ᄒᆞᆫ번 글커든옷 거품 업게 ᄒᆞ고 (언해두창 하 64)
　○ 므스 일을 ᄒᆞ고져 ᄒᆞ더니 아니곳 가면 (태평광 1-51)

○ 이빼곳 디나면 (언해태산 24)

○ 틱긔옷 상티 아녀시면 (언해태산 78)

○ 만일 셜샤곳 ㅎ면 (두창경 87)

○ 머리 半만 셰니옷 行列에 居ㅎ얫ᄂ니 (중두 5-60)

이 조사는 본래 모음 밑에서 ㄱ이 탈락하였으나, 이때에 와서는 그 현상이 없어지기 시작하였다. 그리고 이 조사는 부사 「곳」에서 발달한 것이다.

4.17. 여운보조조사 「곰」

이 조사는 동사, 부사에 쓰이어 어떤 여운을 나타낸다.

○ 사름이 쌔곰 효도의 감동호미라 (동국신속건 82)

○ 운이 ᄆᆞᆷ을 다ᄒᆞ여 완호ᄒᆞ고 쳐셔 ᄒᆞ여곰 주리미 업게 ᄒᆞ니라 (동국신속건 244)

○ 사ᄅᆞ미 漢人公主의 사라 시러곰 河를 건너 오믈 슬ᄂ다 (중두 5-33)

○ ᄌᆞ식이 복등에 이셔 능히 도디 못ᄒᆞ야 쌔곰 ᄀᆞᄅᆞ나며 갓고로 나믈 닐위고 (언해태산 51)

17세기에는 부사 밑에 쓰인 예를 찾기가 힘든데, 이와 같은 일은 이 조사의 용법에 일어난 하나의 변화인 것이다.

4.18. 추종보조조사 「조차」

이 조사는 명사에 쓰이어, 그 명사로 하여금 목적어가 되게 한다.

이와 같은 이유는 이 조사가 본래 타동사,「좇다」에서 발달해 왔기 때문이다. 그러므로 17세기와 같은 초기에는 주어로는 잘 나타나지 않는다.

○ 큰 니근 석뉴 ᄒᆞ나흘 겁질조차 디허 동으로 흐르는 믈 서되 브어 달혀 (언해태산 21)

○ 싱강녁냥을 겁질조차 디허 즙 내여 (언해태산 21)

○ 샏디 아니커든 대롱에 믈조차 녀허 브티면 즉시 샏ᄂᆞ니라 (언해태산 158)

4.19. 독자보조조사 「ᄲᅮᆫ」

4.19.1. 이두에서의 표기

향가와 이두에서의 표기를 살펴봄으로써 이것이 본래 명사였음을 알겠는데, 이는 향가에서는 잘 나타나지 않으나, 이두에서는 나타난다. 이제 다음에서 예를 보인다.

○ 二字良中 一家叱分 觸犯爲在乙良 (明律三 3B)

○ 罪分 論遣物色生微安徐爲齊 (明律十六 5B)

○ 紬絹布匹分 使內遣 (明律十二 6B)

위의 예문에서 보는 바와 같이 「ᄲᅮᆫ」은 「叱分」 또는 「分」으로 나타나는데, 경우에 따라서는 「兺」, 「ᄯᅡᆼ」, 「分叱」 등으로도 나타난다.5) 이와

---

5) 장세경, 『이두사전』, 한양대학교 출판부, 2001, 79쪽 참조.

같은 다양한 표기는 결국 중세어의 「쓴」에 해당되는 표기였었는데, 아마 「叱」은 사이시옷을 나타내는 것으로 보아, 「쓴」은 명사에서 발달해 왔다는 형태론적 증명이 가능하지 않을까 한다. 그런데 『한청문감(漢淸文鑑)』11(74B쪽)에 의하면 "獨自 혼자. 又 쓴"이라고 설명되어 있다. 이것으로 보면 18세기까지도 「쓴」은 「獨自」의 뜻을 나타내던 명사로도 구실을 하였음을 알 수 있다.

4.19.2. 「쓴」의 조사화 시기문제

이 조사는 15세기부터 16세기까지는 명사로 보아지는데, 그것을 예를 들어 보이기로 한다.

○ 엇뎨 이에쓴 天上ㅣ 업스시뇨 (월석 7-11B)
○ 처섬 地예 네 보라 쓴 니르시고(二於初地예 獨言汝觀ᄒ시고) (능엄 3-96)
○ 설와 동지예쓴 명함 ᄀ초와 ᄌ뎨를브려 답례호ᄃᆡ (여향 39)

위의 첫 번째 예는 「에」 다음에 「쓴」이 와 있으므로 명사로 보아지며, 세 번째 예 또한 그러하다. 그리고 두 번째 예의 「네 보라 쓴 니르시고」에서 「쓴」은 「獨自」의 뜻을 나타내는 명사로 보인다. 이와 같은 「쓴」은 17세기부터는 경우에 따라서는 조사로 변해 가고 있는 흔적이 보이는데, 그것은 다음의 예로 알 수 있다.

○ 평싱애 고텨 못홀 이리 잇쓴인가 ᄒ노라 (경민 3-9B)

여기서의 「잇쓴」은 분명히 「쓴」이 「이」에 종속된 것을 보이는데 그것은 사이시옷 때문이다. 「이」와 「쑨」이 한꺼번에 발음되는 데서 「이」에 사이시옷이 온 것이다. 이것은 바로 「쑨」의 조사화를 뜻하는 것으로 보아야 할 것이다.

4.19.3. 「쑨」의 용법

이것은 명사에만 쓰이어 주어, 술어 등이 되게 한다.

○ 갓가이 녀도 흔 몸쑨이오 머리 가면 ᄆᆞᄎᆞ매 곧 失ᄒᆞ리언마ᄅᆞᆫ (중두 4-23)
○ 幽燕엔 오직 새쑨가고 高洛앤 사름 ᄃᆞ니리 적도다 (중두 5-32)
○ 셴 머리에 오직 赤心쑨 잇도다 (중두 5-49)
○ 평싱애 고텨 못홀 이리 잇쑨인가 ᄒᆞ노라 (경민 3-9B)

4.20. 한도보조조사 「ᄭᅵ지」

4.20.1. 향가와 이두에서의 표기

이 조사는 16세기까지는 명사였었는데, 향가부터 중세어까지의 표기를 알아서 서로 관련을 이어본다는 의미에서 향가와 이두에서의 표기를 알아보기로 한다.

○ 月下 伊底亦 西方念丁 去賜里遣 (願往生歌)
○ 殺人爲旀十人至成黨爲在乙良爲首者斬齊 (刑律一劫囚)
○ 石練時己順可只而今良中至兮 (淨兜寺石塔記)

이들 세 가지 예에서 「舍」을 양 교수는 「써정」이라 해독하고 있는데, 「至」는 훈을 비러 쓴 것이며 「可只」는 음을 따서 표기한 것이다.

4.20.2. 「ᄀ지」의 조사화 시기문제

이것의 조사화한 시기는 17세기로 보고자 하는데, 그 이유는 15세기의 「ᄀ장」은 17세기에 와서는 「ᄀ지」로 그 형태가 완전히 바뀔 뿐만 아니라, 용법도 그렇게 보는 것이 좋을 듯하기 때문이다. 이제 15세기오 16세기의 예를 좀 들어보기로 하겠다.

○ 처엄 이에셔 사던 저그로 오ᄂᆞᆳ낤ᄀ장 혜면 (석상 6-74)
○ 제 목숨ᄀ장 사라 (석상 6-70)
○ 프른 ᄀ슬ᄀ장 사라 잇ᄂᆞ니 (초박 상 1)

위의 예에서 보면 「ᄀ장」은 사이시옷 때문에 명사로 보지 않을 수 없다. 그러나 다음의 17세기부터의 예를 보면 「ᄀ지」 또는 「ᄀ지」로 나타나는데, 이것이 오늘날의 「까지」의 최초의 형태이다. 그런데 이숭녕 교수는 이것을 실사 「ᄀ재[極]」에서 「ᄀ亽+앙」의 형식으로 된 후치사로 보고 있으나[6] 허웅 교수는 「ᄀ장」은 어찌씨에서 온 메인이름씨로 보고 있다.[7]

4.20.3. 「ᄀ지」의 용법

명사에 붙어서 부사어가 되게 한다.

---

6) 이숭녕, 『中世國語文法』, 을유문화사, 1961, 158쪽.
7) 허웅, 앞의 책, 1975, 282~300쪽.

○ 비복ᄀ지 흘러 가ᄂ 줄만 알고 (두창경 70)

○ ᄒᆡ역도ᄂ 날로셔 닐웨 여ᄃ래 아ᄒ래 날ᄀ지 고롬 되ᄂ 사홀이라
   (언해두창 상 59)

○ 목구무신지 드러 (두창경 92)

○ 새 빅붓터 아ᄎᆞᆷ신지 닐굽번을 누니 (두창경 85

4.21. 현상보조조사 「대로」

이 조사는 본래 명사에서 유래해 왔는데, 향찰이나 이두에서는 잘
나타나지 않았다.

○ 영장과 졔ᄅᆞᆯ ᄒᆞᆫᄀᆞᆯᄋᆞ티 가녜대로 ᄒᆞ고 (동국신속건 하 58)

○ 졔 ᄒᆞ기ᄅᆞᆯ ᄒᆞᆫᄀᆞᆯᄀᆞ티 녜문대로 ᄒᆞ야 (동국신속건 311)

○ 졔ᄉᆞ를 가례대로 ᄒᆞ며 (동국신속건 24)

○ 네 말대로 이대이대 (즁노 60)

○ 제대로 두고 너희 다 머그라 (즁노 75)

제5장 18세기 조사의 용법

먼저 18세기의 조사일람표를 보이면 다음과 같다.

조사

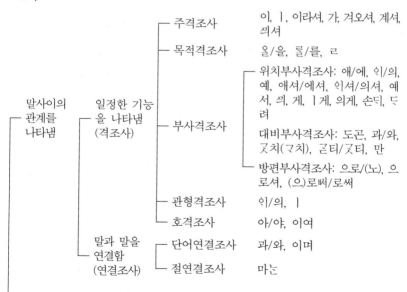

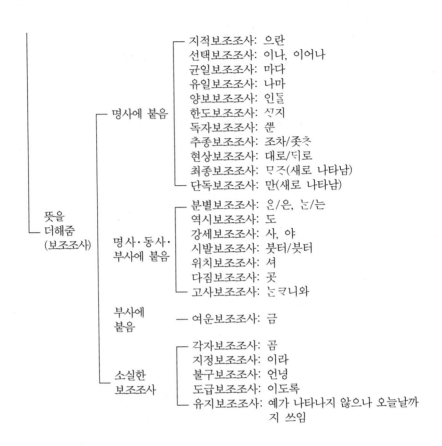

뜻을
└ 더해줌
(보조조사)

├ 명사에 붙음
│ ┌ 지적보조조사: 으란
│ │ 선택보조조사: 이나, 이어나
│ │ 균일보조조사: 마다
│ │ 유일보조조사: 나마
│ │ 양보보조조사: 인들
│ │ 한도보조조사: 신지
│ │ 독자보조조사: 쑨
│ │ 추종보조조사: 조차/좇 춫
│ │ 현상보조조사: 대로/듸로
│ │ 최종보조조사: ᄆᄌ(새로 나타남)
│ └ 단독보조조사: 만(새로 나타남)

├ 명사·동사·
│ 부사에 붙음
│ ┌ 분별보조조사: 은/은, 늰/는
│ │ 역시보조조사: 도
│ │ 강세보조조사: 사, 야
│ │ 시발보조조사: 붓터/붓터
│ │ 위치보조조사: 셔
│ │ 다짐보조조사: 곳
│ └ 고사보조조사: 늰ᄏ니와

├ 부사에
│ 붙음
│ └ 여운보조조사: 금

└ 소실한
   보조조사
   ┌ 각자보조조사: 곰
   │ 지정보조조사: 이라
   │ 불구보조조사: 언넝
   │ 도급보조조사: 이도록
   └ 유지보조조사: 예가 나타나지 않으나 오늘날까
                    지 쓰임

1. 격조사

1.1. 주격조사

1.1.1. 「이」

1.1.1.1. 「이」는 체언이 닿소리로 끝날 때 쓰인다.

○ 랑이 닐어듸 누오오 흔대 (왕랑반혼전)
○ 八方이 自然히 平安ᄒ더니 (팔세아 1)
○ 유싱들이 다시 보라 ᄒ니 (한듕 10)
○ 셔찰왕복이 됴셔의 이시니 (한듕 2)

1.1.1.2. 체언이 「이」계 이외의 모음으로 끝나면, 주격조사 「이」는 이와 합하여 한 음절로 축약되는데, 이때는 17세기와 같아서 성조의 변동은 없다.

○ 새로 니르켠 군시 그러나 이삼십만이 남고 (삼역 3-13)
○ 여러날 되지 못ᄒ여 홰 니르리라 (삼역 3-23)
○ 부체 미샹애 일즉 안 노숙의 렴불ᄒᄂ 일을 비방ᄒ더니 (왕랑반혼전)
○ 아릐 싸호ᄂ 쟝쉬 또 언머나 잇ᄂ뇨 (삼역 3-14)
○ 제 제 님금을 위흠이라 (삼역 2-9)
○ 셔방 교쥐 ᄌ금련꼴 좌을 가지고 (왕랑반혼전)

1.1.1.3. 주어가 「이」나 i 계 모음으로 끝난 체언일 때는 주격조사 「이」는 생략된다.

○ 기리기 도라오는 소리로다 (빅련초 21)

○ 봄새 봄믈 희롱호되 (빅련초 23)

○ 새배 둙기 새배를 브르빅 새배 업도다 (빅련초 23)

○ 버듨가온대 뉘 줌가시니 (빅련초 48)

○ 그듸 집 가온듸 미타령을 셔벽에 노피 미걸고 (왕랑반혼전)

○ 뎌 삼귀 글오듸 (왕랑반혼전)

○ 엇뎌 죄 이시리오 (왕랑반혼전)

○ 도톄 엇더흐고 (왕랑반혼전)

○ 여위고 킈 크다 (한청 6-10)

1.1.2. 「ㅣ」

1.1.2.1. 받침 없는 한자어가 주어가 되면 주격조사는 「ㅣ」가 쓰인다.

○ 五千 션빅 글ᄒᆞᄂᆞᆫ 수에 八歲兒ㅣ 드러 (팔세아 5)

○ 國事ㅣ 어즈럽고 (소아론 3)

○ 呂布ㅣ 즉시 王允을 조차 王允의 집의 가셔 (삼역 1)

○ 關某ㅣ 내 몬져 승썅 품ᄒᆞ엿더니 (삼역 2-21)

1.1.2.2. 「ㅣ」주격조사는 18세기부터는 존칭과, 평칭, 통칭에 씌었다.

○ 皇帝ㅣ 글 민드라 (팔세아 2)

○ 呂布ㅣ 니로듸 (삼역 7)

○ 아릭 싸호는 쟝쉬 또 언머니 잇ᄂᆞ뇨 (삼역 3-14)

이 용법은 「이」도 마찬가지이다.

1.1.3. 「이라셔」

이것은 17세기와 같이 강조하는 뜻의 주격조사인데, 주로 가사에서 많이 나타난다.

○ ᄀᆞᆺ득 怒ᄒᆞᆫ 고래 뉘라셔 놀래관대 (관동별곡)
○ 白蓮花 ᄒᆞᆫ가지를 뉘라셔 보내신고 (관동별곡)
○ 千里萬里 길흘 뉘라셔 ᄎᆞ자 갈고 (속미인곡)
○ 秋日冬天은 뉘라셔 뫼셨ᄂᆞᆫ고 (속미인곡)
○ 天孫雲錦을 뉘라셔 비혀내여 (성산별곡)

1.1.4. 「가」

○ 우리 외가가 청빈ᄒᆞ기로 유명하나 (한듕록 14)
○ 여러 쌔가 지나면 믄득 죄 업시 죽으리니 (자휼 1)
○ 법 밧게 ᄒᆞ기가 실노 (자휼 2)

이 「가」 조사는 18세기부터는 사회 전반에서 씌었음을 알 수 있다.

1.1.5. 「겨오셔」

○ 뎡헌공겨오셔 영안위 증손이시고 (한듕 6)
○ 빅죠 참판공겨오셔 선인긔 듸ᄒᆞ오시믈 츌상ᄒᆞ오셔 (한듕 6)
○ 듕헌공겨오셔 몸이 귀ᄒᆞ오셔 (한듕 6)

이 존칭주격조사는 17세기와는 달리 완전히 주격조사로서의 지반을 확고히 한 듯하여 「으로」 다음에 쓰인 일은 없다.

1.1.6. 「계셔」

이 조사는 「겨오셔>계셔」로 형성된 조사이다.

○ 님계셔 뉜다 ᄒ셔든 내 긔로라 (一石本 海東歌謠 183)

1.1.7. 「ᄭᅴ셔」

이 조사는 15세기에도 나타나는데, 그때는 합성조사로 보기 때문에 단순조사로서는 18세기에서부터인 것으로 보아지므로, 여기에서 다루기로 한 것이다. 이 조사는 「긔셔」로도 표기되었다.

○ 우리 부모긔셔 이샹이 편이ᄒᆞ오시던 일을 싱각ᄒᆞ니 (한듕 6)
○ 노친ᄭᅴ셔 이쳑이 ᄒᆞ 과하오시니 (한듕 82)
○ 빅죠긔셔 당신 아오님을 먼니 ᄉᆞ랑ᄒᆞ오시난 ᄯᅳ시오신디라 (한듕 6)

이 조사는 명사 「ᄭᅴ」에 「이시어」의 축약형인 「셔」가 합하여 만들어진 것이다.

1.2. 목적격조사

1.2.1. 「올/을」

1.2.1.1. 「올」은 양성 폐음절 명사 밑에 쓰이고, 「을」은 음성 폐음절 명사 밑에 쓰인다. 그러나 18세기에는 모음조화는 거의 다 깨어졌다고 하여도 과언은 아닐 것이다.

○ 고지 마롤 아니 호딕 (빅련초 4)

○ 눔의 가진 것슬 닙고 (한듕 26)

○ 왕랑을 죠셔ᄒ야 글오딕 (왕랑)

○ 이 공덕을 브틀식 (왕랑)

○ 쟈근 거시 노피 떠셔 萬物을 다 비취니 (오유가)

통계에 의하면 「올」과 「을」이 나타난 비율은 약 5：1로서 「을」이 절대 자수로 나타났다. 이와 같은 사실을 바탕으로 미루어 보면 18세기에는 「올」이 거의 사라져 가는 시기였다고 할 수 있다.

1.2.1.2. 「올/을」은 개음절 명사 밑에서도 사용되었다.

○ 일렴 미타사 죄보올 ᄉᆞᆫ니 (왕랑)

○ 우리들흔 … 그딕을 자브라 왔다니 (왕랑)

○ 가장의 후사을 잊지 못하고 (언간의 연구보 27)

1.2.1.3. 폐음절 「이」 밑에서는 「올」과 「을」이 같이 사용되었다.

○ 옹쥬 생신이 우희 이롤 ᄀ초펴니 (왕랑)

○ 님을 모셔 님의 일을 내 알거니 (관동별곡)

○ 仙人을 ᄎᄌ려 舟穴의 머므살가 (관동별곡)

○ 부모 ᄉ랑ᄒ오시믈 능히 밧ᄌ와딕… (한듕 6)

○ 고즌 더운 날 마자 봄 비출 ᄭ미고 (빅련초 5)

통계에 의하면 『왕랑반혼전』과 『백련초해』에서는 주로 「올」이 쓰이고 그 외의 책에서는 「을」이 쓰이고 있는데, 수적으로는 「을」이 절대

다수로 사용되었다. 그리고 「을」과 「올」이 나타나는 비율은 약 5 대 1로 나타나는데, 「올」은 음성모음 밑에 쓰인 예가 많다. 이와 같은 일로 미루어 보면 「올」은 점점 사양길에 있음을 알 수 있다. 더구나 「·」의 음가가 1780년경에 소멸했다[1]고 본다면, 이때까지 사용되었던 「올」은 그저 인습에 의한 것으로 보아진다.

1.2.2. 「롤/를」

1.2.2.1. 「롤」은 양성 개음절 명사 밑에 쓰이고, 「를」은 음성 개음절 명사 밑에 쓰인다.

    ○ 人間 萬事롤 흔일도 아니 맛뎌 (만흥 5)

    ○ 소릐롤 뉘 ᄒᆞᄂᆞ니 (중반금)

    ○ 그디롤 기드려사 물기를 ᄆᆞᄎᆞ리니 (왕랑)

    ○ 이제 荊州ㅣ 군ᄉᆞ롤 ᄯᅩ 이삼십만을 어더시니 (삼역 3-13)

    ○ 부텨를 흔가지로 인간이 도라보내여 (왕랑)

    ○ 션인 경계를 밧ᄌᆞ와 (한등 2)

16세기부터 깨어지기 시작한 모음조화는 이때는 더한 듯하여 사실상 「롤」과 「를」의 구별 사용은 그 전세기와 같이 혼란을 빚고 있다. 그런데 「올/을」과는 달리 이상하게도 「롤」과 「를」의 나타나는 비율은 약 3 대 1 정도로 「롤」이 많이 나타나는데, 「를」은 음성모음으로 끝나는 체언과 쓰인 예가 많다. 이 시기에 「랄」이 하나 나타났다.

    ○ 어와 뎌 境界랄 어이ᄒᆞ면 알 거이고 (관동별곡)

---

1) 허웅, 『국어음운학』, 샘문화사, 1985, 432쪽에 의함.

○ 風雲을 언제 얻어 三日雨를 디련눈다 (관동별곡)

○ 지게롤 晨朝애 열고 (춘요음)

○ 내 너롤 試驗ᄒ여 짐줏 무럿더니 (소아론 25)

○ 싱녀롤 아름다이 ᄒ야 나라히 경ᄉ롤 보게 ᄒ니 (한듕 38)

1.2.2.2. 개음절 「이」로 끝나는 명사 밑에는 「를」보다 「롤」이 많이 사용되었다. 이와 같은 일은 18세기에는 「롤」이 「를」보다 나타나는 비율이 많아지게 된 이유가 된 것 같기도 하다.

○ 틱평성군이 되오시기롤 움망ᄒᆞᆫ 지경이어ᄂᆞ (한듕 42)

○ 才能 잇ᄂᆞ니롤 죠흔 일홈을 주리라 ᄒ니라 (8세아 3)

○ 미타불 넘ᄒ기를 일만편으로 업을 ᄒ거늘 (왕랑)

○ 구롬 빗치 조타ᄒ나 검기롤 ᄌ로 흔다 (오우가)

1.2.2.3. 폐음절 명사 밑에도 「롤/를」이 사용되었는데, 이것은 아마 표기의 잘못으로 보이진다.

○ 袁術롤 평히 ᄒ고 (삼역 3-11)

○ 제 잇난 동안 절를 주여… (언간의 연구. 보 27)

이 예는 18세기에 와서는 별로 많이 나타나지 아니 한다.

앞 세기에서와 같이 18세기에도 목적격조사가 유정위치부사격과 방편격으로 쓰인 예가 나타난다. 특히 방편격으로 쓰인 예가 나타난 것은 이때가 처음이다.

○ 닉일 져롤 ᄃ러와 금빅을 상 주고 (삼역 22) – 방편

○ 八歲兒를 큰 어진이롤 삼아 (8세아 21) — 방편

○ 왕이 조부 최판관을 명ᄒᆞ야 글오ᄃᆡ (왕랑) — 위치격

○ 玉鬼의 던는 藥을 豪客을 먹이고자 (어부사시사) — 위치격

1.3. 부사격조사

1.3.1. 위치부사격조사

1.3.1.1. 「애/에」, 「ᄋᆡ/의」, 「예」

1) 이때는 거의 모음조화가 없어진 시기이므로, 「애」냐 「에」냐 할 것이 못되나 그래도 몇 개 예만 찾아보면 가능하기에 예시하기로 하는데, 이 조사는 위치, 방향, 상태, 원인을 나타내는데, 「ᄋᆡ/의」는 출발을 나타내기도 한다.

○ ᄆᆡ월 보로매 미타블 넘ᄒᆞ기를 일만 편으로 업을 ᄒᆞ거늘 그ᄃᆡ와 나와 로 ᄆᆡ사애 비방ᄒᆞ더니 (왕랑반혼전)

○ 어름눈 다 녹고 봄곳치 피도록애 님다히 긔별을 모르니 그를 설워ᄒᆞ 노라 (송강단가)

○ ᄇᆞ람에 마조쳐 머믈리다 (한청 1-33)

○ ᄭᅵ디여난 휘초리 져ᄀᆞ티 늙도록애 그제야 또 흔잔 자바 다시 헌수ᄒᆞ 리라 (송강단가)

○ 말 ᄆᆞᄎᆞ매 송씨 즉제 도라 니거늘 (왕랑반혼전)

○ 이제 나라히 어즈러옴애 놉이 ᄃᆞ토고 범이 싸호ᄂᆞᆫ째예 (삼역 2-50)

○ 梅窓 아젹 밧히 香氣예 ᄌᆞᆷ을 ᄭᆡ니 (성산별곡)

○ 五千 션비 뒤히 셰니라 (팔세아 5)

○ ᄂᆡ일브터 내 겻히 ᄯᅥ나지 말라 (삼역 23)

○ 王允의 집의 가셔 믈게 느리니 (삼역 2)

○ 呂布의 뭇궁의 셔시니 (삼역 11)

○ 이 몸 슈ᄒᆞ야 오미 샹애 셔방을 존히 ᄒᆞ니 (왕랑반혼전)

○ 부쳐을 인간의 도로ᄒᆞ야 기틴 명이 셜혼 히어늘 년을 여슌 히을 더 ᄒᆞ야 (왕랑반혼전)

오기로 보아지나 「외」가 나타나기도 하였다.

○ 지뵈 ᄀᆞ득하얏는 쳐ᄌᆞ와 져믈 보빅왜… (왕랑반혼)

○ 옹쥬 생신이 우회 이를 ᄀᆞ초펴니 (上同)

2) 「예」는 「이」나 i 계 모음 다음에 씌었다.

○ 샐리 뎌 셔계예 가시리니 (왕랑반혼전)

○ 만듸예 묽은 일홈이 셕지 아니리라 (삼역 2-30)

○ 술의예 두 부인이 잇다 (삼역 2-40)

3) 「예/에」는 비교를 나타낸다.

○ 량예 넘게 먹다 (한청 12-102)

○ 직조예 낫더라 (삼역 3-6)

1.3.1.2. 「애셔/에셔」, 「의셔/의셔」, 「예셔」

「애셔/의셔」는 양성모음으로 끝난 명사 밑에 쓰이고, 「에셔/의셔」는 음성모음으로 끝난 명사 밑에 쓰인다. 그리고 「예셔」는 「ㅣ」로 끝나는 명사 밑에 쓰이어, 모두 정처를 나타내게 되었다.

○ 소리 셜온 졈동새는 디는 드래셔 울고 (빅련쵸 8)

○ 봄나래 곳고리는 긴댓소개셔 울고 (빅련쵸 25)

○ 내 산에셔 느리와 실오려 호되 (삼역 2-35)

○ 내ㅅ믈에셔 목욕ᄒ다 (한청 1-97)

○ 내에셔[比我] (한청 8-113)

○ 고기 묏부리예셔 뛰닐고 (빅련쵸 10)

○ 믈 두루혀 드리예셔 느려 가니라 (삼역 28)

○ 뒤히셔 사ᄅᆷ이 부르되 (삼역 2-14)

○ 죵가ᄉᆞ우의 ᄌᆞ손이 쓸히셔 졀ᄒᆞᄂᆞ 네로되 (한듕 28)

○ 믈 우히셔 좌우로 돌며 가다 (한청 4-92)

○ 밤이면 션비 품의셔 자고 (한듕 24)

○ 견양의셔 너르고 크다 (한청 12-2)

○ 구로미 평상의셔 나고 (빅련쵸 42)

「애셔/이셔」와 「에셔/의셔」는 18세기에 모음조화가 깨어졌으므로 양성·음성에 의한 구별 사용은 거의 없어져 가는 단계에 있었는데, 주로 「에셔」와 「의셔」로 통일되어 갔다.

1.3.2. 유정위치부사격조사

1.3.2.1. 「ᄭᅴ」

존칭으로 사용되었다.

○ ᄌᆞ모 부인ᄭᅴ 흑얌을 밧ᄌᆞ와 겨오시기 졔ᄉᆞ의 참ᄉᆞ 아니 ᄒᆞ오실 젹

(한듕 12)

○ 關羽ㅣ 승샹의 뵈지 아니코 (삼역 2-3)

○ 父母의 드리 하직ᄒ고 (팔세아 4)

○ ᄌ모 부인긔 혹얌을 밧ᄌ와 (한듕 12)

○ 죠참판공겨오셔 션인긔 ᄃᆡᄒᆞ오시믈츌샹ᄒ오셔 (한듕 6)

18세기에는 「그」가 하나 나타났는데, 아마 표기의 잘못으로 보아진다.

○ 부텻그 울워러서 법을 공경ᄒ며 (왕랑)

1.3.2.2. 「게」

이때는 「쎄」도 나타나는데, 이때의 「ㅅ」은 축음(促音)이다. 이것은 사람과 동물에 통용된 것으로, 존칭으로 쓰이지 아니하였다.

○ 믈쎄 ᄶᅱ여 오르다 (한청 4-90)

○ 믈게 ᄂᆞ릴 제 은 주고 (삼역 2-5)

○ 이참이면 계모부인게 졀ᄒ오셔 뵈옵고 (한듕 12)

1.3.2.3. 「ㅣ게」

○ 쇠게 메오ᄂᆞ 술위채 (한청 2-49)

○ 쇠게 메오ᄂᆞ 멍에 (한청 12-51)

○ 百姓 사ᄅᆞᆷ이 뉘게 힘 어드료 (소아론 8)

이 조사는 18세기에만 나타나는데, 아마 「익게/의게」의 「ᄋ/ᄋᆞ」가 줄어서 이 조사가 된 듯하다. 그런데 이 조사는 개음절 명사 밑에만 쓰이었다.

1.3.2.4. 「의게」

○ 닉인들의게 부탁ᄒ시미 근절ᄒ시니 (한듕 40)
○ 부텨의게 妻업고 仙女의게 지아비업고 (소아론 13)
○ 노희여ᄒᄂ 사름의게 몬져 말ᄒ다 (한청 7-24)

이때는 「의게」는 나타나지 아니하는데, 그것은 「·」음가의 소멸에 그 이유가 있는 것 같다. 그런데 이 조사는 모음 밑과 폐음절 밑에 두루 씌었다.

1.3.2.5. 「손ᄃᆡ」

○ 형아 아ᅌᅵ야 네술흘 믄져 보와 뉘손ᄃᆡ 타 나관ᄃᆡ 양지조차 ᄀᆞᄐᆞᆫ다 (송강 단가)

이때는 이 조사는 이미 많이 나타나지 않는 시기가 되었다.

1.3.2.6. 「ᄃᆞ려」

○ 뎨일 귀시 왕랑ᄃᆞ려 닐러 ᄀᆞᆯ오ᄃᆡ (왕랑반혼전)
○ 집사름ᄃᆞ려 니르시고 우르시며 (한듕 38)
○ 뉴하주 ᄀᆞ득 부어 들ᄃᆞ려 무른 말이 (관동별곡)

이때에 「·」는 그 음가를 잃고 말아서, 타조사 같으면 「·」가 다른 모음으로 바뀌는데 이 조사만은 이때에 「다려」로 바뀌지 않음이 특이하다. 그리고 이 조사는 무생물에게도 사용되었다.

1.3.3. 대비부사격조사

1.3.3.1. 「도곤」

이 조사는 17세기와 그 형태가 같다. 15세기의 우위대비부사격조사 중 「(이)으라와」, 「으론」은 없어지고, 이것 하나만 남게 되었다.

○ 그도곤 북녁 싸히 사름은 둘에 싸호지 못ᄒ고 (삼역 42)
○ 이도곤 ᄀ즌듸 또 어디 잇단말고 (관동별곡)
○ 녀산이 여기도곤 낫단 말 못ᄒ려니 (관동별곡)

1.3.3.2. 「과/와」

등위대비부사격조사도 15세기의 「과로/와로」는 이때는 여동격(與同格)으로 변하여 복합조사로 바뀌고, 「만」은 정도의 보조조사로 바뀌면서 일면은 비교의 구실도 하고 있다. 그리고 「이」 비유격조사는 완전히 나타나지 아니한다.

○ 孔明이 니로되 諸葛亮과 ᄀ한 이ᄂ 술의예 싯고 (삼역 3-15)
○ 성내여 놈과 싸호려 ᄒ다 (한청 8-95)

이 조사는 18세기에 이르러 「ᄀ다」, 「다ᄅ다」 등 앞에 쓰일 때만 비교의 뜻을 나타내고, 그 외의 경우에는 연결조사로 쓰이며, 때에 따라서는 공동의 뜻으로 쓰이고 그 구실이 완전히 오늘날과 동일하게 굳어졌다.

1.3.3.3. 「ᄀᆞᆺ치/ᄀᆞ치」, 「ᄀᆞᆮ티/ᄀᆞᆺ티」

위의 앞엣것은 구개음화한 것이요, 뒤의 것은 구개음화하지 아니한 것이다.

> ○ 죵ᄀᆞᆺ치 부리다 (한청 7-108)
> ○ 나를 쥬옥ᄀᆞᆺ치 사랑ᄒᆞ여 길럿더니 (삼역 30)
> ○ 숫출 믄져 즐거운 일ᄀᆞᆺ치ᄒᆞ오시고 (한등 42)
> ○ 쪽박ᄀᆞ치 일마리 (힌창 8-29)
> ○ 구슬ᄀᆞ치 엉긴 그으름 (한청 10-103)
> ○ ᄒᆞ다가 혼ᄀᆞᆯᄀᆞᆺ티 져 부텨를 아니 렴ᄒᆞ면 (왕랑반혼전)
> ○ 그듸ᄂᆞᆫ 샹례 공양호믈 부모ᄀᆞᆮ티 ᄒᆞ야 (왕랑반혼전)

위의 예문에서 보는 바와 같이 구개음화한 것은 18세기 전반에 걸쳐 다 나타난다. 따라서 이 조사는 현대조사에 한걸음 접근하였다.

1.3.3.4. 「만」

이것은 앞에서도 말한 바와 같이 정도와 비교의 조사로 각각 씌었다.

> ○ 日出을 보리라 밤듕만 니러ᄂᆞ니 (관동별곡)
> ○ 茅쳠 춘자리의 밤듕만 도라오니 (속미인곡)

○ 세월이 더 가면 니 졍신이 이쩌만도 못홀 닷ᄒ기… (한듕 2)

1.3.4. 방편부사격조사

1.3.4.1. 「ᄋ로/노」

이 조사는 「노」로도 나타나는데, 오기일 것으로 보인다. 그 뜻은 다음의 예문에서 보는 바와 같이 다양하다.

○ 산힝 두 녁흐로 버러가다 (한청 4-104) ─ 방향
○ 삼칠 후 집으로 드러오니 증됴모 니시겨오셔 보오시고 (한듕 4) ─ 방향
○ 즈름길로 가다 (한청 7-91) ─ 수단
○ 南으로 가면 무슴 省이라 ᄒ여 잇ᄂ뇨 (팔셰아 15) ─ 방향
○ 鶴 즘싱이 귀ᄒ 소리로 우러늘 (팔셰아 10) ─ 수단

이때에는 「ᄋ로」는 이미 없어지고 「으로」 아니면 「로(노)」만이 씌었다.

○ 그집이 부요ᄒ여 귀ᄒ 쓸노 의복자장이 곳지 아니ᄒ 것시 업ᄉ니
  (한듕 26)
○ 듸쳔ᄒ오신 일을 진실노 깃거ᄒ오셔 (한듕 42) ─ 방편
○ ᄂᆡ 못 니져 ᄒ기ᄂᆞ 날노 심ᄒ더라 (한듕 84) ─ 점층

1.3.4.2. 「(으)로셔」

이 조사는 17세기부터 단순조사로 보아지므로 다루어 왔는데, 18세기에는 「ᄋ로셔」는 나타나지 아니하고 주로 「(으)로셔」만이 쓰이었다.

○ 험흔 듸로셔 느리다 (한청 7-61)—시발

○ 원족은 밧그로셔 듸졉ᄒ여 보닉고 (한듕 24)—위치

○ 눈이 푸르고 나로셔 붉고 거룩흔 지조에 낫더라 (삼역 3-6)—비교

○ 아문으로셔 믈러 갈졔 呂布ㅣ 믈ᄐ고 (삼역 26)—통하여

○ ᄇᄅᄆᆫ 봄소릭를 혀 먼골로셔 오고 (빅련쵸 14)—시발

이때에는 「오로셔」는 전혀 나타나지 않는다.

1.3.4.3. 「(으)로뻐/로써」

17세기까지는 「뻐」가 조사화하지 않았기 때문에 이를 다루지 아니하였으나, 18세기에는 아무리 보아도 조사화한 것 같기 때문에, 여기서 다루기로 하였다. 무엇보다도 18세기에는 「뻐」가 「써」로 바뀌었다는 것은 물론 그 의미부터가 조사화를 뜻하는 것 같다.

○ 吳越의 군ᄉ로써 中國에 어양 써 당흠 ᄀᆺ흐면 머리 졍흘만 밋지 못ᄒ리라 (삼역 3-21)

○ 일로써 (한청 8-126)

그러나 「뻐」가 여전히 '以'의 뜻으로도 쓰인 듯하다.

○ 일로 뻐[以此] (한청 8-126)

1.4. 관형격조사

1.4.1. 「이/의」

18세기에는 간혹 「이」가 쓰이는 수도 있으나, 대체적으로 「의」가 많이 쓰이었다. 그리고 그 나타내는 뜻도 여러 가지이다.

- ○ 누른 쇼야지 쓰리오 (빅련쵸 187) — 소속
- ○ 랑군의 고쳐 숑씨러니 (왕랑반혼전) — 관계
- ○ 계집의 손가락 트는 것 (한청 3-16) — 소속
- ○ 모미 브름 쓰테 셔시니 フ는 버드리 튀오 (빅련쵸 26) — 소산
- ○ 랑군이 부형의 법을 니어 네 힘을 보와 헤아리다 (삼역 3-20) — 준수
- ○ 흔 フㅇ로셔 오는 기러긔 소리를 듣고 (빅련쵸 20) — 소산
- ○ 안 노숙의 렴불ㅎ는 일을 비방ㅎ더니 (왕랑반혼전) — 주어(주체)
- ○ 숑씨의 혼을 옹쥬 얼굴의 의탁ㅎ야 (왕랑반혼전) — 소유

1.4.2. 「ㅣ」

이 조사는 용법이 17세기부터 차차 흐려지더니, 이때도 그리 잘 나타나지 않다가 19세기부터는 없어지고 만다.

- ○ 張遼ㅣ 말 셜리 오니 (삼역 2-16)
- ○ 비록 荊州ㅣ 빅셩이 曹操의게 조츰은 져 군ㅅ의 위염의 저허 항복ㅎ 거시오 (삼역 3-42)

1.5. 호격조사의 용법

18세기부터는 존칭호격조사인 「하」는 전혀 나타나지 않으며, 겨우 「아/야」, 「이여」만이 나타난다.

1.5.1. 「아/야」

○ 셔하당 식영뎡 主人아 내말 듯소 (성산별곡)
○ 형아 아익야 (송강단가)
○ 왕랑아 자ᄂᆞ야 (왕랑반혼전)

1.5.2. 「이여」

○됴흘셔 왕랑이여 셀리 셤에 오ᄅᆞ쇼셔 (왕랑반혼전)

이 조사의 예는 많이 나타나지 않는데, 이와 같은 일은 오늘날과 비교하여 볼 때 일상생활에서 별로 쓰이지 않았다는 결론이 된다.

2. 연결조사

2.1. 단어연결조사

2.1.1. 「과/와」

15~17세기와 별차가 없으나, 「와」가 쓰여야 할 자리에 「과」가 쓰이기

도 하고, 15세기와 같이 모든 격조사에 명사를 연결하여 주던 용법 「과」, 「과를」, 「과의」, 「과란」 등은 없어지고 완전히 오늘날과 같아진다.

○ 부모와 어룬의 말 준힝ᄒ다 (한청 6-33)
○ 王과 부인이 깃거ᄒ홀 제 (왕랑반혼젼)
○ 그듸와 나와로 미샹애 비방ᄒ더니 (왕랑반혼젼)
○ 인졍과 세티을 가히 볼디라 (한듕 18)
○ 늙은이과 졈은이ᄅᆞᆯ 볼모 두어라 (삼역 2-51)
○ 의ᄉᆞ만혼 쟝슈과 위엄 베프러 싸호ᄂᆞᆫ 뉴들이 이쳔이 남은이라 (삼역 3-15)

2.1.2. 「이며」

이때는 「ᄒ고」가 잘 쓰이지 않았던 것 같아서 잘 나타나지 않으나, 「이며」는 그 명맥을 이어오고 있었다. 「이며」는 폐음절 명사 밑에 쓰이고 「며」는 개음절 명사 밑에 쓰인다. 「이며」의 「이」는 비 i 계 모음으로 끝난 명사 밑에서는 축약된다. 그리고 이때부터 「ㅣ며」는 없어진다.

○ 곳비치 여트며 기푸믄 몬졔며 후에 퓌요미오 (빅련초 9)
○ 동궁쇠 입듸ᄒ오셔 권흑ᄒ시고 녯글이며 녯ᄉᆞ젹을 아오시게 (한듕 40)
○ 담쳔으로 열흔 증이며 샹한의 열이 나며 (언히납약 1)
○ 슈긔과 담이 응결흔 등이며 어린아히 졋토ᄒ기며 얼운이 여이며 숡그 홀리인 병들을 고티고 (언히납약 1)

2.2. 절연결조사의 용법

2.2.1. 「마는」

17세기까지는 「마ᄂᆞᆫ」이 나타났으나, 18세기에는 오직 「마는」만 나타난다.

○ 집안히 뉘 홈탄치 아니ᄒ리오마는 우리집 가계는 자연간핍ᄲᅢ 만하 (한듕 6)

○ 신하가 감히 쓸오리오마는 섧고섧도다 (한듕 42)

○ 어이 살고져 ᄒ리오마는 션인이 현필을 ᄉ오시고 (한듕 66)

○ 당신이 ᄯ한 엇디 싱셰지심이 계시리오마는 니 ᄯᅳᆺ과 ᄀᆺᄐ셔 (한듕 82)

오늘날 인용조사인 「고」가 18세기에는 잘 나타나지 않다가 19세기부터 또 나타난다.

3. 의문조사

3.1. 「고」

이는 의문사가 있는 의문문에 쓰인다.

○ 엇진 말고 (한청 7-106)

○ 누고 (한청 8-117)

○ 랑이 닐오디 누구오 혼대 (왕랑반혼전)

○ 무슨 중요로온 일고 (왕랑반혼전)

○ 명관이 날잡기는 므스 일고 (왕랑반혼전)

이때는 ㄱ탈락현상도 없고, 「고」가 와야 할 곳에 「오」가 오기도 하여, 상당히 현대에 가까워졌다.

○ 랑이 닐오디 "누고오" 혼대 (왕랑반혼전)

여기서는 「누고」가 의문대명사요 「오」가 의문조사이다. 고로 이때의 「오」는 ㄱ탈락된 것이 아니다.

3.2. 「가」

이것은 의문사가 없는 의문문에 쓰였다.

○ 이 지조분가 (한청 7-104)

이때에는 예가 그리 많이 발견되지 않았다. 「고」보다는 「가」가 적게 씌었던 것 같다. 이와 같은 현상은 「고」와 「가」의 구별 사용이 흐려지기 시작하는 시발인 것 같다. 그렇기 때문에 19세기 말에는 의문조사는 잘 나타나지 않고 의문형어미화해 간 듯하다.

격조사, 연결조사, 의문조사의 요약

1. 격조사

1) 주격조사

주격조사의 용법은 별 다른 데가 없는데 18세기에 「계셔」와 「쯰셔」가 존칭으로 다시 나타났다.

2) 목적격조사

이때는 「을」이 「울」보다 훨씬 많이 쓰이었는데, 그 이유는 「·」의 음가가 소멸한 데 있는 것 같다. 그런데 「를/를」은 「를」이 더 많이 나타난다. 그리고 폐음절 아래에 「를/를」이 쓰이기도 하였다.

3) 부사격조사

(1) 위치부사격 조사 중 「애셔/에셔」, 「예셔」, 「의셔」는 비교의 뜻으로 가끔 사용되기도 하였으나, 주로 정처를 나타내는 조사로 굳어졌다.

(2) 유정위치부사격조사 중 「쯰」는 존칭에 쓰이고, 「게」, 「ㅣ게」 및 「의게」는 그 용법이 다소 다르기는 하나 사람과 동물에 두루 쓰이었다. 그리고 「손디」는 점점 사라져가는 경향을 보이었으며, 「드려」는 여전히 쓰이었는데 사람과 사물에 두루 쓰이었다.

(3) 대비부사격조사 중 15세기에 씌었던「으라와/이라와」,「으론」
등은 없어지고,「도곤」을 비롯하여「과/와」와「ᄀ치/ᄀ치」,「근티/ᄀ
티」및「만」등이 쓰이었다.「ᄀ치/ᄀ치」와「근티/ᄀ티」는 구개음화
한 전자가 훨씬 많이 쓰이었는데, 19세기부터는「ᄀ치/ᄀ치」가 절대
다수로 쓰이게 된다. 그리고「만」은 비교부사격과 보조조사의 두 가
지 구실을 겸하게 된다.

(4) 방편부사격조사에 새로운「으로써」가 등장하게 되었다.

4) 관형격조사

관형격조사는「의」가 절대다수로 많이 쓰이고「이」는 위치부사격
조사로 많이 쓰이었다.

5) 호격조사

호격조사는「이여」가 그리 많이 쓰이지 않은 것이 특색이다.

2. 연결조사

연결조사는「과/와」,「이며」,「마ᄂ」의 셋 밖에 쓰이지 아니하였다.

3. 의문조사

의문조사는「가」가 거의 나타나지 않았다.

4. 보조조사

18세기에 와서는 17세기까지 보조조사가 아니던 것이 보조조사가
되기도 하고 또 새로운 것이 등장하기도 한다.

4.1. 분별보조조사 「온/은」, 「논/는」

4.1.1. 이때는 「ㄴ」이 잘 나타나지 않으나, 「논/는」, 「온/은」은 어느
정도 모음조화 및 명사의 개폐 양음절에 따라 구별·사용되었다.

○ 대는 믈근 ㅂㄹ믈 씌여 (빅련쵸 5)
○ 명관이 날 잡기논 므스 일고 (왕랑반혼전)
○ 나논 잠간도 이런 이롤 보디 못하야시니 (왕랑반혼전)
○ 우리 둘흔 명조의 바닷논디라 (왕랑반혼전)
○ 고즌 더온날 마자 봄비쵸 꾸미고 (빅련쵸 5)
○ 톄퇴관원님은 비록 지상집 굿트나 (한듕 6)
○ 늘근 죵은 일큿고 져믄 죵은 둘와 말ᄒ논 괴로와ᄒ셔 (한듕 8)

다음과 같은 예도 있다.

○ ㅁㄹ우회 거의실룬 져비의 비리로다 (빅련쵸 12)

이것은 아마 「실」의 받침「ㄹ」이 「은」과 같이 발음되어 쓰인 것으
로 보인다.

4.1.2. 동사, 부사에도 씌었다.

○ 들을 제는 우레러니 보니는 눈이로다 (관동별곡)

○ 머리를 언지 아니코는 감히 뵈옵디 못ᄒᆞ시고 (한듕 14)

4.2. 지적보조조사 「으란」

대명사 「이」, 「그」 등이 올 때는 「ㄹ」이 덧나 「ㄹ란」으로 된다.

○ 글란 성각마오 미친 일이 이셔이다 (속미인곡)

○ 짝ᄆᆞ즌 늘근 솔란 釣臺에 셰여 두고 (성산별곡)

○ 나모른 디난 일란 牧笛의 붓혀 두고 (송강의 단가)

15세기부터 18세기까지 「ㄹ」로 끝나는 명사 밑에서는 조모음을 취하지 않음이 특징이다.

4.3. 선택보조조사 「이나」, 「이어나」

○ 챵픠어나 혹 츔불회를 씨허 즙 내여 마시고 (언히납약 17)

○ 공심의 졍화쉬어나 혹 ᄃᆞᄉᆞᆫ 술의 프러 ᄂᆞ리오ᄃᆡ (언히납약 5-6)

○ 출하리 싀여지여 落月이나 되여 이셔 (속미인곡)

○ ᄂᆡ 엇디 일시나 낫고 지니리오 (한듕 48)

○ 장쉬 또 언마나 잇ᄂᆞ뇨 (삼역 3-14)

○ 각시님 들이야 ᄏᆞ니와 구즌비나 되쇼셔 (속미인곡)

18세기에 와서는 「이나」는 부사에도 씌었다.

4.4. 균일보조조사 「마다」

○ 呂布이 그적의 貂蟬을 싱각ᄒ고 날마다 승샹부에 드러도 흔번 어더
  보지 못ᄒ고 (삼역)
○ 쇼흑을 보니여 겨오시니 날마다 션인긔 비호고 (한듕 30)
○ 즉시 나가시고 드러오신 적마다 전전이 경계ᄒ오시던 말ᄉᆞᆷ은 나로
  다 쓰지 못ᄒ며 (한듕 40)
○ 峯마다 ᄆᆡ쳐잇고 긋마다 서린 긔운 (관동별곡)

4.5. 역시보조조사 「도」

○ 조곰도 긔수치 아니타 (한청 8-41)
○ 우리 남미 옷도 굵근지언정 ᄆᆡ양 더럽지 아니ᄒ니 (한듕 8)
○ 갑옷닙고 싸흠 가온대도 녜를 일치 아니하였노라 (삼역 2-43)
○ 듯거니 보거니 늣길 일도 하도 한샤 (사미인곡)
○ 鶩鴌도 ᄎᆞ도 출샤 (사미인곡)
○ 님이야 날인줄 모ᄅᆞ셔도 내 님조ᄎᆞ려 ᄒ노라 (사미인곡)

  위의 예에서 보는 바와 같이 「하도 할샤」 또는 「ᄎᆞ도 출샤」와 같은
경우는 강조의 뜻도 아울러 나타낸다. 따라서 이런 때는 강조의 역시
보조조사라 할 수 있다.

4.6. 유여보조조사 「나마」

  이 조사는 그리 많이 나타나지 않는다. 그러나 뜻은 '有餘'를 그대
로 유지하고 있다.

○玉 ᄀᄐᆫ 얼굴이 ᄡ이나마 늘거셰라 (속미인곡)

4.7. 양보보조조사 「인ᄃᆞᆯ」

체언이 「이」로 끝나면 「인ᄃᆞᆯ」의 「이」는 생략된다.

○우린ᄃᆞᆯ 슬진 미나리를 홈자 엇디 머그리 (송강단가)
○눈물이 바라나니 말인ᄃᆞᆯ 어이ᄒᆞ며 (속미인곡)
○千岩萬壑이 낫인ᄃᆞᆯ 그러홀가 (성산별곡)

상례에서 보는 바와 같이 「인ᄃᆞᆯ」은 주로, 목적격, 위치격으로 씌었다.

4.8. 한도보조조사 「ᄭᆞ지」

이 조사는 어떤 동작이 미치는 범위를 나타낸다.

○나목 속ᄭᆞ지 ᄆᆞ른다 (한청 1-60)
○쎠ᄭᆞ지 사못 칩다 (한청 1-56)
○당숙ᄭᆞ지 집의 오셔쉬 (한듕 16)
○나종 성춰ᄭᆞ지 션시 힘이시니 (한듕 16)

또 여기서는 우연하게도 주격으로만 씌어 있다.

4.9. 강세보조조사 「사」, 「야」

여기서의 「야」는 「사〉ᅀᅡ〈야」로 어루어진 것이요, 「사」는 본래의 형태가 그대로 나타난 것이다.

○ 그듸를 기드려사 결단ᄒ리라 (왕랑반혼전)
○ 려山 眞面目이 어긔야 다 뵈ᄂ다 (관동별곡)
○ 東山泰山이 어ᄂ야 놉돗던고 (上同)
○ 人心이 ᄎ ᄀᄐ야 보도록 새톱거늘 (성산별곡)
○ 그 ᄉ이 세미지ᄉ야 엇디 다 긔록ᄒ리오 (한듕 120)
○ 져믈게야 (한청 1-53)

위의 첫 번째 예에 의하여 보면, 「사」가 오늘날 경상도방언에 남아 있는 그 사적 자취를 엿볼 수 있는데, 「야」는 용언 뒤에서는 어미화 했다.

4.10. 독자보조조사 「뿐」

이때는 형태는 「뿐」으로만 나타나는 것을 보면, 아마 오늘날의 「뿐」이 이때부터 굳어진 것 같다.

○ 이 싱의ᄂ 장군뿐이라 ᄒ여 (삼역 35)
○ 절의복이 단건뿐이 ᄌᄌ신디라 (한듕 8)
○ 이 지로뿐가 (한청 7-104)

4.11. 시발보조조사 「붓터/붓터」

18세기에는 「붓터, 붓터」의 두 형태가 나타나면서, 명사, 부사 등에 쓰이었다.

○ ᄂᆡ일브터 내 것희 써나지 말라 (삼역 23)
○ 그날봇터 부모겨오셔 말ᄉᆞᆷ을 곳치치고 (한듕 22)
○ 이튼날 일ᄌᆞᆨ봇터 입궐ᄒᆞ라 (한듕 28)
○ 십여쇼봇터 병환졈이 겨오셔 (한듕 142)

4.12. 위치보조조사 「셔」

명사에는 물론 동사에도 쓰이는데, 19세기부터는 정처위치부사격 조사와 어미로 굳어져 버린다.

○ 놉흔 ᄃᆡ셔 줄 ᄆᆡ여 ᄂᆞ리다 (한청 7-961)
○ 익월의 인뎡뎐셔 진하를 바드실ᄉᆡ (한듕 38)
○ ᄂᆞ라ᄂᆞᆫ ᄇᆡ 다라도 ᄉᆞ힝 위ᄒᆞ여셔 (일동 148 하단)
○ 경션 줄이 ᄭᅳ허져셔 봉힝 지판발 구ᄅᆞ고 (일동 149 하단)
○ 여러동힝 ᄃᆞ리고셔 듕뉴ᄒᆞ야 풍뉴하고 (일동 117)

4.13. 다짐보조조사 「곳」

이때는 ㄱ탈락현상이 없어진다. 18세기에는 주로 옛날의 자취라 볼 수 있는 시조에서 나타난다. 그러나 이때도 어느 정도는 씌었던 듯하다.

○ 眞實로 올키곳 올ᄒᆞ면 외다ᄒᆞᆫ들 어이리 (古今 48)
○ 진실노 이것곳 바드시면 (육청 33)
○ 眞實로 쥬기곳 쥬량이면 ᄀᆞᄅᆡ들고 삐디여 볼外ᄒᆞ노라 (李靑 154)
○ 眞實로 ᄉᆞᆯ여곳 ᄒᆞ거든 갈애들고 씨지워 볼ᄊᆞᄒᆞ노라 (이청 95)

4.14. 여운보조조사 「금」

17세기까지는 「곰」이 있었으나, 18세기부터는 「곰」은 없어지고 접미사처럼 보이는 「금」이 나타나는데, 필자의 생각으로는 18세기부터는 「곰」은 없어졌다고 보고자 한다. 참고로 몇 개 예를 보인다.

○ 드시금 羅衫을 뷔여 줍고 (이청 951)
○ 다시금 玉樓上 봄ㅂ름에 (雅歌 92)
○ 다시금 타관금 퇴원침의 … (이청 673)

4.15. 추종보조조사 「조차/좃ᄎ」

17세기부터 조사로 정착한 「조차」는 이때에는 「좃ᄎ」로도 표기되었다.

○ 너조차 날을 긔이니 그럴듸 어듸 이시리 (한듕 186)
○ ᄒ믈며 富貴ᄒ고 康寧좃차 ᄒ오시니 (이청 309)
○ 것치 거믄들 속조차 거믈소냐 (珍靑 418)

4.16. 현상보조조사 「대로/듸로」

이때에는 「대로」와 「듸로」의 두 가지 형태가 나타난다.

○ 부모의 뜻대로 효양ᄒ다 (한청 6-34)
○ 임의대로 ᄒ다 (한청 1-51)
○ 봉셔의 션인경계듸로 됴희멸의 써보내웁고 (한듕 2)

○ 삼년제견을 다 네법듸로 손조 찰혀디니 손조 찰혀디니오시고 (한듕
14)

○ 반월듸로 ᄒᆞᄂᆞᆫ 제 (한청 3-71)

4.17. 고사보조조사 「ᄂᆞᆫ커니와」

이것은 조사로 보느냐 '~는 새로에'로 잡느냐 문제인데, 아래의 예
중 맨 끝의 것이 보이는 바와 같이 동사 다음에도 사용되었으므로,
보조조사로 잡기로 하였다.

○ 聖賢은커니와 豪傑도 하도할샤 (성산별곡)
○ 手品은커니와 制度도 ᄀᆞ줄시고 (사미인곡)
○ 사ᄅᆞᆷ은커니와 늘새도 그쳐 잇다 (사미인곡)
○ 구름은커니와 아ᄂᆡᆨ는 므ᄉᆞ 일고 (속미인곡)
○ 각시님들이야커니와 구ᄌᆞ비나 되쇼셔 (속미인곡)
○ 아직 두번 ᄃᆞᆫ녓노라커니와 대단티 아니ᄒᆞ니 넘녀 말 (인선왕후언간)

4.18. 최종보조조사 「므ᄌᆞ」

이 「므ᄌᆞ」는 15세기에는 부사였었는데, 이것이 차차 허사화하여 18세
기에 이르러 조사로 굳어진 듯하다. 그러다가 이것이 오늘날 「마저」로
변하였다.

○ 내 몸을 내므자 니즈니 눕이 아니 니즈랴 (진청 37)

이 조사는 19세기에는 잘 나타나지 않으나, 아마 구어에서 씌었을

것으로 짐작된다. 그렇기에 오늘날의 「마저」가 있게 된 것이 아닌가 생각된다.

4.19. 단독보조조사 「만」

이 조사는 17세기까지는 비교를 나타내었으나 18세기에는 일면 비교도 나타나면서 일면으로는 정도 및 단독을 나타내기에 이르렀으므로, 이때부터 오늘날의 단독보조조사의 시발이 되는 것 같아 여기에 새로운 항목을 주어 다루기로 한다.

○ 日出을 보리라 밤듕만 니러느니 (관동별곡)
○ 茅첨 춘자리의 밤듕만 도라오니 (속미인곡)
○ 것만 녹다 (한청 1-62)
○ 믈 업고 沙石만 잇는 곳 (한청 1-91)
○ 샤공은 어듸 가고 뷘 비만 걸렷느니 (속미인곡)
○ 엇더타 이제분네는 술진 줄만 아느니 (송강 단가)
○ 밥알이 것만 닉다 (한청 12-105)

제6장 19세기 조사의 용법

먼저 19세기의 조사일람표를 보이기로 한다.

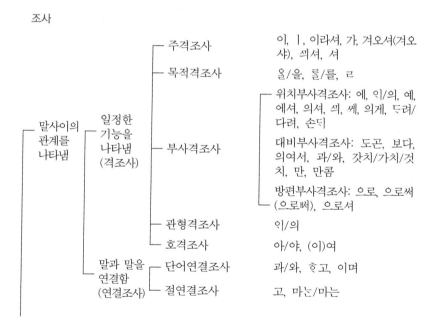

조사

- 말사이의 관계를 나타냄
  - 일정한 기능을 나타냄 (격조사)
    - 주격조사 — 이, ㅣ, 이라셔, 가, 겨오셔(겨오샤), 씌셔, 셔
    - 목적격조사 — 올/을, 롤/를, ㄹ
    - 부사격조사
      - 위치부사격조사: 에, 익/의, 예, 에셔, 의셔, 씌, 쎄, 의게, 드려/다려, 손듸
      - 대비부사격조사: 도곤, 보다, 의여서, 과/와, 갓치/가치/것치, 만, 만콤
      - 방편부사격조사: 으로, 으로써 (으로써), 으로셔
    - 관형격조사 — 익/의
    - 호격조사 — 아/야, (이)여
  - 말과 말을 연결함 (연결조사)
    - 단어연결조사 — 과/와, 흐고, 이며
    - 절연결조사 — 고, 마는/마는

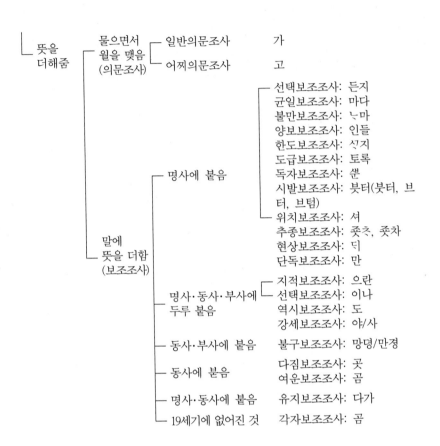

1. 격조사

1.1. 주격조사

1.1.1. 「이」

1.1.1.1. 「이」는 체언이 닿소리로 끝날 때 쓰인다.

○ 지품이 됴감의 지니며 용미 긔특호딕 (인봉쇼 1-1)
○ 빅공이 문젼이 요란호들 듣고 (인봉쇼 1-26)
○ 마음이 어린 後ㅣ나 ᄒ난 일이 다 어리다 (가곡 11)
○ 거긔 빅셩들이 자쥬독닙ᄒ랴고 (독닙 1-1)

1.1.1.2. 오늘날 같으면 「가」가 쓰이어야 할 자리에 「이」가 쓰인다. 즉 개음절 체언이 주로 쓰이었을 때도 「이」가 사용되었다.

○ 죠선 전국이 태평ᄒ야 나라이 강ᄒ고 (독닙 1-2)
○ 두 나라이 서로 싸흘 째에 (독닙 1-2)

이와 같은 이유는 「나라」가 15세기에는 ㅎ종성체언이었기 때문이다. 따라서 본래 ㅎ종성체언이었던 명사가 이 시기에 주어가 되면 그 주격조사는 「이」가 쓰였을 것임을 짐작할 수 있다.

1.1.1.3. 주어로 쓰인 체언이 비ㅣ계의 모음으로 끝나 있을 때는 주격조사 「이」는 이들과 축약된다. 물론 성조의 변동은 없다.

○ 이는 빅어시 집의 도라 오면 (인봉쇼 1-5)

○ 제 인ᄒ야 비쥬로 흥을 돕더니 (인봉쇼 1-11)

○ 미화 셜즁의 더옥 고결ᄒ고 (인봉쇼 1-13)

○ 그 쇠 나ᄂ 다시 가나 (인봉쇼 1-20)

○ 이러구러 신셰 되니 (인봉쇼 1-21)

○ 당후의 일뉘 이시니 (인봉쇼 1-5)

1.1.1.4. 주어가 i 계 모음으로 끝난 체언일 때는 주어조사 「이」는 생략된다.

○ 쇠잔흔 안기 됴각됴각 가지의 써러지ᄂ도다 (인봉쇼 1-15)

○ 히 츙황ᄒ거든 셩즁의 머므지 말나 (인봉쇼 1-30)

○ ᄇ람소릐 뫄다 ᄒ나 그칠적이 하노매라 (오우가)

○ 내 좃ᄂ가 제 좃ᄂ가 (어부사시사)

○ 조코도 그칠 뉘 어비ᄂ 물뿐인가 ᄒ노라 (오우가)

○ ᄀ며기 둘식 세식 오락가락 ᄒᄂ고야 (오우가)

○ 자라가ᄂ 가마긔 멸낟치 디나거니 (어부사시사)

1.1.2. 「ㅣ」

1.1.2.1. 받침 없는 한자어가 주어가 되면 조격조사는 「ㅣ」가 쓰인다.

○ 漁舟子ㅣ 알가 ᄒ노라 (가곡 7)

○ 이제로 헤어든 巢父許由ㅣ 낙듯더라 (만흥 4)

○ 노부뫼 누지의 강님ᄒ시니 (인봉쇼 1-33)

이와 같은 현상은 예로부터의 인습에 의한 것일 것으로 보이는데 왜냐하면 ≪독립신문≫에서는 이런 일이 나타나지 않기 때문이다.

물론 ≪독립신문≫이 한글로 표기되기는 하였으나 좀처럼 나타나지 아니한다. 이 조사는 이와 같은 일로 보면 1896년부터는 없어졌다고 보아야 할 것이다.

1.1.2.2. 「ㅣ」 주격조사는 비존칭(非尊稱)에 쓰였다.

이와 같은 일은 「이」도 마찬가지이다.

○ 빅공이 문젼이 요란ᄒᆞᄆᆞᆯ 듣고 (인봉쇼 1-26)
○ 巢父·許由ㅣ 닉듯더라 (만홍4)
○ 빅어시 집의 도라오면 (인봉쇼 1-5)
○ 노부뫼 누지의 강님ᄒᆞ시니 (인봉쇼 1-33)

이때의 주격조사의 용법은 현재와 거의 비슷하였다고 보아진다. 즉, 「ㅣ」조사의 사용의 쇠퇴, 「아ᅀᆞ·여ᅀᆞ·ᄆᆞ를·ᄂᆞᄅᆞ·ᄀᆞᄅᆞ …」 등의 특수준 굴곡법의 소멸 등은 19세기 말의 언어현상으로서 특기할 만하다.

1.1.3. 「이라셔」

이것은 강조의 주격조사로서 주로 시조나 가사에 씌었다.

○ 눈 마자 휘여진 뒤를 뉘라서 굽다턴고 (가곡 22)
○ 압못세 든 고기들아 뉘라셔 너를 모라다가 (가곡 40)
○ 술 먹지 마쟈터니 술이라셔 제 ᄯᅡ론다 (가곡 43)

19세기에는 「ㅣ라」가 주격조사로 쓰인 예가 하나 나타나는데 이것은 아마 「이라셔」의 「셔」가 빠지고 된 것으로 보인다.

○ 金鳥와 玉兎들아 뉘라 너를 쫏니관듸 (가곡 9)

1.1.4. 「가」

○ 너의가 여기서 二千銃里 싸히나 되는듸 (華諺上 1)
○ 늬가 京官이 아니오 (화언상 2)
○ 네가 今年에 貴庚이여 (화언상 3)
○ 우리가 듯기에 매우 가엽더라 (독닙 1-1 잡보)

사실 「가」 주격조사가 이렇게 많이 나타난다는 것은 반대로 「ㅣ」주격조사의 쇠퇴를 의미하게 되는데, 사실 구어에서는 이때 「ㅣ」는 전혀 쓰이지 아니하였다고 보아진다. 그것은 왜냐하면 ≪독립신문≫에서는 「ㅣ」 대신에 완전히 「가」가 쓰이고 있기 때문이다.

그런데 19세기에 나온 『가곡원류』에서 「ㅣ가」가 하나 나타나는데, 이것은 「ㅣ」가 「가」에 의하여 대체된 자취를 보인 것이라 짐작된다.

○ 어인 놈의 八字ㅣ가 晝夜長常에 곱숑그려서 잠만 자노 (가곡 35)

1.1.5. 「겨오셔」, 「겨오샤」

필자는 18세기의 「겨오셔」조에서 이 조사는 「겨오샤」와 「겨오셔」의 두 가지로 나타나나, 「겨오셔」로써 그 본체로 삼겠다고 하였는데, 19세기에서는 「겨오샤」가 하나 나타났다.

○ 털인쟝 왕후 김시겨오샤 생딜부 정경부인 김시게 ᄒ오신 답봉셔 (털
   인쟝왕후언간)

이 시기에도 18세기와 같이 「겨오셔」에서 파생한 것으로 보이는
「계셔」가 있다.

○ 님계셔 보오신 후에 녹아진들 엇더리 (가곡 5)

1.1.6. 「ᄭᅴ셔」

○ 경무ᄉ쟝ᄭᅴ셔 필경 이 일을 자셔이 몰으기예 일이 그러케 쳐치가 된
   게니 (독닙 1-1 잡보)

이 예문은 ≪독립신문≫에서 많이는 나타나지 않으나, 그 당시에
쓰였던 것만은 사실로서 20세기에 와서는 「께서」와 혼용되기에 이
른다.

1.1.7. 「셔」

이 조사는 그 기능으로 보아 주격조사로 보아지므로 여기에서 다
루기로 하는데 「이라셔」의 축약형이 아닌가 생각해 본다.

○ 누고셔 三公도곤 낫다 ᄒ더니 (만흥 4)
○ 누구셔 大醉혼 後면 시름을 잇는다턴고 (가곡 124)
○ 누구셔 廣夏千萬間을 一時에 지어내어 (註海 339-이정보)
○ 누구셔 범아부를 智惠 잇다 닐으든고 (註海 384-이정보)

○ 슉시셔 그러치 아냐 … (동명일긔)

위의 예문을 보면, 「셔」는 아마 「씌셔」의 「씌」가 준 것이 아닌가 하는 생각이 든다. 왜냐하면 오늘날 이것이 주격조사로 쓰이는 예를 보기가 힘들기 때문이다.

1.2. 목적격조사

1.2.1. 「을/을」

1.2.1.1. 모음조화와는 아무 상관없이 사용되었다. 따라서 「을」의 사용은 단순한 인습에 불과한 것으로 보인다.

○ 정부속과 민간 소문을 다 보고홀 터이라 (독닙 1-1)
○ 죠션 인민들이 알아셔 빅스을 한문딕신 국문으로 써야 (독닙 1-1)
○ 목동이 춤을 니러 몽농흔 눈의 (인봉쇼 1-15)
○ 또 노복을 분부ㅎ야 (인봉쇼 1-6)
○ 모든 신하들은 짐의 뜻슬 본 밧고 (독닙 1-2)

1.2.1.2. 「을」은 개음절 명사 밑에도 쓰였다.

○ 경무청에서 소지을 밧지 아니ㅎ고 (독닙 1-1)
○ 대균쥬 폐하씌 송덕ㅎ고 만세을 부르ㄴ이다 (독닙 1-1)
○ 첫지ㄴ 말마딕을 써이지 아니하고 (독닙 1-1)

1.2.2. 「롤/를」

1.2.2.1. 명사의 끝모음이 양성이냐 음성이냐에 관계없이 사용되었다.

○ 군스롤 다스리고 (인봉쇼 1-1)

○ 문사롤 빗닉며 엇지 아름답지 아니ᄒ리오 (인봉쇼 1-3)

○ 四時에 프르니 그를 됴하ᄒ노라 (오우가)

○ 합중국 정부에서 규바를 독닙국으로 딕졉ᄒᄌ (독닙 1-1)

○ 治天下 五十年에 不知왜라 천하사를 億世蒼生이 戴己를 願ᄒ나야 (가곡 10)

위의 예문을 보아서도 알 수 있듯이 「를」도 「을」과 같이 인습에 의해 사용되었음에 불과함을 알 것이다. 통계상으로도 이때는 「를」이 절대 다수로 사용되었으며 「롤」이 쓰여도 모음조화에는 아무 관계없이 사용되었다.

1.2.3. 「ㄹ」

이것은 「를」의 줄어진 것으로 보아진다.

○ 눌 向ᄒ 깁푼 이름을 푸러 볼가 ᄒ노라 (가곡 163)

○ 날 다려 ᄌ서이 일너든 너와 홈긔 놀니라 (가곡 28)

19세기에도 목적격조사가 유정위치부사격으로 사용된 예가 나타난다.

○ 시동 완아롤 명호야 힝장을 정졔호고 (인봉쇼 1-3)

○ 봉황루 묘연호니 淸光을 눌을 줄고 (파연곡)

○ 어즈버 江山風月을 누를 쥬고 이거니 (가곡 5)

1.3. 부사격조사

1.3.1. 위치부사격조사

1.3.1.1. 「이」, 「에/의」

1) 이때도 18세기와 같이 모음조화란 거의 찾아볼 수 없으나, 그래도 아직 그 명맥은 유지하고 있는 듯하여 「이」는 양성모음 하에, 「에/의」 는 음성모음 하에 각각 쓰이어 방향 위치, 상태, 원인을 나타낸다.

○ 지게를 辰朝애 열고셔 하늘 빗츨 보리라 (춘요음)

○ 松林에 눈이 온 柯枝마다 곳이로다 (가곡 5)

○ 一葉片舟에 시른 거시 므스것고 (어부사시사)

○ 경무ᄉ쟝의셔 필경 이 일을 자셰이 몰으기예 일이 그러케 쳐치가 된
  게니 (독닙 1-1)

○ 먼 소희 다 갇ᄂ니 (어부사시가)

○ 이 다숫 밧긔 또 더호야 머엇호리 (오우가)

○ 물 우희 兩兩白子는 오락가락호여라 (가곡 16)

19세기는 「애」가 잘 쓰이지 않는 시기였다. ≪독립신문≫에서는 쓰이지 않았기 때문이다.

2) 「이」나 i 계 모음 밑에는 「예」가 쓰인다. 이것도 인습에 의해 사용되었지, 실제로는 19세기에는 이미 쓰이지 아니하는 실정에 있었다.

○ 規則은 잇셔 무어세 쓸는지 몰오겟더라 (독닙 1-1)

○ 이 식가 연못세 물과 그 고기를 깃버ㅎ야 (독닙 1-4 잡보)

○ ㅎ믈며 이의예 노부뫼 누시의 강님ㅎ시니 (인봉쇼 1-32)

○ 옥빅예 향은을 부여 주샤니 (낙셩 1-271)

고산시가(孤山詩歌)에서는 어느 정도 「예」가 규칙적으로 쓰이고 있으나 기타의 것에서는 거의 그렇지 않다. 고로 이 「예」도 1896년 이후에는 소멸한 것으로 보아야 할 것이다.

3) 「의」와 「에/의」는 비교를 나타낸다.

○ 독립국에 동등이 되야 외교와 니치를 미국 정부에셔 ㅈ유로ㅎ고 (독닙 1-40 논설)

○ 광치 봉틸의 더ㅎㄴ이다 (인봉쇼 1-33)

○ 직품이 됴감의 지ㄴ며 (인봉쇼 1-1)

○ 아름다은 기질은 옥의 더ㅎ고 (낙셩비룡 1-266)

19세기에도 「의」의 사용빈도는 현저하게 줄어든다. 위치부사격조사는 결국 「에, 의」로 통일되어 왔음은 17세기부터의 일이다. 그것은 「ㅇ」의 음가가 차차 소멸되어 간 데 그 이유가 있다고 보아진다.

1.3.1.2. 「에셔/에서」, 「이셔/의셔」

○ 蜀에셔 우는 싀는 漢나라를 글여 울고 (가곡 92)

○ 길거리에서 쟝싀하는이 이 신문을 가져다가 노코 (독닙 1-1 광고)

○ 츌흐로 안즌 곳이셔 긴 밤이나 싀오즈 (가곡 7)

○ 대균쥬 폐하 압희쇼 례죠흐라 (독닙 1-35)

○ 명즁의셔 몸을 쇼쇼셔다라 (인봉쇼 1-27)

○ 이 셕상의셔 흥을 붓치며 (인봉쇼 1-5)

○ 어듸셔 외기러기는 울고울고 가느니 (견희요)

19세기에 와서 「에셔」는 「에서」로 통일되고, 「이셔」는 「의셔」로
완전히 통일되어 갔는데, 이와 같은 일은 ≪독립신문≫에서 그러하
다. 그리고 「예셔」는 나타나지 않는다. 그리고 이 조사는 완전히 정
처를 나타내는데 「셔」가 다시 등장하기도 한다.

1.3.2. 유정위치부사격조사

1.3.2.1. 「긔」

이 조사는 「긔」, 「긔」 두 가지로 나타나나, 아마 이때는 「긔」가 정
상적인 것 같다. 그 이유는 다음의 예와 끝의 설명을 보면 알 것이다.

○ 군슈와 슌검이 샹관긔 실례흐여도 (독닙 1-1 잡보)

○ 부모긔 빗슥흐고 늡상으로 도라오다 (인봉쇼 1-9)

○ 차진 따흘 셔반아 왕후긔 드리고 (독닙 1-40 논설)

전술(前述)한 대로 「ᄭᅴ」의 「ㅅ」은 사이시옷인데 이때는 이것이 된소리 표기로서 작용하였다. 따라서 「ᄭᅴ」가 「ᄭᅴ」로 나타나기도 하였으니 그 보기는 다음과 같다.

○ 王皇ᄭᅴ 슬와 보쟈 ᄒᆞ더니 다 몯ᄒᆞ야 오나라 (몽천요)

1.3.2.2. 「ᄭᅦ」

○ 나무도 바히 돌로 업는 뫼헤 믜게 좃긴 가톨의 안과 (가곡 143)
○ 생딜부 정경부인 김시게 ᄒᆞ오신 답봉셔 (언간의 연구, 보 22)
○ 五江城 祇神과 南海龍王之神ᄭᅦ 숀곳쵸와 告헐 졔 (가곡 106)

이때는 「ᄭᅴ」와 「긔」의 두 가지가 나타나나 「ᄭᅴ」의 「ㅅ」은 된소리 표기를 위한 것이요 사이시옷이 아니다. 그것은 음운의 변천과도 부합할 뿐만 아니라 앞 「ᄭᅴ」가 「ᄭᅴ」로도 나타나는 것과 대비할 때 그렇게 보아지기 때문이다.

1.3.2.3. 「의게」

○ ᄂᆞ히 미션의게 일이셔 더ᄒᆞ고 (인봉쇼 1-2)
○ 세상 사름의게 ᄒᆞ고스븐 말 잇ᄉᆞ면 (독닙 1-1)
○ 졔 부모 쳐ᄌᆞ의게 화를 젼ᄒᆞ는 바니 (독닙 1-2)

이때는 「익게」는 없어지고 「의게」만 나타나는데, 이것은 18세기부터의 일이다.

1.3.2.4. 「ᄃ려/다려」

○ 일본셔 즈션ᄃ려 흘금을 내라 ᄒ되 (독닙 1-3 잡보)
○ 미션ᄃ려 왈 닉 비록 어ᄉ 벼슬을 ᄒ야 (인봉쇼 1-29)
○ 좌우다려 무ᄅ딕 엇지 져리 분ᄒㅇᄒ고 분쥬ᄒᄃ뇨 (인봉쇼 1-31)

19세기에 와서 「ᄃ려」는 「다려」로 바뀌었다.

1.3.2.5. 「손딕」

○ 날아 싀지 마라 닭의손딕 비젖노라 (가곡 177)
○ 날 ᄉ랑ᄒ든 情을 뉘손딕 옴기신고 (가곡 177)

19세기에 나타나는 이 조사는 아마 전해 오는 시가를 그대로 기록하였기 때문에 나타난 것이지 그 당시에 씌었던 것은 아니었을 것으로 보인다. 따라서 20세기 초에는 완전히 자취를 감추게 되는 것이 아니겠는가 생각된다.

끝으로 하나 덧붙일 것은 15세기에 「에」가 유정위치부사격조사로 쓰인 예가 하나 나타났기에 예로 보이고자 한다.

○ 時節 그른 ᄇ름비 難이어나 ᄀ뭀難이어나 ᄒ거든 뎌 王들히 一切有情에 慈悲을 내야 가두엣던 사ᄅᆷ 노코 (월석 9-16)

1.3.3. 대비부사격조사

1.3.3.1. 「도곤」

이 조사는 주로 『가곡원류』에서만 나타나는 것을 보면 옛날의 인습으로 그저 이어 사용한 것이지, 19세기에 널리 쓰이던 것은 아닌 듯하다. ≪독립신문≫에 와서는 없어진다.

○ 쓴 나믈 뎃친 거시 고기도곤 맛시 이세 (가곡 29)
○ 九折羊腸이 물도곤 어려웨라 (가곡 42)
○ 죽기 셜웨란들 늙기도곤 더 설우랴 (가곡 70)

1.3.3.2. 「보다」

이 조사는 입말에서 널리 사용되었던 것 같은데, ≪독립신문≫에서 처음으로 나타나기 시작하였다. 본래 이 조사는 동사 「보다」에서 문장의 변형에 의하여 발달한 것이다.

○ 녀편네가 사나희보다 조곰도 나잔 인싱이 아닌딕 (독닙 1-7)
○ 두 사름의 쳔거로 식인 사름보다 일을 낫게 홀 터이요 (독닙 1-4)
○ 한문으로 쓴것보다 더디 보고… (독닙 1-1)

1.3.3.3. 「의여서」

이 조사는 「이다」의 활용이 굳어진 것인데, 「봉선화가(鳳仙花歌)」에서만 나타났다.

○ 꽃 앞에 나아가서 두 빛을 비교하니 쪽잎의 푸른 물이 쪽의여서 푸르단 말이 아니 오를손가 (「봉선화가」)

1.3.3.4. 「과/와」

18세기부터 '같다, 다르다…' 등의 비교를 나타내는 말 앞에서만 대비를 나타내던 「과/와」는 19세기에는 그 도를 더하여 그것이 더 확고히 되었다.

○ 강샹남이와 티질흔 후에야 티살ㅎ갱노라 ㅎ엿다더라 (독닙 1-17)
○ 시방 턴하 형세가 이왕과 달나 (독닙 1-2)
○ 이와 비록 곳혼 유가 망녕되히 의를 비반흔다. 의론ㅎ니 (독닙 1-3)

1.3.3.5. 「갓치/가치/것치」

이 조사는 19세기에는 완전히 구개음화한 것만이 나타나는데, 그 표기가 다양해졌다.

○ 우리는 耳目 聰明 男子로되 聾瞽ㄱ치 ㅎ노라 (가곡 16)
○ 平生에 養志誠孝를 僧子갓치 ㅎ리라 (가곡 15)
○ 우뢰것치 소리난 님을 번긔것치 번쩍만나 (가곡 97)
○ 色것치 됴―코 됴혼거슬 (가곡 108)

이 「것치」는 「곳치」를 좀 멋있게 나타낸 것이다.

1.3.3.6. 「만」

18세기와 같이 19세기에도 「만」은 비교와 단독의 뜻을 나타내었는데, 단독의 뜻은 보조조사로 다룰 것이다.

○ 萬乘이 이만 ᄒ랴 (만홍 4)
○ 닉 本是 남만 못ᄒ여 희을 바이 업닉 (가곡 24)
○ 크기 동희만 ᄒ고 (낙셩 1-252)
○ 한강을 ᄒ임만 갓지 못ᄒ지라 (인봉쇼 1-41)

1.3.3.7. 「만콤」

17세기까지 「마곰」 또는 「마콤」으로 쓰이던 이 조사는 19세기에 와서는 「만콤」으로 변함으로써 현대어에 한발 더 접근하였다.

○ 그 안히가 남편만콤 학문이 잇고 지식이 잇스면 집안 일이 잘 될 것이오 (독닙 1-16)
○ 죠션짜만콤 기름진 짜히 업ᄂ듸 (독닙 1-26)

1.3.4. 방편부사격조사 「으로써/노쩌/으로」, 「으로셔」

1.3.4.1. 「으로써/노쩌/으로」

「으로써」는 19세기로 오면서 「노쩌」로도 나타나는데 아마 발음상 그리 되었을 것이나 오기로 보인다.

○ 경동 독닙신문샤로 와서 돈을 미리 내고 (독닙 1-2 광고)―위치

○ 흔즈로 조차 빅을 통ᄒ니 (낙셩 1-257)―가지고

○ 金波에 빈를 타고 淸風으로 멍에 ᄒ며 (가곡 20)―감

○ 공고흔 장인으로 슴즈랄 그 우히 삭여 (인봉쇼 1-5)―시킴

이때에도 「으로」는 하나둘만 나타날 뿐 잘 나타나지 아니한다. 이로
써 보아도 「으로」는 18세기부터 방편격조사로 굳어진 것이 확실하다.
그리고 이때도 「노」가 많이 나타내는데 표기의 잘못임은 물론이다.

○ 신문을 들노 정ᄒ든지 일년 간으로 정ᄒ여 (독닙 1-2 광고)―기간

○ 진실노 산히 갓튼 후흔 덕을 갑기 어렵도다 (인봉쇼 1-42)

○ 풍진 중분ᄒ미 늘로 더ᄒ고 (인봉쇼 1-2)―마다(축적)

○ 일노써 죠칙이 여러번 느리시고 (독닙 1-2)―원인

○ 윤숙은 슴가 것츤 글 흔댱으로써 대략망뎡 비고흔 정곡을 펴 (언간
　의 연구. 보29)―가지고

○ 세월노써 긔약지 못ᄒ거시니 (인봉쇼 2-72)

○ 경이 일노서 딤을 닛디 말라 (낙셩 1-272)―원인

○ 승상이 너비 구ᄒ야 낭즈로써 성취ᄒ니 (낙셩 1-264)―하여곰

○ 이법이 비록 돈으로써 빅싱을 구ᄒ여 (인봉쇼 1-43)―수단

표기의 잘못으로 「노써」, 「노서」, 「노뼈」 등이 나타나는데, 명사의
받침이 「ㄹ」일 때는 반드시 방편부사격조사는 「노」가 나타난다.

1.3.4.2. 「으로셔」

이 조사는 궁중이나 상류사회에서만 쓰이고 일반에게는 특히 입말

에서는 쓰이지 아니한 듯하여, 궁중소설이나 상류층의 글월에서 나타나는데, 그 문맥적 의미는 시발을 나타낸다.

○ 두쪽만 듁문이 반기ᄒ고 안흐로셔 장상 직훤 노복과 노리총망이 ᄂ 와 (인봉쇼 1-4)

○ 분별이 그지업서 ᄒ며 김셩으로셔 두번 ᄒ 편지 보고 난디 오난 편지라 (언간의 연구, 보 24)

1.4. 관형격조사

「ㅣ」 관형격조사는 18세기까지 쓰이고 19세기부터는 쓰이지 아니하고, 「의/의」만이 사용되었는데, 이들은 인습에 의하여 사용되어 왔으므로, 모음조화와는 아무 상관없이 사용되었다. 그리고 그 나타내는 문맥적 의미는 다음 예문에서 보이는 바와 같다.

○ 져히 당의 드러 됴히 지닉미 무던ᄒ 거시니 져히 형상을 보니 (인봉쇼 1-25) — 소유와 소산

○ 당력빅낙텬의 십ᄉ디 손이라 (인봉쇼 1-1) — 관계

○ 요손의 치ᄅ 일위고져 ᄒ나 (인봉쇼 107) — 성취

다음과 같이 「에」가 「의」로 뜻으로 쓰인 예가 많이 나타난다.

○ 정부에셔 비싱에 일을 자셰이 아시면 (독닙 1-1) — 소관

○ 지금 니승원에 샹쇼를 보니 (독닙 1-3) — 소행

○ 시골 사람들에 말은 못 드러스나 (독닙 1-3 잡보) — 소산

19세기에는 「에」가 관형격조사로 많이 씌었음을 알 수 있는데, 이와 같은 일은 비단 이때만의 일이 아니다. 아득한 신라시대부터의 일이다.

1.5. 호격조사

「하」 호격조사는 18세기부터 없어지더니, 「아/야」와 「(이)여」만이 남게 되었다.

1.5.1. 「아/야」

「아」는 폐음절 밑에 쓰이고 「야」는 개음절 밑에 씌었다.

○ 南人아 (가곡 8)
○ 大鵬아 웃지마라 (가곡 13)
○ 솔아 너는 얻디 눈서리를 모르는다 (오우가)
○ 가마귀 검다ᄒ고 白鷺야 웃지 마라 (가곡 13)
○ 아히야 일즉 자다가… (하우요 2)

1.5.2. 「(이)여」

이들은 감탄호격조사로서 「이여」는 폐음절 밑에 쓰이고 「여」는 개음절 밑에 쓰인다.

○ 일기 미션이여 (인봉쇼 1-17)
○ 우리 君親이 時節이여 (가곡 36)

○ 어져 닉 일이여… (가곡 9)

○ 氷姿玉貫이여 (가곡 25)

2. 연결조사

2.1. 단어연결조사

2.1.1. 「과/와」

이 조사의 용법은 18세기와 한결같다. 명사를 타조사에 직접 연결하여 주던 용법은 18세기부터 없어졌는데 이때도 역시 그러하다.

○ 내 버디 몇치나 ᄒ니 水石과 松竹이라 (오우가)

○ 쇼싱과 다본현인이라 (일본쇼 1-17)

○ 金鳥와 玉鬼들아 (가곡 9)

○ 淸京山 六六峰을 아나니 나와 白鷗 (가곡 7)

2.1.2. 「ᄒ고」

이 조사는 19세기에 비교의 뜻으로도 쓰이기 시작한다.

○ 죠션 국문ᄒ고 한문ᄒ고 비교ᄒ면 (독닙 1-1)

○ 영국하고 불난셔ᄒ고 딕단이 시비가 잇슬 모양인딕 (독닙 1-1)

○ 이급 님군과 영국셔 이급 님군ᄒ고 의논ᄒ야 (독닙 1-2)

2.1.3. 「이며」

○ 허리숨위오 흑면 황염이며 녀력이 절륜ᄒ고 (인봉쇼 1-22)

19세기에도 「ㅣ며」는 없어지고 나타나지 않는데, 이것은 18세기와 다름이 없다.

2.2. 절연결조사

2.2.1. 「고」

이것은 형태상으로는 어찌의무조사와 같으나, 사실 그 기능에 있어서는 단어연결조사이다. 현재 경상도지방에서 많이 쓰이고 있는데, 이 조사는 「이다」에서 「이고」로 활용하고 이것이 다시 「고」로 되면서 이루어진 조사가 아닌가 한다.

○ 두어라 一般飛鳥ㅣ니 너오 져오 다느냐 (가곡 13)
○ 그리고 못 보는 情이야 네오 늬오 다르랴 (가곡 122)

여기 예문의 「오」는 「고」의 ㄱ이 모음 밑에서 탈락한 것이다.

2.2.2. 「마는/마는」

「마는」은 한두 개 나타날 뿐이니, 이 조사도 19세기에 들어오면서 완전히 「마는」으로 굳어지게 된다.

○ 그 모른 놈들은 웃는ᄃ ᄒ다마ᄂ 어리고 하얌의 뜻의ᄂ 내 分인가 ᄒ노라 (만흥 1)

○ 심심은 ᄒ다마ᄂ 일 업슬순 마히로다 (하우요 1)

○ 무어시 업스리요마ᄂ 늬 못 니쳐ᄒ노라 (가곡 15)

○ 가기야 가더라마ᄂ 誠意節을 못 갈네라 (가곡 16)

19세기에는 『가곡원류』에 와서 완전히 현대와 같이 「마ᄂ」으로 변한다. 그리고 다음과 같이 「마난」도 나타난 것이 있다.

○ 네 부친 초상예 한가지 죽기 무어시 어려우리마난 팔십 의지하실대 업고 (언간의 연구, 보 27)

3. 의문조사

3.1. 일반의문조사 「가」

이 조사의 경우는 ㄱ탈락이 잘 나타나지 않은 듯하다. 그리고 이 조사도 개폐음절 구별 없이 사용되었다.

○ 엇그제 부든 바람 눈셔리 티단 말가 (가곡 50)

○ 쑴아 어린 쑴아 왓는 님도 보낼것가 (가곡 71)

○ 閤氏네 츠오신 칼이 一尺劍가 二尺劍가 (가곡 34)

○ 우는 거시 벅구기가 프른 거시 비들숩가 (어부사시사)

○ 구준비 개단 말가 흐리던 구름 걷다 말가 (우후요)

○ 草野群賢이 다 이러나단 말가 (가곡 5)

3.2. 어찌의문조사 「고」

이 의문조사는 입말에서보다도 시조나 가사 등에서 많이 쓰였던 것 같다. 그리고 모음 밑에서는 ㄱ이 탈락하여 「오」가 된다. 그리고 개폐음절의 구별 없이 쓰인다.

○ 朔風도 츳도 찰샤 구즌비는 무음 일고 (가곡 40)

○ 草河衛 어듸메오 (가곡 40)

○ 一葉片舟에 시른 거시 므스것고 (어부사시사)

○ 乾坤이 제곰인가 이거시 어드메오 (어부사시사)

격조사, 연결조사 및 의문조사의 요약

1. 격조사

1) 주격조사

「이」,「ㅣ」,「이라셔」,「가」,「겨오셔」,「의셔」등은 18세기와 다름없이 사용되었는데, 19세기에는「셔」가 새로 나타났는가 하면「이라셔」의「셔」가 준「이라」가 주격조사로 쓰이기도 하였다.

2) 목적격조사

목적격조사는「올/을」,「룰/를」,「ㄹ」등이 있었는데,「올/룰」과「을/를」은 모음조화와 상관없이 사용되었다. 그리고 19세기에도 타세기 때와 같이 목적격조사가 유정위치부사격조사로 쓰였다.

3) 부사격조사

(1) 위치격조사로는「에, 익/의, 예」를 비롯하여「에셔」,「의셔」등이 쓰였는데「익/의」와「에」는 비교를 나타내기도 하였고,「에셔/의셔」,「익셔」는 완전히 정처를 나타내기에 이르렀다. 그리고 ≪독립신문≫에서부터는「에셔」는「에서」로「익셔」는「의셔」로 완전히 통일되어 갔다. 이와 같은 일은 언문일치운동의 결과로 보아진다. 그리고 사람, 동물 등 유정물에 사용되었던 위치부사격조사에도「의, 쎄」,「의게」,「드려/다려」,「손디」등이 있었는데,「의」는「끠」로도 표기되었다.「쎄」는 15세기의「게」계인데,「의」와「쎄」는 본래부터 용법이 다소 달랐다. 예를 들면「믹게 좃긴」은 가능하나「믹긔 좃긴」으로는 쓰

이지 아니하였기 때문이다. 그리고 「씌」는 사람에게만 쓰이었다. 「의게」와 「께」는 비슷하게 쓰인 것 같다. 끝으로 「드려」는 「다려」로도 나타났는데, 이것이 20세기에 와서는 「더러」로 되어 굳어졌다. 그리고 「손딕」는 이때는 입말에서는 잘 쓰이지 않았다.

(2) 대비부사격조사 「도곤」, 「과/와」, 「갓치/가치/것치」, 「만」, 「만콤」 등은 18세기부터 쓰여 왔는데, 다만 「만콤」은 18세기의 「마콤」에서 변화된 것이다. 그리고 19세기에는 「보다」와 「의여서」가 새로 나타나게 되었다. 그러다가 「만」과 「만콤」은 20세기에는 보조조사로 바뀌게 된다.

(3) 방편부사격조사는 「으로/으로써/로써」와 「으로셔」의 둘로 크게 구별되는데, 「으르셔」는 주로 상류사회에서 쓰인 듯하여 시발의 뜻을 나타내었다.

(4) 관형격조사는 「익/의」만이 쓰였는데, 때에 따라서는 「에」가 쓰이기도 하였는데 아마 오기에 인한 것으로 보인다.

(5) 호격조사는 「아/야」와 「(이)여」의 둘이 쓰였는데 18세기와 다를 바 없다.

2. 연결조사

15세기부터 쓰이던 것으로 「과/와」, 「ᄒ고」, 「이며」, 「마ᄂ/마는」이 있었고 「고」가 새로 나타나게 되었다. 연결조사는 주로 「마는」으로 통일되었다.

3. 의문조사

의문조사에는 「고」와 「가」가 있었는데 「고」는 모음 하에서 ㄱ이 탈락되었다. 그리고 그 용법은 15세기와 다를 바 없다.

4. 보조조사

19세기에는 18세기에 나타나지 않던 보조조사가 다시 나타나기도
하는가 하면, 새로운 것이 등장하기도 한다.

4.1. 분별보조조사 「운/은」, 「눈/는」

4.1.1. 「운/은」, 「눈/는」은 인습에 의해 사용되었을 뿐 모음조화에
의한 구별은 없어졌다.

○ 뫼흔 길고길고 믈은 멀고멀고 (견희요)
○ 그거손 ᄆᆞ음이 정직ᄒᆞᆫ 사름이나 (독립 1-4 논설)
○ 그 모론 ᄂᆞᆷ들은 웃ᄂᆞᆫ다 ᄒᆞᆫ다마ᄂᆞᆫ (만흥 1)
○ 보ᄂᆡ고 글이는 情은 나도 몰나 ᄒᆞ노라 (가곡 9)
○ 셩은 빅이요 명은 양이오 호ᄂᆞᆫ 긔랑이니 (인봉쇼 1-1)
○ 아마도 변티 아닐 손 바희뿐인가 ᄒᆞ노라 (오우가)
○ 문서난 네 외가예 이시니 (언간의연구, 27)
○ 우리난 平地에 안저시니 (가곡 30)
○ 잘 ᄉᆞ는 나라 들고 (가곡 6)
○ 우리는 첫ᄌᆡ 편벽되지 아니ᄒᆞᆫ 고로 (독닙 1-1)

상례에서 보면 「눈」은 「난」으로도 나타나는데 이것은 확실히 「·」
의 음가가 없어졌기 때문이다.

4.1.2. 동사, 부사에도 사용되었다.

○ 요ㅅ이는 날이 하 덥ㅅ오니 (언간의 연구보 25)

○ 심심은 ᄒ다마는 일 업슬손 마히로다 (하우요 1)

○ 답답은 ᄒ다마는 한가홀 손 밤이로다 (하요우 2)

○ 이 거시 이에 ᄌ손이 되야는 다힝홈이오 (신한텹서)

19세기에 와서는 「은/은」이 씌었을 경우 15세기부터 18세기까지 있었던 말음탈락현상은 전혀 나타나지 않는 것을 보면, 이때에 이 현상은 없어진 것 같다.

4.2. 지적보조조사 「(으)란」

○ 년닙희 밥싸두고 반찬으란 장만마라 (어부사시사 夏)

○ 이 집으란 모든 닌니를 분급ᄒ야 (인봉쇼 1-30)

○ 이제란 다시 젹당의 들지 말고 개과ᄒ라 (인봉쇼 1-28)

○ 가다ㄱ 올지라도 잇다ㄱ란 ㄱ지 말고 뮈다ㄱ 괼지라도 괴다ㄱ란 뮈지마쇼 (가곡 167)

이 조사는 15세기에서부터 명사에만 붙는다고 하였으나 19세기에 와서부터는 명사, 부사, 동사 등에 두루 쓰이게 되었는데, 이것은 오늘날과 꼭 일치한다.

4.3. 선택보조조사 「이나」, 「든지/던지」

4.3.1. 「이나」

이때에 와서는 「이나」는 명사 이외에 부사, 동사에도 씌었다.

○ 길이 넓게나 ᄒ고 정ᄒ게나 ᄒ며 기천이나 정히 쳐… (독닙 1-15)

○ 내 버디 몃치나 ᄒ니 (오우가)

○ 반다시 노야의 은덕을 만 일이나 갑ᄒ리이다 (인봉쇼 29)

○ 이中에 바라는 일은 허물이나 업과져 (가곡 21)

○ 숨쑉이 虛事ㅣ라만정 쟈로나 뵈게 ᄒ여라 (가곡 165)

4.3.2. 「든지/던지」

이 조사는 입말에서만 사용되었던 것 같은데, 19세기에 처음으로 나타난다.

○ 빅셩들 싯달게 원이든지 관찰ᄉ를 ᄒ엿ᄉ니 (독닙 1-4 논설)

○ 무론 엇던 사름이던지 병이 들면 와셔 공이 치료하게 하며 (독닙 1-59 논설)

○ 뎡부 속에 무슴 당과 엇던 사름이던지 별노히 분별히 업시 싱각ᄒ고 (독닙 1-5 논설)

○ 누구든지 보거든 그 집으로 차차 보내시오 (독닙 1-59 잡보)

여기에서 보면 이 조사는 「이다」의 활용형이 굳어져 조사화한 것임을 알 것이다. 이때만 해도 「든지」가 완전히 굳어지지 않았던지 「든지/던지」 두 개의 형태가 나타난다.

4.4. 균일보조조사 「마다」

이 조사는 체언에만 붙어서 쓰인다.

○ 사름마다 볼 만ᄒᆞᆫ 칙이니 (독닙 1-1)

○ 草木昆蟲들은 히마다 回生ᅕᆞᄂᆞᆯ (가곡 8)

○ 벼슬을 져마다 ᄒᆞ면 農夫 되리 뉘이시며 (가곡 52)

○ 조곰식 날마다 말ᄒᆞ야 조션인민이 우리말을 날마다 비ᄒᆞ거드면 (독
닙 1-11)

4.5. 역시보조조사 「도」

○ 우리도 主 뫼옵고 重修ᄒᆞ려 ᄒᆞ노라 (가곡 8)

○ 아마도 無憂無慮할 쏜 心田인가 ᄒᆞ노라 (가곡 10)

○ 그 부인이 한문을 잘 ᄒᆞ고도 다른 것 몰ᄋᆞᄂᆞᆫ 귀족 남ᄌᆞ보다 놉흔 사
름이 되ᄂᆞᆫ 법이라 (독닙 1-1)

○ 순검들도 이런 일을 붉히려니와 (독닙 1-2)

맨 마지막 예문에서 보면 "순검들토"가 안 되고 "순검들도"로 나타
난 것을 보면 ᄒᆞ종성체언의 ᄒᆞ도 19세기에 와서는 없어진 듯하다. 그리
고 이 조사는 명사, 동사, 부사 등에 두루 쓰이었음은 전세기와 같다.

4.6. 불만보조조사 「ᄂᆞ마」

이때에는 「ᄂᆞ마」로 나타나면서 그 뜻이 15~18세기와는 달라 불만을
나타낸다.

○ 나라ᄅᆞᆯ 기혁 ᄒᆞ기ᄂᆞ 시로에 셕은 나라ᄂᆞ마 셕은 디로도 견딜슈 업슬
터이니 (독닙 1-21)

4.7. 불구보조조사 「만뎡/만졍」

15세기의 「만뎡」이 16세기까지 이어오다가 17~18세기에는 나타나지 않더니 19세기에는 「만뎡/만졍」으로 나타나서 불구의 뜻을 나타내어 준다. 동사·부사 등에 사용되었다.

○ 윤숙은 슴가 것츤 글 흔댱으로써 대략망뎡 비고흔 졍곡을 펴 (언간의 연구·보 29)
○ 쑴 속이 虛事이라만졍 쟈로나 뵈게 ㅎ여라 (가곡 165)

여기서는 분명히 종지형(終止形)에 왔으므로 보조조사로 보아진다. 오늘날의 어미 「ㄹ망졍」은 15세기의 「ㄹ만뎡」에서 왔다고 보아야 할 것이다.

4.8. 양보보조조사 「인들」

18세기까지 「인둘」로 나타나더니 19세기에는 「인들」로 나타난다.

○ 夜光明光이 밤인들 어두우랴 (가곡 31)
○ 늬 늙을겨면 넨들 아니 늙을소냐 (가곡 12)
○ 우리는 졈엇거니 돌인들 묵어우랴 (가곡 18)

상례의 차례에 따라 보면 「인들」은 위치격·주격·목적격으로 씌어 있다.

4.9. 한도보조조사 「싯지」

○ 심지어 왕후 폐하싯지 피희ㅎ엿스니 (독납 1-8)
○ 작년과 금년싯지 죠회 ㅎ여도 지금싯지 슈리를 아니ㅎ여 (독납 1-15)
○ 부조 고가를 잡아 송도싯지 다리고와 잔민을 도와 주엇다고 (독납 1-7)

18세기에는 「싯지/ᄀ지」 두 형태가 씌었는데 19세기에 와서는 「싯지」 하나로 굳어졌다. 위의 예에서는 주격과 위치부사격으로 씌었다.

4.10. 강세보조조사 「야/사」

○ 네 병업시 성하여사 장사할 거시니 (언간의 연구-보 27)
○ 가마귀 검다ㅎ고 白鷺야 웃지 마라 (가곡 13)
○ 이제야 싱각ㅎ니 님이 우러 보닉도다 (가곡 14)
○ 뉘야 왼고 ㅎ노라 (가곡 43)
○ 情 밧게 뭇 일을 監誓ㅣ야 ㅎ야 무삼ㅎ리오 (가곡 95)

위의 예에서 보는 바와 같이 「사」는 지방어에 씌었고 「야」는 서울 말에서 폐음절에 사용된 듯하며, 받침없는 한자어 밑에서는 「ㅣ야」가 씌었다.

4.11. 도급보조조사 「토록」

18세기까지는 「도록」으로 나타나더니, 19세기에는 「토록」으로 나타나는데, 이는 「ㅎ도록」이 줄어서 그렇게 된 듯하나, 반드시 그렇게

만은 볼 수 없으므로 여기에 예시하기로 한다.

○ 그딕 맛당이 둉신토록 닛지 말라 (인봉쇼 1-20)
○ 죵일토록 늣겨 통곡ᄒ니 (낙셩 1-260)

4.12. 유지보조조사 「다가」

이 조사는 명사, 동사 등에 사용되었다.

○ 이 신문을 가져다가 노코 (독닙 1-1)
○ 여긔 와서 신문을 가져다가 팔면 (독닙 1-2)
○ 만일 한 관딕다가 먹졈을 찍고 (독닙 1-40 논설)

4.13. 독자보조조사 「쑌」

이 조사는 명사에만 사용되었다.

○ 조코도 그츨 뉘 없기ᄂ 물쑌인가 ᄒ노라 (오우가)
○ 아마도 변티 아닐 슨 바회쑌인가 ᄒ노라 (오우가)
○ 엇지 둘쑌이리오 (인봉쇼 1-11)
○ 아마도 物外閑客은 이쑌인가 ᄒ노라 (가곡 32)
○ 언제나 이 근심을 니즐고 흔탄쑌이로세 (언간의 연구 자료원문 205)

4.14. 시발보보조사 「브터/븟터/붓터/보텀」

이때는 「브터/븟터/붓터/보텀」의 4가지 형태가 나타난다.

○ 어버이 그릴 줄을 처럼붓터 아란마는 (견희요)

○ 滄州吾系를 네브터 닐컫더라 (어부사시사)

○ 天生綠分이 네붓터 인건마는 (가곡 19)

○ 窓밧 쳐음 츈혀 긋붓터 집을 자루 죵죵지여 두고 (가곡 38)

○ 기후는 북빙히 기후보텀 시작히야 남방적도 기후신지 잇는듸 (독닙

1-40 논설)

여기서는 모두 위치부사격으로 씌었다. 그런데 「보텀」은 어떻게
되어이루어진 조사냐 하면, 「보터는」이 「보턴」으로 바뀌고, 이것이
다시 「보텀」으로 바뀌어 된 것이다.

5.15. 위치보조조사 「셔」

19세기부터 이 조사는 정처의 뜻으로만 변해간다.

○ 어듸셔 외기러기는 울고울고 가느니 (견희요)

○ 이 흔날 아래셔 살을 일이 어려워라 (가곡 24)

여기서는 주격과 위치부사격으로 씌었다.

4.16. 다짐보조조사 「곳」

○ 眞實로 알기곳 아오시면 곳이 죽다 설우랴 (가곡 17)

○ 진실로 주기곳 주량이면 (가곡 38)

○ 진실로 알기곳 아오시면 곳이 죽다 關係흐랴 (가곡 161)

19세기에는 주로 동사에 많이 쓰인 듯하다. 그리고 이 조사는 20세기에 들어오면서 별로 쓰이지 않다가 지금은 아주 쓰이지 않게 되었다.

4.17. 여운보조조사 「곰」

이 조사는 15세기 이래 부사나 동사에 붙는다.

　　○이 진실로 묽디옴 묽아시면 (오후요)

「곰」은 「옴」으로 안 된다고 하였는데, 19세기에 와서는 「옴」이 되었다. 그리고 이것은 겨우 하나밖에 예가 나타나지 아니하였는데, 18세기와 같이 「곰」은 「금」으로 바뀌어 나타나면서 「곰」은 없어지게 되었다.

　　○다시금 我東方 生靈이 熙華世를 보리로다 (박효관)

오늘날에는 「다시곰」과 같이 부사의 접미사로 쓰이고 있다.

4.18. 추종보조조사 「좃츠/좃차」

이때에는 「좃츠/좃차」 두 가지 형태로 나타난다.

　　○기좃츠 줏즐 일 업서 곳 디는듸 조으더라 (가곡 19)
　　○柯枝돗쳐 곳좃츠 져리 푸엿는다 (가곡 37)
　　○네 무슴 藥을 먹고 무리좃차 검엇나냐 (가곡 13)
　　○燭잡고 갓가이 스랑할 제 暗香좃차 浮動터라 (가곡 17)

이 조사는 명사에만 쓰이는 것이 특징이다.

4.19. 현상보조조사 「대로/디로」

이때에는 「대로/디로」의 두 가지 형태로 나타난다.

○ 관출ㅅ 스믈 세슨 업시고 젼디로 감ㅅ를 내되 (독닙 1-2)
○ ㅈ긔 형셰디로 보죠금을 낼 터이요 (독닙 1-3 논셜)
○ 우리는 天性을 직희여 늬쯧대로 ㅎ리라 (가곡 52)
○ 우리 말디로 힝홀 터이요 (독닙 1-11)
○ 각기문에 사나희 식구쯧디로 분명히 쓰라 (독닙 1-14)

4.20. 단독보조조사 「만」

이 조사는 본래 대비부사격조사였었는데, 18세기부터 분화되기 시작하여 19세기에도 대비부사격조사의 구실도 하면서 단독보조조사의 구실도 하였다.

○ 셔로 낫만 보고 말을 못 ㅎ더니 (인봉쇼젼 1-24)
○ 열장에 여들장만 세음ㅎ고 (독닙 1-1)

제7장 20세기 초 조사의 용법

먼저 20세기 초 조사일람표를 보이면 다음과 같다.

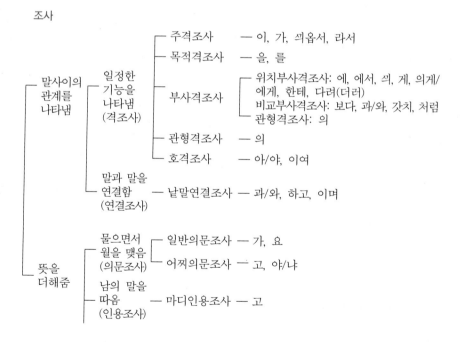

조사

주격조사 ─ 이, 가, 씌옵서, 라서
목적격조사 ─ 을, 를
부사격조사 ─ 위치부사격조사: 에, 에서, 씌, 게, 의게/에게, 한테, 다려(더러)
비교부사격조사: 보다, 과/와, 갓치, 처럼
관형격조사: 의
관형격조사 ─ 의
호격조사 ─ 아/야, 이여
낱말연결조사 ─ 과/와, 하고, 이며
일반의문조사 ─ 가, 요
어찌의문조사 ─ 고, 야/냐
마디인용조사 ─ 고

말사이의 관계를 나타냄
일정한 기능을 나타냄 (격조사)
말과 말을 연결함 (연결조사)
뜻을 더해줌
물으면서 월을 맺음 (의문조사)
남의 말을 따옴 (인용조사)

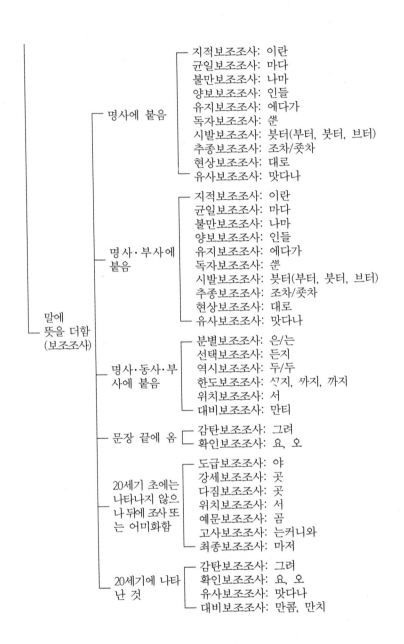

말에
뜻을 더함
(보조조사)

명사에 붙음
- 지적보조조사: 이란
- 균일보조조사: 마다
- 불만보조조사: 나마
- 양보보조조사: 인들
- 유지보조조사: 에다가
- 독자보조조사: 쑨
- 시발보조조사: 붓터(부터, 붓터, 브터)
- 추종보조조사: 조차/좃차
- 현상보조조사: 대로
- 유사보조조사: 맛다나

명사·부사에 붙음
- 지적보조조사: 이란
- 균일보조조사: 마다
- 불만보조조사: 나마
- 양보보조조사: 인들
- 유지보조조사: 에다가
- 독자보조조사: 쑨
- 시발보조조사: 붓터(부터, 붓터, 브터)
- 추종보조조사: 조차/좃차
- 현상보조조사: 대로
- 유사보조조사: 맛다나

명사·동사·부사에 붙음
- 분별보조조사: 은/는
- 선택보조조사: 든지
- 역시보조조사: 두/두
- 한도보조조사: 싯지, 까지, 까지
- 위치보조조사: 서
- 대비보조조사: 만티

문장 끝에 옴
- 감탄보조조사: 그려
- 확인보조조사: 요, 오

20세기 초에는 나타나지 않으나 뒤에 조사 또는 어미화함
- 도급보조조사: 야
- 강세보조조사: 곳
- 다짐보조조사: 곳
- 위치보조조사: 서
- 예문보조조사: 곰
- 고사보조조사: 는커니와
- 최종보조조사: 마저

20세기에 나타난 것
- 감탄보조조사: 그려
- 확인보조조사: 요, 오
- 유사보조조사: 맛다나
- 대비보조조사: 만콤, 만치

1. 격조사

1.1. 주격조사

20세기에 들어오면서 주격조사 「이」, 「가」, 「끠서/쎄서/끠옵서」, 「라서」의 다섯이 나타난다.

1.1.1. 「이」

이 조사는 「가」와 함께 평칭, 비칭에 쓰이었다.

> ○ 남이 목 마르다는 소리를 들으니 (창조 5-1)
> ○ K의 왼 몸에는 쌈이 웃적 낫다 (창조 5-5)
> ○ 義州 가난 行客이 三十里 되난 新院에 가서 발ㅅ病이 나서 (창조
> 1-5)

20세기에 들어와서 「이」 주격조사는 축약이나 생략되는 일은 완전히 없어졌다.

1.1.2. 「가」

> ○ 서울서 義州가 千里ㅅ길이니 (창조 1-5)
> ○ 凡事가 다 이러하야 그 始初에 발서 結末이 보이난 것이니 (창조
> 1-6)
> ○ 우렁찬 소리가 나를 불러냅니다 (백조 1-1)
> ○ 莫大한 影響을 밧난 수가 잇스니 (창조 1-7)

20세기에 들어오면서는 「가」만 쓰이고, 「ㅣ」는 완전히 없어지고
말았다.

1.1.3. 「끠서/께서/끠옵셔」

20세기 초에는 「긔셔」는 나타나지 아니하고 「끠서」로 충일되어 나
타나는데, 때로는 「께서」로도 표기되었다. 그리고 「끠서」의 더 존칭
에는 「끠옵셔」가 있었다.

○ 羅馬皇帝께서 나에게 주신 것이다 (백조 2-84)
○ 陛下께서 저 預言者를 무서워하시는 것도 저도 압니다 (백조 2-85)
○ 郡守 령감끠옵셔 나—림 잠간 郡廳으로 드러 오시라고 합니다 (백조 1-22)
○ 이러케 어머니께서 무르시면은 (백조 128)
○ 어머니께서 조으실 때에는 王만 혼자 울엇소이다 (백조 3-129)
○ 어머니께서 들으시도록 죽을가 겁이나서요 (백조 3-129)

위의 예문에서 보는 바와 같이 「끠옵셔」는 나타나도 「께옵셔」는
나타나지 않는다. 오늘날의 「께서」는 「겨오셔 〉계셔 〉께서 〉께서」 또
는 「끠셔 〉끠서 〉께서」로 발달해 왔다. 그런데 이 「끠셔」와 「께서」는
위치부사격조사 「끠/께」에 주격조사의 「셔(이라셔)」가 합하여 이루어
진 단순조사이다.

1.1.4. 「라서」

20세기에 오면서 이 주격조사는 주어가 '누(구)'일 때에만 쓰인다.

강세의 뜻이 있다.

○ 누라서 이 갓흔 경우에 잇기를 즐겨하리오. 누라서 和樂한 대기에 잇기를 바라지 안이하리오… (소년 1-30)

1.2. 목적격조사

1.2.1. 「을」

이 조사는 폐음절 명사 밑에 쓰인다.

○ 「낭만적일다」하고 비판을 나리웟다 (백조 1-1)
○ 기차는 남대문을 써나기 시작하였다 (백조 1-1)
○ 이와 갓치 여행하는 것을 무한히 깃버하였다 (백조 1-1)
○ 여러 사람이 모다 이쪽을 異常히 본다 (백조 1-1)

1.2.2. 「를」

이 조사는 개음절 명사 밑에 쓰인다.

○ 살작 얼골을 붉히고 고개를 숙인다 (백조 1-1)
○ 自然의 偉力의 感化를 한참 說明하였다 (백조 1-1)
○ 單純한 人事를 한 후에 車에서 쮜어 나려 왓다 (백조 1-1)

1.3. 부사격조사

1.3.1. 위치부사격조사

1.3.1.1. 「에」

이때는 「에」 하나로 통일되어 위치, 방향, 원인 등을 나타낸다. 그리고 비교는 나타나지 않는다. 현대어와 비교하면 이때도 비교를 나타내기도 하였을 것이다.

○ 오늘 KC에 갈가? (백조 2-2)
○ 내가 어른이 되기 전에 꼭 해야 할 일이 무엇인가를 먼저 말씀해야 할 것입니다 (백조 2-60)
○ 나는 격언 고대로 「밝아 벗은 몸」으로 세상에 왔습니다 (백조 2-60)

1.3.1.2. 「에서」

이때는 「의셔」는 없어지고, 「에셔」는 「에서」로 변천되어, 오직 「에서」만이 나타난다. 그리하여 이것은 정처·출발만을 나타낸다.

○ 저기 저 하날에서 춤추는 저것이 무어? (백조 1-1)
○ 앞江에서 日常 불으는 우렁찬 소리 (백조 1-1)

1.3.2. 유정위치부사격조사

1.3.2.1. 「쯰」

이 조사는 1933년 '한글맞춤법 통일안' 이후부터 없어지고 「께」로 변한다. 물론 존칭에 사용되는데, 개폐 양음절에 두루 쓰인다.

○ 여러분쯰 (창조 7, 끝 광고)
○ 自己 父親쯰 海州 엇던 친구를 차자 보러 간다… (창조 1-28)
○ 저는 몸과 마음을 先生님쯰 밧치겟습니다 (창조 1-35)

1.3.2.2. 「게」, 「의게/에게」

「게」와 「의게/에게」는 다른 세기와는 달리 변이형태로 나타나게 되는데, 유정성의 명사에만 사용된다.

○ 그럼 이번은 자네게 물려 주지 (창조 6-3)
○ 喜卿은 내게 對하야 同精과 共感이 잇고나 (창조 1-32 상)
○ C는 K의게 하로만 더 누어이스라고 注意를 한 뒤에 (창조 6-8)
○ 새의 主人의게 무슨 責任이 이스랴 (창조 6-72)
○ 特別附錄을 만드러 여러분의게 提供하는 바이올시다 (창조 6, 특별 부록서문)
○ 그러면 안으랴고 기두르는 이에게 살뵈려 안기듯 (백조 1-1)
○ 친히 칼로 짝거 惠善에게 半쪽을 勸ㅎ고 (백조 1-1)
○ 녀자에게 미친 것을 보니 우습기도 하거니와 (조선문단 1-22)

「에게」는 20세기에 와서 비로소 나타나는데 「의게」가 「에게」로 바꾸어 된 것이다.

1.3.2.3. 「다려/더러」

○ 情은 몰은는 지어미야 날다려 안존치 못하다고 (백조 1-18)
○ 그째 누님은 절더러 이야기를 하여 주엇지요 (백조 2-16)
○ 고 약은 거시 날더러 드르라고 하는 말이야 (창조 1-40)

「다려」는 다시 20세기에 와서는 오늘과 같은 「더러」로 바꾸어 나타난다. 따라서 「드려」는 「다려」로 바꾸었다가 다시 「더러」로 바꾸어 오늘에 이르고 있다. 그런데 「더러」가 「나, 저, 너」 등과 같은 대명사 밑에 쓰일 때는 그 대명사에 받침 「ㄹ」이 덧난다. 이와 같은 일은 본래 「더러」가 타동사 「드리다」에서 왔기 때문인데, 이와 같은 현상은 타동사에서 온 조사의 경우는 모두 해당된다.

1.3.2.4. 「한데」

○ 령리흔 그는 이러흔 자긔 아부지한데 음악을 비호겠단 말은 편지로도 안 하였다 (창조 8-76)
○ 申先生한대는 英語도 배호고 (창조 1-49 하단)

여기서는 「한데/한대」로 나타나는데 이들이 뒤에 「한데」로 바꾸어 오늘에 이르고 있다.

1.3.3. 대비부사격조사

1.3.3.1. 「보다」

이 조사는 우위대비부사격조사로 유일한 것이다.

○ 그놈이 나의 누님의 원수라 함보다도 나의 원수입니다 (백조 1-40)
○ 사랑보다 더 큰 信仰이 이 세상에 또 어대 잇슬가요 (백조 2-18)

그런데 이때는 「보담」도 나타난다.

○ 목숨보담 더한 純潔을 일혼것이 슯헛엇다 (백조 2-50)

1.3.3.2. 「과/와」

○ 하얀 百合 우에 던진 것과 갓다하엿다 (백조 1-1)
○ 죽은 사람과 갓치 안저 이섯다 (백조 1-1)
○ 그의 눈에 활동사진과 갓치 나타나는 것이다 (백조 1-1)
○ 天使와 맛낫 그는 天使에게 아름다운 音樂을 들너 밧엇다 (백조 1-29)

「과/와」가 15세기부터 20세기까지 별 변천이 없어 내려왔음은 이로써 알 수 있다. 다만 앞에서도 언급하였지마는, 17세기에 「와」가 쓰일 자리에 「과」가 쓰이는 잘못이 조금 있었을 뿐이었다.

1.3.3.3. 「갓치」

○ 을치 이러면 貢緞갓치 고흔 물결이 찰낙 나의 몸을 씨담어 쥬노라
(백조 1-2)
○ 銀고리갓치 둥글고 밋그러운 혼자 이약이를… (백조 1-1)
○ 치마 쫘락갓치 달잠거 떨이는 쟌살물결이 소리업시… (백조 1-1)

여기서 보면 19세기에 나타났던 「갓치」는 20세기 초에도 사용되었는데, 이것이 오늘날 그 어원을 밝혀 쓰는 조사 「같이」로 변하였다.

1.3.3.4. 「처럼」

이 조사는 20세기 초에 처음 나타나는데, 아마 서울지방의 방언이 언문일치 운동의 결과 문장에 나타난 듯하다. 본래는 부사였다가 조사로 발달한 것으로 보인다.

○ 어리광처럼 힘업시 넘어집니다 (백조 1-2)
○ 호랑나비처럼 훨훨 나라듭니다 (백조 1-27)
○ 달콤한 비애가 안개처럼 이 어린 넉슬 휩싸들으니… (백조 1-2)

1.3.4. 방편부사격조사

1.3.4.1. 「(으)로」

「으로」는 폐음절 하에 쓰이고 「로」는 개음절 하에 쓰이면서, 위치, 방향, 상태 등을 나타낸다.

○두 사람은 다시 窓 새로 沿路의 景色을 바라본다 (백조 1-4)

○장미가 동동써서 이 가삼으로 저 가삼으로 오고가는 듯하였다 (백조 1-4)

○다시 比行하는 車를 타고 南大門으로 행하였다 (백조 1-6)

○그만 無意識的으로 다라나 車를 멍하니 바라보고 이섯다 (백조 1-5)

그런데 이 조사는 「노」로도 나타난다.

○無意味한 傳說노써…或野外演說노써… (소년 7-28)

이때의 「노」는 명사의 받침이 「ㄹ」일 때 씌었다.

1.3.4.2. 「(으)로서」

「으로서」는 폐음절 하에 쓰이고 「로서」는 개음절 하에 쓰인다. 그런데 19세기까지만 하여도 시발을 나타내었는데 20세기에 들어오면서 資格을 나타내게 되었다.

○氏는 元來 「未來社」의 頭目으로서 多數한 弟子를 가졌섯다 (폐허 1-78)

○朝鮮人으로서 아직 이것을 모른다는 것은… (폐허 1-79)

○예술적 表現으로서 가장 審美性으로서 가장 審美性 及 必然性에 부하여 (폐허 1-84)

1.3.4.3. 「(으)로써」

19세기까지만 하여도 「으로써/으로써」의 두 가지로 표기되더니, 20세기에 와서는 「으로써」로 통일되었다. 「으로써」는 폐음절 하에 쓰이고 「로써」는 개음절 하에 쓰이어 수단, 기구, 방편 등을 나타낸다.

○ 特殊한 知識으로써 하지 않으면 理解키 어렵다고 (폐허 1-80)
○ 눈물과 피로써 一切와 잘 싸오온 사람 (폐허 1-64)
○ 道念은 其嚴肅한 權威로써 예술을 속박하려 하며 (폐허 2-6)

1.4. 관형격조사

20세기의 관형격조사는 「의」 하나로 통일되어 다음과 같이 여러 가지 뜻을 나타낸다.

○ 나의 가슴은 군성거리여 견딜 수 업습니다 (백조 1-1)—소유
○ 新婦의 고요히 흽싸는 치마자락갓치 달잠거 썰이는… (백조 1-1)—소속
○ 꼿업는 沈黙의 氣運은 온 宇宙에 充滿하엿다 (백조 1-3)—상태
○ 一種의 알 수 업는 軟하고도 날카로운 表情이 어리워 잇스며 (백조 1-5)—소속

위에 든 예문에서 나타내는 문맥적 의미 이 외에도 여러 가지 뜻을 나타낸다.[1] 그런데 특이한 것은 「의」가 동사 뒤에도 사용되었다.

---

1) 김승곤, 「관형격조사고: 현대어를 중심으로」, 『文湖』 5집, 건대국어국문학회·한국고유문화 연구소, 1969, 65쪽 이하 참조.

○ ―글으로 가리면 엄청나다의 感이 날 샌이라 (소년 1-13)

이때의 「의」는 어떤 말을 代身하는 구실을 한다.

1.5. 호격조사

1.5.1. 「아/야」

「아」는 폐음절 하에 쓰이고 「야」는 개음절 하에 쓰인다. 그리고 물론 이들은 평칭이나 비칭에 쓰인다.

○ 시악시 사랑아 (백조 1-19)
○ 오이씨 갓흔 어엽분 발아 (백조 1-19)
○ 곳을 밧을 어엽분 님아 (백조 1-21)
○ 情 몰으는 지어미야 (백조 1-18)
○ 쌔여서 보니 거짓이고 헛되구나, 사랑의 쑴이야 (백조 1-20)

위의 맨 끝의 예에서 보는 바와 같이 이때는 「이야」도 나타나는데, 이것은 일종의 감탄호격조사로 보아진다.

1.5.2. 「(이)여」

「이여」는 폐음절 하에 쓰이고 「여」는 개음절 하에 쓰인다.

○ 오― 검이여 참 삶을 주소서 (백조 1-13)
○ 아! 아름다운 處女여 (백조 2-131)

아!! 새하얀 그 얼굴이어!

아!! 새파란 그 눈동자여!

○ 아! 님이여 (백조 1-12)

○ 오! 님이여 (백조 1-13)

○ 웃는 님이여 (백조 1-18)

위의 두 번째 예에서의 「여」는 감탄호격조사로 보아야 하느냐 아니면 서술격조사의 의문형어미로 보아야 하느냐 의문이나, 아마 감탄호격조사로 보는 것이 좋을 듯하다. 그런데 「이여」는 이때부터는 호격조사보다는 감탄조사로 변해감을 알 수 있다.

○ 우리 나라보담 盛大함이여 한번 발을 冊肆에 드러노흐면 (소년 1-13)

2. 연결조사

2.1. 낱말연결조사

2.1.1. 「과/와」

「과」는 폐음절 하에 쓰이고, 「와」는 개음절 하에 쓰인다.

○ 그 색시가라는 말과 하도 조른다는 말에 (조선문단 1-17)
○ 自己와 惠善은 겨우 23-4세 靑年인 가닭이오 (백조 1-6)
○ 그리하고 詩와 小說을 쓰고 音樂을 잘 하야 (백조 1-9)

○그는 이와 겻치 美와 구비하였지마는 (백조 1-7)

이 「과/와」는 15세기에 가장 엄격하게 씌었고, 그 중간에 특히 16,17세기에는 「와」와 「과」가 혼용되기도 하고 15세기의 용법이 혼란해졌는데, 18세기부터는 현대어와 거의 일치하는 사용법이 굳어져, 20세기 초에까지 이르고 있다.

2.1.2. 「하고」

15세기에 강세의 뜻으로 쓰이던 이 연결조사는 20세기에 와서는 별로 그렇지 않은 듯하나, 경우에 따라서는 강세의 뜻으로 쓰이기도 한다.

○나하고 아즈머니하고 엇더케든지 하여 볼 터이니 (백조 1-37)
○女子高等師範學校에서 공부하는 尹貞順하고 申先生하고는 오래전부터 서로 사랑하엿섯지요 (창조 1 49 하단)
○이것은 10원하고도 20전이외다 (필자)

2.1.3. 「(이)며」

「이며」는 폐음절 하에 쓰이고 「며」는 개음절 하에 쓰인다. 이 조사의 용법은 15세기부터 별 변화가 없다.

○…날신코와 緣의 가는 뺨의 윤곽이며 그 검은 눈섭과 밋 柔和롭고도 날카로운 자란 눈이며 그리하고 이 모든 얼골의 表情에서 오는… (백조 1-9)

「(이)며」는 차례에 따라 말을 이어주는 연결조사이다.

○ 여러 가지를 兼全하기는 불가능한 事며, 또, 一個人의 判斷한 것보다 여러 사람의 判斷한 것이 比較的 精確할지니 (소년 1-29)

위의 예에서 고딕체로 된 「事며」를 「事하고」로 하여도 비문법적이 되고, 「事와」하여도 비문법적인 것을 보아도 알 것이다. 따라서 「과/와」는 동시성의 뜻이 있고 「하고」는 「어떤 것을 하고 나서」의 뜻이 있으며 「(이)며」는 차례에 따라 말을 이어주는 연결조사임을 알 것이다.

3. 의문조사

3.1. 일반의문조사

3.1.1. 「가」

이것은 일반의문조사인데 이 조사도 20세기 초에는 의문형어미로 바뀌어 갔다.

○ 아모 通奇도 업시 간다는 말인가 (창조 1-8)
○ 그러케도 몰나 준다 말인가? (창조 1-9)
○ 王이 되단 말가 (백조 1-65)

3.1.2. 「요」

이 조사는 20세기 초에 나타나는데 아마 구어에 쓰였던 의문조사였던 것 같다.

○ 그동안 만이 變햇습니다. 그려 제가요 (창조 5-62)
○ 우리 동모의 집에 잠간… 쏘요? (백조 1-33)

이 조사는 지금도 구어에서 많이 쓰이는데 「요」는 액센트 여하에 따라 그 구실이 결정된다. 즉 상승조로 말하면 의문조사가 되고, 하강조로 말하면 보조조사로 된다.

특히 이 「요」는 일반의문조사 「가」하고 같이 쓰이는 것도 특이하다. 그런데 이 「요」는 「제가요」와 같이 주격조사와 바로 쓰이어 월을 끝맺고 있으니, 「쏘요?」와 같이 부사와도 쓰였다.

3.2. 어찌의문조사

3.2.1. 「고」

이것은 의문사가 있는 의문문에 쓰인다.

○ 눈물이 어인 일고 (백조 1-64)
○ 저 어인 美人인고 (백조 1-65)
○ 저 어인 父子신고 (백조 1-67)

20세기 초에는 이 조사는 의문형어미로 바뀌어 갔다.

3.2.2. 「야/냐」

이 조사는 20세기 초에 처음 나타나는데, 아마 구어에서 쓰었던 조사였던 것 같다. 그런데 이들은 변이형태로 보아진다.

○ 몇 將야 (창조 1-39)
○ 누구야 (창조 5-62)
○ 이거이 머야 (창조 5-42)
○ 그 엇던 理由냐! 엇던 理由야! (창조 4-26)

4. 인용조사

4.1. 마디인용조사 「고」

15세기부터 19세기까지 문장이나 절을 이어주던 조사 「고」는 20세기 초부터는 인용조사로 보아야 할 것 같아 여기 별도로 하나의 항목을 설정하여 다루기로 한다.

○ 힘세다고 사람을 함부로 죽이는 법이 없고 (한글 1-5:215)
○ 조선사람이라고 결코 조선말을 다아는 것은… (한글 1-2:55)
○ 우리들의 父母는 悉皆라고는 할 수 업겟으나 (소년 1-26)

격조사, 연결조사, 의문조사, 인용조사의 요약

이제 이들에 관하여 간단히 요약해 보기로 한다.

1. 격조사

1) 주격조사

이의 평칭에는 「이」와 「가」가 있고 존칭에는 「씌서」, 「쎄서」, 「씌옵서」가 있으며, 주어가 「누(구)」일 때는 「라서」가 쓰였다. 여기에서 「이」와 「가」는 변이형태이며 「씌서」와 「쎄서」는 그 어원과도 관계가 있으나 표기가 다르며 이들의 극존칭은 「씌옵서」이다.

2) 목적격조사

이에는 「을」과 「를」의 둘이 있어, 그 용법은 오늘날과 다름없다.

3) 부사격조사

(1) 위치부사격조사에는 「에」와 「에서」가 있었는데 「에」는 위치, 방향, 원인을 나타내고 「에서」는 정처를 나타낸다.

(2) 유정위치부사격조사에는 「씌」, 「게」, 「의게」, 「에게」, 「다려/더러」, 「한테」가 있었는데, 「씌」는 존칭에 쓰이고 「게」와 「의게/에게」는 변이형태로 나타나되 유정물에 쓰인다. 그리고 「다려」는 「더러」로 바뀌면서 사람에게 쓰였고, 「한테」는 아마 존칭에 쓰인 듯한데 그것은 예문에 의하여 그렇게 보아지기 때문이다.

(3) 대비부사격조사와 우위대비부사격조사에는 「보다」가 있고, 등

위대비부사격조사에는 「과/와」, 「갓치」, 「처럼」의 셋이 있다. 그리고 19세기까지의 「만콤」, 「만치」는 20세기에는 보조조사로 바뀌었다.

(4) 방편부사격조사에는 「으로」, 「으로서」, 「으로써」 등이 씌었는바, ≪소년(少年)≫에서 「으로」는 「(으)노」로도 사용되었는데, 그때의 명사종성은 「ㄹ」일 경우이다. 그리고 「으로서」는 자격을 나타내게 되고, 「으로써」는 오늘날과 같이 방편, 수단, 기구, 자료 등을 나타내었다.

4) 관형격조사는 「의」 하나로 통일되었다. 그런데 특기할 것은 「의」는 다른 말 특히 「하다」 대신에 쓰일 때는 동사 다음에도 왔었다.

5) 호격격조사는 「아/야」와 감탄호격 「이여」가 있었는데, 「이여」는 감탄격을 겸하였다.

2. 연결조사

이에는 「과/와」, 「하고」, 「이며」의 셋이 있었다.

3. 의문조사

어찌의문조사에 「고」와 「야/냐」의 둘이 있고, 일반의문조사에는 「가」와 「요」의 둘이 있다.

4. 인용조사

이에는 「고」 하나가 있어, 인용된 말 다음에 쓰였다. 19세기까지 있었던 「마는」은 보조조사로 바뀌었다.

4. 보조조사

20세기 초로 접어들면서 19세기에는 보조조사였던 것이 이때는 어미화한 것이 있는가 하면(「토록」,「셔」,「야」) 또는 소멸해 버리고 만 것도 있어서, 현대어 보조조사는 여기서 완전히 확립되는 것 같다.

4.1. 분별보조조사 「은/는」

4.1.1. 「은」은 폐음절 하에 쓰이고 「는」은 개음절 하에 쓰이면서 분별의 뜻을 나타낸다.

> ○ 나의 가슴은 군성거리여 견댈 수 업습니다 (백조 1-1)
> ○ 긋업는 沈黙의 氣運은 온 宇宙에 充滿하엿다 (백조 1-3)
> ○ 汽車는 南大門을 더나기 始作하였다 (백조 1-4)

4.1.2. 동사, 부사에도 사용되었다.

> ○ 부자들 생각지는 마레 주시오 (백조 1-136)
> ○ 防策에서 놀면은 질거우리라 (백조 1-137)
> ○ 우리를 보면은 질거우리라 (백조 1-137)
> ○ 그러다가는 그 信仰이 적다고 하는데 對하여는 적지 안은 不快와 또 한엽흐로는… (백조 2-16)

4.2. 지적보조조사 「(이)란」

19세기까지도 「으란」이었던 지적보조조사는 20세기 초에는 「이란」

으로 나타나는데, 그것은 언문일치운동의 결과 입말에서 온 때문이라고 보아진다.

> ○ 人生의 시절이란 길고 긴 醜陋!
> ○ 未知의 그 나라란 聖潔의 동산 (백조 2-117)
> ○ 가지고 온 것이란 情勢 하나쑨 (백조 2-117)
> ○ 차지러 온 것이란 眞理의 그것쑨 (백조 2-117)

「란」은 설명의 대상으로 내세우거나 아니면 대조를 나타내기 위하여 사용됨은 15세기부터 20세기까지 한결같다. 그리고 「이란」의 「이」는 조모음(調母音)이다.

4.3. 선택보조조사 「(이)나」, 「든지」

이 조사는 20세기에 들어오면서, 아무것도 가리지 않는다는 불택의 뜻으로 그 의미가 바뀌었다.

4.3.1. 「(이)나」

4.3.1.1. 「(이)나」는 19세기에서와 같이 명사, 부사 등에 두루 쓰였다.

> ○ 저는 방해물이나 되지요 (창조 6-27)
> ○ 교인(敎人)이나 학생(學生)에 대한 사랑이 적고 (창조 6-29)
> ○ 붓을 잡을 수가 없어서 新聞장이나 드려다 보고 (창조 6-30)
> ○ 내 걱정은 말고 당신이나 잠을 좀 들시오 (창조 9-41)
> ○ 벌써 열한시나 되었다 (백조 1-3)

○ 즉시나 슬어져 업서지지나 아니할까 생각하엿스나 (백조 1-77)

○ 아아 언제나 언제나 불고 또 불어 견딜 수 업는 것을 배곱흔 이가
발아 주며 (백조 2-137)

○ 요사이는 病氣가 어찌나 되엇는지… (백조 3-194)

4.3.1.2. 「이나」는 20세기 초에 들어와서는 연결조사의 구실도 겸
하게 된다.

○ 다만 모든 것을 享樂하자! 成功이나 苦痛이나 모든 人生의 可能性의
것을 몸으로 맛보려는 것이 그의 所願이엇다 (백조 3-194)

4.3.2. 「든지」

이 조사는 ≪소년≫에서는 「던지」로 쓰이다가, 그 이후부터는 「든
지」로 통일되었다.

○ 무엇이던지 그러하지 안임이 업나니 (소년 6-28)

○ 主人이던지 差人이던지 그 웃에 붓쳤던 쪽紙 쎄기를 니졌소 (소년
6-34)

○ 무얼 무어라셔 언제든지 그러치 (백조 1-36)

○ 나하고 아주머니하고 엇더케든지 하여 볼 터이니 마음을 안정하고
조고만더—참으렴 (백조 1-37)

○ 伊太利에도 가고 어대든지 갈 터입니다 (백조 1-38)

○ 어느 째든지 저—달님과 별님과 갓치 될 것이라 (백조 1-46)

4.4. 균일보조조사 「마다」

　　○ 野原一帶에 黃金天地를 만들엇다. 더구나 바람이 불 적마다 (백조 1-5)
　　○ 惠善도 英淳의 말에는 말마다 贊成하였다 (백조 1-5)

이 조사는 15세기부터 20세기 초까지 그 용법까지도 변함없이 일관하여 왔다.

4.5. 역시보조조사 「도」

옛날부터 이 보조조사는 「도」와 「두」의 두 가지가 사용되어 왔는데, 「두」는 「도」의 강세형으로 사용되었다.

　　○ 두사람의 얼골에는 즐겁거도 설은 衰然한 표정이 어리워 있었다 (백조 1-5)
　　○ 그의 눈에는 해빗도 검게 뵈이고 山도 검게 뵈이고 물도 검게 뵈이고 모든 것이 다 검게 뵈엿다 (백조 1-6)
　　○ 말할 氣運도 업섯고 생각할 氣運도 업섯다 (백조 1-6)
　　○ 나두야 가련다 (떠나가는 배)

그리고 「도/두」는 명사, 동사, 부사 등에 두루 쓰이었음은 타세기와 같다.

4.6. 불만보조조사 「나마」

19세기까지는 조모음 「이」가 없었으나, 이때에 와서는 「이나마」는 폐음절 명사 밑에 쓰이고,「나마」는 개음절 명사 밑에 쓰이게 되었다.

○ 이 따른 동안이나마 그는 잠을 잔다느니보담 차라리 주리난장을 마진 사람 모양으로… (백조 2-48)
○ 이 짧은 休息이나마 곰부임부 교란되엿나니… (백조 3-3)

4.7. 양보보조조사 「인들」

○ 마돈나 언젠들 안갈 수 잇스랴 (나의침실로)
○ 아득한 항구-ㄴ들 손쉽게야 버릴거냐 (떠나가는 배)

첫 번째 예는 위치격, 두 번째 것은 목적격으로 씌었다. 이 조사는 오늘날에는 비특수보조조사로서 구실하고 있다.[2]

4.8. 한도보조조사 「신지/싸지/까지」

이 조사는 명사, 동사, 부사에 두루 사용되었다.

○ 自己네들은 어느 정도신지 才子인 同時에 能力이 있는 者라 인정한 싸닭이오 (백조 1-6)
○ 英淳은 오늘 하로의 歷史를 처음부터 끝까지 생각하고는 생각하고… (백조 1-4)
○ 무엇 그러케까지 슬어할 것은 업슬 듯하다 (백조 1-27)

---

2) 정인승, 『표준문법』, 교학사, 1978 참조.

위의 예문에서 보듯이 20세기 초에는 「ᄭᆞ지/싸지/까지」의 세 가지가 씌었는데, 이것은 「ᄭᆞ장〉ᄭᆞ지〉싸지〉까지」의 변천과정을 거쳐옴을 말해주는 것으로 보인다.

4.9. 강세보조조사 「야」

19세기까지 사용되었던 「사」는 20세기부터는 방언으로 남게 되고, 어미 뒤에 오는 「야」는 어미화 되고, 명사 뒤에 오는 「야」만이 강세보조조사로 남게 되었다.

  ○ 情몰은는 지어미야 날다려 안존치 못하다고 (백조 1-18)
  ○ 쌔여서 보니 거짓이고 헛디구나 사랑의 쑴이야 (백조 1-21)
  ○ 언제나 한번은 이 道德과 法律을 쌔칠 이 잇고야 말 것이다 (백조
    2-33) — 어미화

이것이 「이다」의 종지형(終止形)에 쓰이면 감탄형이 되고 또 경우에 따라서는 의문형어미가 되기도 한다.

  ○ 대체 靜子라니 그건 무슨 일홈이야 (창조 2 혜선의사)
  ○ 노상 靑春이야 나 홀로 絕色이야 (백조 3-99)

이들은 형태는 같으나, 그 기능과 의미가 다르기 때문에 구별되어야 할 것이다.

4.10. 유지보조조사 「다가」

이 조사는 동사에만 쓰이고 명사에 쓰일 때는 「에」와 합하여 「에다가」로 되어 쓰임이 특이한 현상이다.

○ 靈鬼은 싹기고 달아서 희미하게 된 우에다가 이제 와서는 혼집이나 마 생기지 못하게 하느라고 (백조 3-143)
○ 새로운 흙 우에다 내 살림을 세워보자 (백조 3-142)

이때에 있어서의 「에다」는 「에다가」의 줄인 형태이다.

4.11. 독자보조조사 「쑨」

20세기 초에는 「쑨만으로」, 「쑨에」, 「쑨이」, 「쑨이다」 등 복합조사로 많이 나타났다.

○ 이것쑨만으로 人生이라 하면… (백조 1-58)
○ 다만 이 굿 업시 쓸쓸한 영원의 僧房夢쑨에 굿치는 生이다 (백조 1-58)
○ 코가 뾰족한 니가다─쌔진 얼골쑨이 내다 보였다 (백조 1-87)
○ 全身이 사라지는 듯한 感傷쑨이었다 (백조 1-26)

4.12. 시발보조조사 「붓허/부터/붓터/브터」

20세기로 들면서도 「붓허/부터/붓터/브터」 등의 여러 형태가 나타난다.

○ 그째붓허 그 사랑은 貴여운 사랑이 안이였다 (백조 1-35)

○ 그는 엘리자베트의 어려슬 째브터의 벗이다 (창조 1-71)

○ 사랑이 터진 후로붓터 경애는 알 수 업는 무슨 괴로움을 째달았다
  (백조 1-35)

○ 이제부터는 新聞합시다 (백킨 2-123)

○ 어느째부터 나리싀는지 (백조 3-70)

여기서는 모두 위치격으로 씌었다. 그러나 차차 「부터」로 통일되
어 오늘에 이르고 있다.

4.13. 위치보조조사 「서」

이 조사는 명사, 부사, 동사 등에 두루 쓰이는데, 명사에 쓰일 때는
위치 출발의 뜻을 나타내고, 부사에 쓰일 때는 위치 또는 정지의 뜻
을 나타낸다. 그러나 동사에 쓰일 때는 완료의 뜻을 나타내는 어미가
된다.

○ 엇던 文學者는 「人生을 멀리서 바라보고 감히 손을 대이려고도 못하
  였다」 (창조 7-50 상단)

○ 이것은 어디서 나왔느냐 (창조 7-50 하단)

○ 너무 기뻐서 울었다 (필자)

4.14. 추종보조조사 「조차/좃차」

20세기 초에는 「조차/좃차」의 두 가지로 표기되었다.

○ 눈은 매일 오게 되고 찬바람조차 氣勢 조케 불어 (백조 1-8)

○ 그런 瞬間의 말벗조차 차질 수 없섯다 (백조 2-134)

4.15. 현상보조조사 「대로」

이 조사는 명사 밑에서만 동사가 되고 관형사형어미 밑에서는 명사가 된다.

○ 나는 참으로 그 말을 그대로 듣고 잇을 수 업서요 (백조 1-39)

○ 누님의 말을 그대로 듯고 잇을 수 업서요 (백조 1-40)

○ 나는 그대로 참지는 못하겠서요 (백조 1-40)

현재 「는커녕」은 입말에서 고사(姑捨)보조조사로 쓰이고 있으나 20세기 초에는 문헌에 잘 나타나지 않는다. 이와 같은 조사에 「마저」가 있다. 이것도 입말에서는 많이 쓰이는데, 문장에는 잘 쓰이지 아니한다.

4.16. 감탄보조조사 「그려」

이 조사는 문장의 끝에 오서 감탄을 나타낸다.

○ 야 英彬氏 오래갓만이 십니다그려 (백조 1-31)

○ 이것은 술이 아니래도 그리십니다그려 (백조 2-49)

○ 자네는 아조 時代에 뒤진 사람일세그려 (백조 2-111)

4.17. 확인보조조사 「요/오」

이것은 「이요/이오」에서 발달한 조사로 문장 끝에서만 쓰이는데, 어미 「~지」, 「~니야」, 「~다」 등에 사용되었다. 그리고 이 조사는 문장 끝에 오는데 주로 높이거나 아니면 높임말을 힘을 주거나 아니면 반말로 힘줌을 나타내는 조사이다.

　　○ 얼굴이 붉을 理야 조금도 없지요 (백조 2-49)
　　○ 희망이 갓득한 새 생활의 計劃을 짓고 잇스니까요 (백조 2-59)
　　○ 前엔 그리치 아넛다오 (창조 1-38 하단)
　　○ 안야요 아모것도 안야요 (백조 3-59)

여기 마지막 예에서와 같이 감탄사에도 온다. 사실 「요」와 「오」는 구별되어야 한다. 왜냐하면 「오」는 존경만을 위하여 쓰이기 때문이다.

4.18. 유사보조조사 「맛다나」

「맛다나」는 부사에서 발달해 온 것으로 입말에 주로 쓰이면서 오늘날 방언으로 쓰이고 있다.

　　○ 果然 그의 말맛다나 海運臺에 갓다온 일은 잇다 (백조 2-133)

4.19. 대비보조조사 「만콤」, 「만치」

이 두 조사는 19세기까지는 대비부사격조사였으나, 20세기로 접어들면서 보조조사로 바뀌었다.

4.19.1. 「만콤」

이 조사는 개폐 양음절 하에 쓰이면서 정도의 비슷함을 나타낸다.

○ 사랑한다는 그 동안에 사랑한다는 그만콤 희정은 괴로웠슬이다 (백
　조 3-80)
○ 어써튼 희정은 그만콤 말솜시도 잇고 수단도 조앗다 (백조 3-80)
○ 사람이란 얼마만콤 時代의 牽制를 맛난다던지 (소년 6-15)

이렇게 쓰이던 「만콤」은 오늘날에는 「만큼」으로 통일되어 쓰이고
있다.

4.19.2. 「만치」

이 조사는 「만지」가 격음화하여 이루어진 것이다. 그런데 형용사
다음에도 쓰였으므로 보조조사로 다루기로 한다.

○ 이것이 離別을 意味하는 것이라 할 째에는 그 즐겁고 아름다운이만
　치 그만치 쓰리고 압팟다 (백조 1-5)

오늘날 이 조사는 경상도 방언에서 입말로 쓰이고 있다.

4.20. 단독보조조사 「만」

○ 晝夜長天에 누어 잇기만 하고 (소년 1-7)
○ 내한 답에만 相關되난 것 아니라 (소년 1-9)

○ 이것만 생각하야도 (소년 1-9)

○ 학교에서 비오난 일 한 가지만 배호면 (소년 1-13)

위의 예에서 보면, 이 조사는 위치부사격조사 뒤에도 쓰이는 등 이제 완전히 보조조사의 지위를 확보하였다.

제8장 조사변천에 대한 결론과 시대구분 및 이유

본론에서 각 세기별로 조사의 체계와 그 용법은 물론 각 조사의 형태적 변천에 대하여 살펴보았는데, 여기서는 이들을 요약하여 결론을 내리도록 하겠다.

1. 조사의 체계, 용법 및 그 형태적 변천에 대한 결론

1.1. 격조사

1.1.1. 주격조사

1.1.1.1. 향찰과 이두에서의 주격조사

향찰로 표기된 주격조사에는 「史」, 「是」, 「理」, 「伊」, 「亦」, 「米」, 「靡只」, 「毛」 등이 다양하게 있었으나, 이두에서는 「是」, 「亦」의 둘로 나타나는데, 이들은 모두 「이」와 「ㅣ」를 적어 주기 위한 표음적 표기와 훈에 의한 표기로 보아진다. 그런데 15세기의 「이」는 「是」계이며 「ㅣ」는 「亦」계로 보아진다.

1.1.1.2. 15세기의 주격조사 「이」와 「ㅣ」는 그 용법이나 형태가 아무 변화 없이 1896년 전까지 계속되다가, 「ㅣ」는 《독립신문》에서부터 없어지고 「이」는 계속 지금까지 쓰이고 있다.

1.1.1.3. 16세기의 여씨향약(呂氏鄕約, 1518)에서부터 「이라셔」가 주격조사로 나타나서 계속 사용되다가 20세기 초에는 「(이)라서」로 바뀌어 쓰이었다.

1.1.1.4. 17세기(1641)에 「가」 주격조사가 나타나서 쓰이어 오더니, 이것이 1896년에 와서는 「ㅣ」의 職能을 완전히 도맡음으로써 「ㅣ」는 그때부터 소멸하고 만다.

1.1.1.5. 17세기(1688)부터 「겨오셔」가 나타나면서 「겨읍셔」, 「겨으오셔」 등이 「겨오셔」를 전후하여 잇달아 나타나더니, 후자는 18세기부터는 나타나지 아니하고 전자는 18세기까지 쓰이다가, 19세기에 와서는 「겨오사」로 나타났다가 없어지고 말았다.

1.1.1.6. 18세기에는 「겨오셔〉계셔」로 된 주격조사가 나타나서, 19세기의 『가곡원류』에까지 계속되다가 소멸하였다.

1.1.1.7. 18세기의 『한중록(閑中錄)』부터는 「끠셔/긔셔」가 나타나서 20세기의 《백조》(1922)까지 사용되었는데, 이는 《백조》부터 나

타났던「쎄서」와 혼용되다가 결국「*의(세)셔 〉 (쎄)*의셔 〉 께서」로 변하고 만다.

1.1.1.8. 마지막으로 19세기(尹孤山의 「漫興」)에 「이라셔」의 축약형으로 보이는 「셔」가 나타나더니, 20세기에 접어들면서 자취를 감추고 만다.

이제 이상의 변천과정을 도표로 보이면 다음과 같다.

주격조사의 변천과정

세기＼조사	15세기	16세기	17세기	18세기	19세기	20세기 초	비고
이							지금까지 쓰임.
ㅣ					1896		
이라셔		1518				1908	
가				1641			지금까지 쓰임.
겨오셔 (겨오샤)							
겨셔						1922	
의셔						께서 →	
쎄셔							
서					1876		

1.1.2. 목적격조사

향가에서 「肹」과 「乙」로 쓰이다가 이두에 와서는 완전히 「乙」로 쓰이던 목적격조사의 15세기부터의 변천을 살펴보면 다음과 같다.

1.1.2.1. 「을」은 15세기부터 20세기 초까지 사용되었으며 지금까지 쓰이고 있다

1.1.2.2. 「을」은 16세기까지는 그래도 엄격하게 사용되었으나 17세기부터는 상당한 혼란을 보였다. 이에 이어 18세기에 와서는 모음조화가 거의 없어짐으로써 「을」의 운명은 사양길을 걷게 된다. 19세기의 ≪독립신문≫에 와서는 「을」로 거의 통일되었는데, 20세기에 들어와서는 완전히 「을」로 통일되고 말았다.

1.1.2.3. 「를」은 15세기부터 20세기 초까지 물론, 지금까지 쓰이고 있다.

1.1.2.4. 「를」도 「을」과 같이 17세기부터는 혼란을 빚기 시작하더니, 18세기에 와서는 음성모음 밑에 쓰이는 예가 더 많아진다. 19세기에 와서는 절대 다수로 「를」이 사용되었고, 그러다가 20세기 초에 와서는 「를」로 완전히 통일된다. 그런데 이들 목적격조사는 15세기부터 19세기까지는 유정위치부사격조사나 위치부사격조사로 쓰이기도 하였으나 19세기부터는 그런 일은 없어졌다.

이상의 변천과정을 도표로 보이면 다음과 같다.

목적격조사의 변천과정

세기\조사	15세기	16세기	17세기	18세기	19세기	20세기 초	비고
을					↑		→ 지금까지 쓰임.
으					1896		
를					↑		→ 지금까지 쓰임.
르					1896		
ㄹ							이것은 「롤/를」과 임의적 변이 형태임.

*점선은 혼란을 의미함

1.1.3. 부사격조사

1.1.3.1. 위치부사격조사

1) 향가에서 「良中」 또는 「良」으로 쓰이던 「에」는 15세기부터 20세기 초는 물론 현재까지도 쓰이고 있다.

2) 「애」는 15세기부터 18세기까지 쓰이다가 19세기에는 거의 쓰이지 아니하였는데, 1896년부터는 완전히 「에」로 통일된다.

3) 향가에서 「矣」로 표기되었던 「의」는 15세기부터 1896년 ≪독립신문≫ 전까지 사용되다가 20세기 초부터는 없어지고 「에」로 통일된다.

4) 「예」는 ≪독립신문≫까지 쓰이다가 없어진다.

5) 「애셔」는 16세기에는 단순조사화하기 시작하여 18세기 중엽까지 쓰이다가, 18세기 말엽 이후 특히 『한중록』부터는 나타나지 아니한다.

6) 「에셔」도 「애셔」와 같이 16세기부터 단순조사화하여 18세기, 19세기까지 씌어오다가, ≪독립신문≫에서부터는 「에서」로 통일되어 가더니, 20세기 초에 와서는 완전히 「에서」로 통일되어 버렸다.

7) 「의셔」도 16세기부터는 단순조사화하여 쓰이다가 19세기 중엽 이후 특히 ≪독립신문≫부터는 「의셔」에 통일되어 버리고 사라진다.

8) 「의셔」는 16세기부터 단순조사화하여 19세기 말 ≪독립신문≫까지 쓰이다가 20세기 초부터는 「에서」에 통일되어 버리고 사라진다.

9) 「라셔」는 15세기에만 쓰이다가 사라졌다.

10) 「끠」는 15세기부터 쓰이어 19세기 고산(孤山)의 「몽천요(夢天謠)」에 와서 「끠」로 나타나더니, 다시 「끠」로 표기되어 1919년 ≪창조(創造)≫까지 쓰이다가 그 후부터는 없어지고 「께」로 대체되었다.

11) 「게」는 「셰」로도 표기되어 19세기까지 쓰이다가 20세기 초 1919년의 「創造」에서는 「게」로 나타나더니 결국은 「께」로 바뀌었다.

12) 15세기의 「드려」는 19세기의 「인봉쇼젼」에서 「다려」로 나타나더니 20세기 초 ≪창조≫에서는 「더러」로 나타나면서부터 이것

은 오늘날까지 쓰이고 있다.

   13) 15세기의 「ᄒᆞᆫ듸」는 16세기까지 나타나고, 17, 18, 19세기에
는 나타나지 않더니, 1919년의 ≪창조≫에서는 「한대/한데」로 나
타나더니 오늘날에는 조사도 입말로서는 사용되어 왔음은 알 수
있다.

   14)「익게/의게」는 17세기에 단순조사화하여 사용되어 오다가,
18세기 『동문유해(同文類解)』, 『한중록(閑中錄)』 등에서부터 「익게」
는 쓰이지 아니하고 「의게」만 사용되었는데, 「의게」는 1919년 ≪창
조≫까지 쓰이다가 없어지고, ≪백조≫(1922)부터는 「에게」로 통일
된다.

   15)「손듸/손ᄃᆡ」는 16세기부터 조사화하여 18세기에는 「손ᄃᆡ」로만
씌어 왔는데, 19세기의 『가곡원류』까지 쓰이다가 없어지고 말았다.

   16)「ㅣ게」는 18세기에 사용되었는데, 아마 「익게/의게」의 줄인
형태가 아닌가 한다.
   이상의 위치부사격조사의 변천과정을 도시(圖示)하면 다음과 같다.

부사격조사의 변천과정

세기\조사	15세기	16세기	17세기	18세기	19세기	20세기 초	비고
에							지금까지 쓰임.
애					1896		
읭					1896		
의					1896		
예					1896		
예셔				(한등록)	1896		
읜셔							
에셔					1896		지금까지 쓰임.
의셔							
쎅				끠→쎅	게/께		지금까지 쓰임. 뒤에 「께」로 변함.
게/쎄					1919		
드려					1919 더러		지금은 「더러」로 쓰임.
흔디					1919 한대/한데		지금은 「한데」로 쓰임.
읜게			1617	1748			
의게			1617		1919 에게		지금까지 쓰임.
손디	1518		손디	1876			

1.1.3.2. 대비부사격조사

1) 「이라와」와 「ᄋ라와」는 임의적변이형태로서 17세기의 『중간
두시언해』까지 쓰이고 그 이후부터는 없어진다.

2) 「ᄋ(으)론」은 『악장가사』에까지 쓰이다가 그 이후는 나타나지 않는다.

3) 「두고」는 16세기에는 「두곤」으로 바뀌더니 17세기부터는 「도곤」으로 나타나서 19세기의 『가곡원류』까지 쓰이다가 없어졌다.

4) 「이」는 15세기부터 쓰이었는데 16세기에는 잘 나타나지 않더니, 17세기의 『동국신속삼강행실도(東國新續三綱行實圖)』까지 쓰이고 사라졌다.

5) 「과/와」는 17~18세기에 「와」가 와야 할 곳에 「과」가 오는 등 다소 혼란을 보였으나, 20세기 초까지 아무 변화 없이 쓰이었다.

6) 「과로/와로」는 15세기에는 단순조사였으나, 16세기부터는 여동(與同)의 뜻을 나타내게 되었는데, 18세기부터는 복합조사로 바뀌었다.

7) 「ᄀ티/ᄋ티」는 16세기부터 조사로 쓰이었는데, 17세기까지 계속되다가 18세기에는 「ᄀ치/ᄆ치」, 「ᄅ티/ᄌ티」 등 다양하게 표기되더니, 19세기에는 「가치/갓치/것치」 등으로 나타나고 20세기 초에는 「갓치」로 나타났다.

8) 「만」은 16세기에는 정도, 비교의 뜻을 나타내었는데, 19세기에는 다시 단독과 비교의 뜻을 나타내었다. 그리고 19세기부터는 비교의 뜻도 나타내면서 단독보조조사로도 사용되었는데, 오늘날에는 완전히 단독보조조사가 되었다.

9) 「마곰」은 16세기에 나타나서 17세기에 「마곰」, 「마콤」으로 바뀌었는데, 18세기에는 잘 나타나지 않다가 19세기부터는 「만콤」으로 바뀌어 20세기 초에도 그대로 쓰이다가 오늘날에는 「만큼」으로 바뀌었다.

10) 「맛감」과 「마곰」은 17세기에만 쓰이고 없어졌다.

11) 「만지」는 17세기에 나타나서 쓰이고, 18~19세기에는 잘 나타나지 않더니, 20세기 초에는 「만치」로 바뀌어 오늘날은 방언에 쓰이고 있다.

12) 「의여서」는 19세기 「봉선화가」에서 나타날 뿐이다.

13) 「보다/보담」은 19세기 말 ≪독립신문≫에서 처음 나타나는데, 오늘날은 「보다」로 굳어졌다.

14) 「처럼」도 ≪백조≫에서 처음 나타나서 오늘날까지 쓰이고 있다.

이상에서 요약해 본 대비부사격조사를 보기 쉽게 도표로 나타내어 보이면 다음과 같다.

대비부사격조사의 변천과정

세기 / 조사	15세기	16세기	17세기	18세기	19세기	20세기 초	비고
의(ᄋᆞ)라와	────────	──→ 1632					
ᄋᆞ(으)론	────────	(악장가사)					
두고	──────→ 두곤	──→ 도곤	─────────	──→ 1876			
이	────────	──→ 1617					
과(와)	────────					──→	지금까지 쓰임.
과로/와로	──────→ 1586	──→ 1753					
ᄀᆞ티/ᄋᆞ티	────────	──→ 굿치/ᄀᆞ치 ᄀᆞ티/ᄀᆞ티	가치/갓치 /것치	──→ 갓치	──→	단독 보조조사	
만	────────	──→ 1876 / 1756				──→ 오늘날 단독 보조조사	
마곰	──────→ 마곰 /마콤	─────────	──→ 만큼 (중엽 이후)	1922 (보조조사화)	지금은 「만큼」 으로 쓰임.	
맛/맛감	────────						
만지	────────	─────────	──→ 만치 1922	지금은 방언으 로 남음.		
보다/보담	────────			──→ 1890	지금은 「보다」 로 쓰임.	
처럼	────────			──→ 1922	지금까지 쓰임.	

*점선은 혼란을 의미함

1.1.3.3. 방편부사격조사

1) 「ᄋᆞ로/으로」는 18세기부터 「으로」로 통일되어 오늘날까지 쓰이고 있다.

2) 「오로/우로」는 17세기의 『태평광기(太平廣記)』, 『언해두창집요(諺解痘瘡集要)』 등에까지 쓰이고 없어졌다.

3) 「으록」은 15세기에만 쓰이고 16세기에는 나타나지 않다가, 17세기의 『중간 두시언해』에서 다시 나타나더니 없어졌다.

4) 「ᄋᆞ로셔/으로셔」는 16세기부터 단순조사화하여 시발을 나타내었는데, 20세기 초로 접어들면서 「으로서」로 바뀌면서 자격을 나타내게 되었다.

5) 「(으)로뼈(써)」는 18세기에 단순조사화하여 오늘날까지 쓰이고 있다.

이상의 변천과정을 도표로 나타내면 다음과 같다.

방편부사격조사의 변천과정

조사＼세기	15세기	16세기	17세기	18세기	19세기	20세기 초	비고
				(한듕목)			
으로							지금까지 쓰임.
오로/우로			태평광기 1632	(언해투창집요)			
으로셔(시발) (초간박통사) (초간노걸대)						으로서 (자격) 1921	
으로뼈(써)				(삼역총해)		로써 1921	지금까지 쓰임.

1.1.4. 관형격조사

1.1.4.1. 「ᄋᆡ/의」는 18세기, 즉 1753년 경(『왕랑반혼전(王郎返魂傳)』)부터 「의」로 통일되어 오늘날까지 쓰이고 있다.

1.1.4.2. 「ㅣ」는 18세기의 『삼역총해(三譯總解)』까지 쓰이다가 없어졌다.

이제 위의 둘을 도시하면 다음과 같다.

관형격조사의 변천과정

세기 조사	15세기	16세기	17세기	18세기	19세기	20세기 초	비고
이				1753			
의							지금까지 쓰임.
ㅣ			(삼역총해)				

1.1.5. 호격조사

1.1.5.1. 「하」는 17세기 특히 1617년의 『동국신속삼강행실도』까지 쓰이고 없어졌다.

1.1.5.2. 「아/야」는 15세기부터 오늘날까지 쓰이고 있다.

1.1.5.3. 「(이)여」는 15세기부터 오늘날까지 쓰이는데, 오늘날은 호격보다도 감탄을 나타내는데 주로 쓰인다.

이상에서 설명한 바를 도시하면 다음과 같다.

호격조사의 변천과정

세기 조사	15세기	16세기	17세기	18세기	19세기	20세기 초	비고
하			→1617				
아/야							→ 지금까지 쓰임.
이여							→ 지금까지 쓰임.

1.2. 연결조사

1.2.1. 「과/와」는 15세기부터 지금까지 쓰이고 있다.

1.2.2. 「ᄒ고」도 15세기부터 지금까지 쓰이는데, 1876년 『가곡원류』에서부터는 「하고」로 바뀌었다.

1.2.3. 「이며」는 15세기부터 지금까지 쓰이고 「ㅣ며」는 『선가귀감(禪家龜鑑)』까지 쓰이다가 없어졌다.

1.2.4. 「이여」는 16세기 초의 초간본 『박통사언해(朴通事諺解)』까지 쓰이다가 없어진다.

1.2.5. 「이랑」은 16세기의 청산별곡에서 나타나더니 17세기에는 지적보조조사로 쓰이었는데, 그 후 입말에서만 쓰인 듯하여 문헌에 잘 나타나지 않더니, 오늘날은 보조조사로 쓰이고 있다.

1.2.6. 「마른」은 15세기부터 19세기까지는 절연결조사였는데 20세기에 들어와서는 보조조사화하였다.

1.2.7. 「컨마른」은 16세기의 감군은(感君恩)까지 쓰이다가 없어졌다.

1.2.8. 「코/고」는 본래 「ᄒ고」의 준 것으로 15세기의 『법보단경(法寶壇經)』에서부터 쓰이기 시작하였는데 16세기에는 잘 나타나지 않더니, 오늘날에는 인용조사로 바뀌었다.

이상에 설명한 연결조사의 변천과정을 표기하면 다음과 같다.

연결조사의 변천과정

조사＼세기	15세기	16세기	17세기	18세기	19세기	20세기 초	비고
과/와			1632			→	지금까지 쓰임.
ᄒ고						→	지금까지 쓰임.
이며						→	지금까지 쓰임.
ㅣ며							
이여			1610 (박통사)				
이랑		(청산별곡)				→	지금까지 쓰임.
마른					1896 (보조조사화)	→	지금은 보조조사임.
컨마른	(악장가사)						
코/고					1908 (인용조사) (고)	→	지금까지 쓰임.

1.3. 의문조사

1.3.1. 「고」는 15세기부터 20세기까지 쓰이었는데, 20세기부터는 서

술격조사의 의문형어미화하여 갔는데, 오늘날은 방언에만 남아 있다.

1.3.2. 「오」는 「고」의 ㄱ탈락형인데 16세기까지 나타나다가 사라진다.

1.3.3. 「가」는 15세기에서 20세기 초까지 쓰이다가 지금은 방언에서만 쓰이고 있다.

1.3.4. 「아」는 「가」의 ㄱ탈락형인데 15세기에만 쓰이고 없어진다.

1.3.5. 「여」는 16세기 초의 『박통사언해』에서만 나타나는데, 아마 어떤 지방의 방언인 듯하다.

1.3.6. 「야/아」는 20세기 초에 나타나는데, 입말에서 씌었던 어찌의 문조사였다.

1.3.7. 「요」도 20세기 초에 처음 나타나는데 이것도 당시의 입말인 것 같다. 왜냐하면 오늘날도 입말에서 많이 쓰이고 있기 때문이다.

이상에서 요약해 말한 의문조사의 변천과정을 도시하면 다음과 같다.

세기 조사	15세기	16세기	17세기	18세기	19세기	20세기 초	비고
고						→1	지금은 방언임.
오	—						
가						→1	지금은 방언임.
아	—						
여		(박통사)					
야/아						1919→	지금까지 쓰임.
요						1919→	지금까지 쓰임.

1.4. 보조조사

이 보조조사는 15세기를 중심으로 하여 그 변천을 요약하되, 형태와 그 구실에 관하여 주로 언급될 것이다.

1.4.1. 분별보조조사 「은/은」, 「는/는」

이는 향가와 이두에서는 「隱, 焉」으로 표기되었으나, 「隱」이 그 본체였던 것으로 보인다. 15세기부터 「은/은」, 「는/는」으로 나타났던 이 조사는 20세기 초부터는 「은/는」 두 가지로 나타난다.

1.4.2. 지적보조조사 「(으)으란」, 「(으)라는」

이것은 향가와 이두에서 「肹良」, 「乙良」으로 표기되었는데, 15세기는 「ㅇ(으)란」, 「(으)라는」 등으로 나타났다. 이들 중 「으라는」은 16세기에는 잘 나타나지 않으며, 17세기에는 「(이)으랑」으로도 나타나더니, 18·19 양 세기에는 다시 「으란」으로 나타나고 20세기 초에는 「(이)란」으로 굳어졌다.

1.4.3. 선택보조조사 「이나」, 「이어나」

1.4.3.1. 「이나」는 15세기부터 20세기 초까지 쓰이고 지금도 쓰이고 있다.

1.4.3.2. 「이어나」는 18세기의 『언해납약증치방(諺解臘藥症治方)』에 나타나고 19세기부터는 나타나지 않으나, 입말로서는 쓰인 듯하다. 왜냐하면 오늘날 경상도방언에서 쓰이고 있기 때문이다.

1.4.3.3. 「든지/던지」는 19세기의 ≪독립신문≫에서 처음 나타나서 오늘날은 「든지」로 통일되어 쓰이고 있다. 이것은 틀림없이 입말에서 온 것으로 보인다.

1.4.4. 균일보조조사 「마다」

이 조사는 향가에서 「매여(每如)」로 표기되어 나타나더니 15세기에는 「마다」로 나타나서 지금까지 쓰이고 있다.

1.4.5. 역시보조조사 「도」

향가에서는 「置, 都, 刀」로 표기되었고, 이두에서는 「置」 하나로 표기되었으나, 모두「도」의 표기임에 틀림없다. 15세기에는「도」로 나타나더니 16세기에는「도/두」로 나타나고 17세기부터는 계속「도」로 나타나다가 20세기 초에는「도/두」의 두 가지가 나타나는데, 아마「두」는「도」의 강조형인 듯하다.

1.4.6. 각자보조조사「곰」

이 조사는 15세기부터 17세기까지 쓰이고 18세기에는 잘 나타나지 않다가, 19세기에 오서는 소멸하고 만다.

1.4.7. 유여보조조사「나마」

15세기부터 18세기까지는 유여보조조사로 쓰이고, 19세기 말 특히 ≪독립신문≫에서부터는 불만보조조사로 바뀐다.

1.4.8. 국한보조조사「뭇」,「붓」,「봇」

이들 세 조사는 16세기에는「봇」하나만 나타나더니, 17세기부터는 나타나지 아니한다.

1.4.9. 불구보조조사「만뎡」

이 조사는 17세기에는「언뎡」으로 나타나더니, 18세기에는 잘 나타나지 아니하고 19세기에는「망뎡」(『언간연구』),「만졍」(『가곡원류』)으로 나타나더니, 20세기에는 없어지고 만다.

1.4.10. 양보보조조사 「인들」

이것은 19세기 『가곡원류』부터 「인들」로 나타나더니 20세기에도 그대로 쓰이고 있다.

1.4.11. 강세보조조사 「ᅀᅡ」

「ᅀᅡ」는 16세기까지 쓰이고 17세기에는 「ᅀᅡ」, 「아」, 「야」의 세 가지로 나타나더니 18~19세기에는 「사」, 「야」로 나타나다가 20세기로 접어들면서 「야」만 나타나는데, 이것이 어미 뒤에 나타날 때는 어미화되고 말았다. 「사」는 물론 방언에만 남게 되었다.

1.4.12. 가정보조조사 「잇든」

「잇든」은 16세기의 『악장가사(樂章歌詞)』까지 나타나더니 없어진다.

1.4.13. 지급보조조사 「이드록」

이것은 17세기까지 계속 쓰이다가 18세기에는 기록에 나타나지 않더니, 19세기에는 「토록」으로 나타나다가(아마 이때는 어미화한 듯) 20세기부터는 어미화하였다.

1.4.14. 유지보조조사 「다가」

이 조사는 15세기부터 19세기까지는 그대로 쓰였는데 20세기로 접어들면서 동사 뒤에는 그대로 쓰이나, 명사 뒤에 쓰일 때는 「에」와 합하여 「에다가」로 되어 사용되는 점이 옛날과 다르다.

1.4.15. 시발보조조사 「브터」

15세기의 「브터」는 17세기에는 「붓터/븟터」로 표기되어 나타나더니, 18세기도 17세기와 같이 쓰이었는데, 19세기에 와서는 「브터/븟터/붓터/보텀」의 네 가지로 나타났다. 그리고 20세기에는 「붓허/부터/붓터/브터」로 다양하게 나타나더니 결국 「부터」로 통일되었다.

1.4.16. 지정보조조사 「이라」

「이라」, 「ㅣ라」 모두 17세기까지 쓰이고, 18세기부처는 서술격조사로 바뀌고 만다. 따라서 국어사상 지정사가 서술격조사로 바뀌는 시기는 18세기로 보아도 좋을 듯하다.

1.4.17. 위치보조조사 「셔」

이 조사는 15~18세기에는 정류보조조사였으나, 19세기부터는 명사 하에서는 정처부사격조사로 동사 하에서는 어미로 바뀌기 시작하면서 20세기 초까지 계속되나, 여전히 명사, 동사, 부사 밑에 쓰이므로 일단은 보조조사로 다루어 두었다.

1.4.18. 다짐보조조사 「곳」

이 조사는 19세기의 『가곡원류』까지 쓰이다가 없어진다.

1.4.19. 여운보조조사 「곰」

이 조사는 18세기부터는 「금」으로 바뀌면서 일종의 부사접미사처럼 보아지게 된다. 19세기의 고산시조에는 「옴」이 나타나는데 이것은 ㄱ이 탈락한 것으로 본해의 규칙을 벗어나게 됨으로써 마지막을 고하게 된다.

1.4.20. 고사보조조사 「는커니와」

이 조사는 16~17세기에는 나타나지 않다가, 18세기의 松江의 노래에 나타나고 그 이후로는 나타나지 않는다. 그러나 오늘날도 방언에서는 쓰이고 있는 것을 보면, 입말에서는 계속 씌어온 것 같다.

1.4.21. 추종보조조사 「조쳐」

이것은 향가에서는 「축우(逐于)」로 쓰이고 이두에서는 「추우(追于)」로 표기 되었다. 그때는 동사로 보여지나 이것이 조사화하기 시작한 것은 16세기부터인 것으로 보인다. 이 조사는 16세기에는 「조쳐」로 표기되고, 17세기에는 「조차」로 표기되었으며 18세기 또한 그러하였는데, 19세기에는 「좃ㅊ/좃차」로 씌었고 20세기 초에는 다시 「조차/좃차」로 쓰이어 오늘에 이르고 있다.

1.4.22. 현상보보조사 「대로」

이것은 16세기부터 18세기까지 「데로」로 나타나더니, 19세기에는 「대로/디로」로 나타났다가, 20세기에는 다시 「대로」로 표기되어 오늘에 이르고 있다.

1.4.23. 독자보조조사 「샌」

17세기부터 조사화한 「샌」은 20세기 초까지 사용되다가 1933년 후에 「뿐」으로 바뀌었다.

1.4.24. 한도보조조사 「신지」

이 조사는 향가에서 「㦖丁」으로 기록되었고, 이두에서는 「至」로 표기되었는데, 이때까지는 실사였다. 이것이 조사화한 것은 17세기부터인데 18~19세기까지는 「신지」로만 나타나더니 20세기 초에는 「신지/까지/까지」의 셋으로 표기되다가, 드디어는 「까지」로 쓰이게 되었다.

1.4.25. 최종보조조사 「무즈」

이것은 18세기에만 나타나고, 20세기 초까지는 나타나지 않는데, 입말에서는 오늘날까지 쓰이고 있어, 결국 문장에도 쓰이게 되었다. 그러나 이 조사의 생명은 오래지 않을 것 같다.

1.4.26. 단독보조조사 「만」

이 조사는 17세기까지는 대비부사격조사였으나, 18세기부터 20세기 초는 물론 오늘날까지 단독보조조사로 쓰이고 있다.

1.4.27. 감탄보조조사 「그려」

이 조사는 20세기 초에 나타나서 문장 끝에 쓰인다.

1.4.28. 확인보조조사 「요/오」

이것은 어미로도 볼 수 있으나, 조사로 다루기로 한다.

○ 새 생활의 계획을 짓고 있으니까요 (백조 2-59)

와 같은 예에서는 조사로 보아진다. 물론 20세기 초에 나타났다.

1.4.29. 유사보조조사 「맛다나」

지금은 방언에서 많이 쓰이나, 20세기 초에 문예지에 나타났다.

1.4.30. 대비보조조사 「만콤」, 「만치」

이들도 20세기 초에 보조조사화하였다. 물론 19세기까지는 대비부사격조사였었다.

이상에서 다루어온 보조조사의 변천을 보기 쉽게 도시하면 아래와 같다.

보조조사의 변천과정

세기 / 조사	15세기	16세기	17세기	18세기	19세기	20세기 초	비고
분별 보조조사	은/은 는/는					은/는	지금은 「은/는」 으로 쓰임.
지적 보조조사	으(ᄋ)란 ᄋ라는		1632 으란 이란 1656	으란		이란	지금도 「이란」 으로 쓰임.
선택 보조조사	이나						지금까지 쓰임.
	이어나			1799	1896 든지 /던지	든지	지금까지 쓰임.
균일 보조조사	마다						지금까지 쓰임.
역시 보조조사	도	1518 도 두				도 두	지금까지 쓰임.
각자 보조조사	곰						
유여 보조조사	나마				1896 ᄂ마	나마	1896년부터 불만보조조사가 되어 지금도 계속 쓰임.
국한 보조조사	믓 붓 봇	1518					
불구 보조조사	만뎡		1610 언뎡		1876 만뎡 만졍		20세기 초부터 없어짐.
양보 보조조사	인들				1876 인들		지금까지 쓰임.
강세 보조조사	잇든 사		사/아 /야	사/아		야	동사에 붙으면 어미가 됨.
유지 보조조사	다가					다가 에다가	동사에 쓰임(어미화). 명사에 쓰임(위치부사격조사).
도급 보조조사	이드록				토록 (낙성비룡)		19세기에 이미 어미화 함.

조사 \ 세기	15세기	16세기	17세기	18세기	19세기	20세기 초	비고
시발 보조조사	브터		부터 붓터 붓터 브터	붓터 붓터	브터 /보팀 붓터 붓터	붓허 부터 붓터 브터	지금은 「부터」로 쓰임.
지정 보조조사	이라						
정류 보조조사	셔					1919 서	
다짐 보조조사	곳			1876			
여운 보조조사	곰				(고산유집)		
고사 보조조사	는커니와			1747			
추종 보조조사		조쳐	조차		1876 좃츠 좃차	조차	지금까지 쓰임.
현상 보조조사	1518 대로				1896 대로 딕로		
독자 보조조사			1613 뿐				
한도 보조조사			까지			싯지 까지 까지	
최종 보조조사				1730 모즈			지금은 다시 쓰임.
단독 보조조사			대비부사 격조사	1747 만			지금도 보조조사로 쓰임.
감탄 보조조사						1922 그려	지금까지 쓰임.
확인 보조조사						1922 요/오	지금도 입말에서 쓰임.

2. 조사변천의 시대구분

앞에서 언급한 내용을 바탕으로 조사변천의 시기를 살펴보면, 대체적으로 17세기를 한 분수령으로 들 수 있겠고, 다음으로 들 수 있는 것이 1896년의 ≪독립신문≫이다. 17세기가 조사변천의 첫 번째 시기로 지적되는 이유는 1592년에 일어났던 임진왜란의 영향으로 보아진다. 임진왜란은 비단 조사뿐만 아니라, 음운면이나 문법면에서 많은 변화를 가져왔음은 주지의 사실인바, 문법의 한 하위범주인 조사야 더 말할 것도 없다. 따라서 17세기에는 없어질 조사는 없어지고 새로운 조사가 생겨날 뿐 아니라, 15세기에 나타났던 조사 중 형태가 바뀔 것은 대개 이때에 바뀌게 되었다.

그러던 조사는 18세기로 내려오면서, 더욱 근대어에 접근하게 된다. 19세기의 ≪독립신문≫에 와서는 현대어에 가까워질 뿐만 아니라, 입말에서 쓰이던 새로운 조사도 나타나게 되고, 또 인습에 의해 쓰이던 많은 조사가 이때에 와서 없어지기도 한다. 이와 같은 사실은 그 당시에 일기 시작한 언문일치운동의 결과가 아닌가 한다. 이와 같이 현대어에 한 걸음 더 다가섰던 조사는 20세기 초의 ≪소년≫, ≪창조≫, ≪백조≫ 등에 와서는 완전히 지금과 같은 형태와 용법으로 일신(一新)하게 되는데, 그것은 언문일치운동이 완성된 데서 온 하나의 커다란 수확이 아닐 수 없다.

이와 같은 역사적 사실을 바탕으로 필자는 15세기부터 1592년까지의 조사를 중세국어의 조사라 일컫고, 1592년 이후부터 갑오경장(1894)까지의 조사를 근대국어의 조사로 갑오경장 이후 현재까지의 조사를 현대국어의 조사로, 각각 일컫고자 한다. 이렇게 보게 되면, 조사의 시대구분도 국어사의 시대구분과 별차 없는 것으로 보인다.1)

3. 조사변천의 이유

한국어 조사가 변천해 온 데에 대한 이유를 보면, 다음 몇 가지로 구분될 것 같다.

3.1. 음운 변동에 의한 조사의 변천

하나의 형태소는 음운에 의하여 결정되는 것이므로 음운의 변동은 마땅히 조사의 형태를 변화시킨다. 그런데 음운의 변동이라 하면, 대개 그 음가의 변동에 의한 음운기호의 변형을 말하는데, 이와 같은 사실에 의한 조사의 형태 변천을 보면 다음과 같다.

3.1.1. 음운의 변동에 의한 조사의 변천

3.1.1.1. 「·」의 음운변동에 의한 조사의 변천

1) 「ᄋᆞᆯ/ᄅᆞᆯ」은 ≪독립신문≫에 와서 「을/를」로 통일되었다.
2) 위치부사격조사 「ᄋᆡ」는 19세기부터는 소멸하고 「에」에 통합되었다.
3) 「ᄋᆡ셔」도 ≪독립신문≫에서부터 「에서」로 통합되었다.
4) 「ᄃᆞ려」는 19세기의 「인봉쇼전」에서는 「다려」로 바뀌었다가, ≪창조≫에서는 「더러」로 바뀌었다.
5) 「ᄋᆡ게」는 18세기 중엽에 「의게」로 바뀌었다.
6) 「ᄀᆞ티」는 19세기에는 「가치/갓치/것치」 등으로 바뀌었다.

---

1) 金亨圭, 『國語史研究』. 일조각, 1974, 388쪽 이하 참조.

7) 「ᄋ로」는 18세기부터는 「으로」로 바뀌었고, 「ᄋ로셔」는 18세기 부터는 나타나지 아니하고 「으로셔」만 나타나더니, 20세기 초에 는 「으로서」로 바뀌었다.

8) 관형격조사 「ᄋᆡ」는 16세기에는 「애」로도 나타나더니 18세기 중엽에 「의」로 통합되었다.

9) 「ᄒ고」는 『가곡원류』에서 「하고」로 바뀌었다.

10) 「은/ᄂᆞᆫ」는 20세기 초에 「은/는」으로 바뀌었다.

11) 「ᄋ란/아라ᄂᆞᆫ」은 17세기 중엽에 「으란/이란」으로 바뀌었다.

12) 「ᄭᆞ지」는 20세기 초에 「ᄭ지」로 바뀌고, 다시 이것이 「까지」로 바뀌었다.

13) 「은커니와/ᄂᆞᆫ커니와」는 18세기에 와서는 「은커니와/는커니와」 로 바뀌었다.

3.1.1.2. 어두자음군의 경음화 및 평음의 격음화에 의한 조사의 변천

1) 「ᄭᆡ」가 18세기 말에 「ᄭᅵ」로 바뀌고, 「세」가 1919년에 「께」로 바뀌었으며, 「ᄒᆞᆫᄃᆡ」가 1919년에 「한테」로 바뀌었다.

2) 「마곰」이 17세기에 「마콤」으로 바뀌고, 다시 19세기에 와서 「만콤」으로 바뀌었다가. 20세기 초에 다시 「만큼」으로 바뀌었 다. 그리고 「만지」는 1922년에 「만치」로 바뀌었다.

3) 「ᄲᅮᆫ」이 20세기에 「뿐」으로 바뀌었고, 「ᄭᆞ지」가 20세기 초에 「까 지」로 바뀌었다.

3.1.1.3. 복모음의 단모음화에 의한 조사의 변천

1) 18세기에 나타났던 「ᄭᆡ셔」는 20세기 초에 「ᄭᅵ서」 또는 「쎄서〉

께서」로 바뀌었다. 그리고 1922년에 나타났던 「쎄옵셔」는 「께옵서」로 바뀌었다.

2) 「이셔」, 「에셔」, 「의셔」는 ≪독립신문≫에 와서 모두 「에서」로 바뀌어 지금까지 쓰이고 있다.

3) 「ᄃ려」는 19세기의 「인봉쇼젼」에서는 「다려」로 바뀌더니, ≪창조≫에 와서는 「더러」로 바뀌었다. 그리고 「의게」는 ≪창조≫에서는 「에게」로 바뀌었다.

4) 17세기에 단순조사화한 「으로셔」는 1920년경에 「으로서」로 바뀌어 지금까지 쓰이고 있다.

5) 정류보조조사 「셔」는 20세기 초에 「서」로 바뀌었다.

6) 16세기에 나타났던 「조쳐」는 17세기에 「조차」로 바뀌더니, 19세기에는 「좃츠/죠차」로 나타났다가, 20세기 초에 다시 「조차」로 바뀌어 지금까지 쓰이고 있다.

3.1.2. hiatus 회피 현상에 의한 조사의 변천

여기에서 우선 말할 수 있는 것은 주격조사 「가」를 들 수 있다. 이것이 주격조사 「ㅣ」가 와야 할 곳에서 쓰이고 있는 것을 보면, 「가」의 발달이야말로 hiatus를 피하기 위해 이루어진 것으로 보인다.

다음으로는 호격조사 「야」이다. 이것은 본래 「아」였었는데 모음 밑에서 「아」가 옴을 꺼려서 반모음 「j」를 삽입하여 「야」로 바뀐 것이다(「아+아 〉 야」).

3.2. 문법의식에 의한 조사의 변천

문법의식에 의한 조사의 변천으로서는 존칭의 주격조사를 들 수 있다.

3.2.1. 17세기에 「겨오셔/겨오샤」가 나타나더니, 18세기에는 다시 「계셔」와 「씌셔」가 나타났으며, 「씌셔」는 20세기에 다시 「씌셔」로 바뀌었다가 다시 「쎄서 > 께서」에 통합되었다.

3.2.2. 1922년의 ≪백조≫에서는 최존칭의 주격조사에 「쎄옵서」가 나타나더니 이것은 뒤에 「께옵서」로 바뀌었다.

3.3. 사회구조의 변화에 의한 조사의 변천

여기에서 말할 수 있는 것은 첫째로 사호의 구조가 달라짐에 따라 인간의 의식구조에도 변화가 오는 것 즉, 의식구조의 변화에 의한 조사의 변천을 말할 수 있을 것이요, 둘째로 말할 수 있는 것은 그 시대의 독특한 사회적 운동, 즉 언문일치 운동에 의한 조사의 변천을 들 수 있을 것이니, 이에 대하여 간단히 논하기로 하겠다.

3.3.1. 의식구조의 변화에 의한 조사의 변천

여기에서 말하여야 할 것은 무엇보다도 새로운 조사의 발달과 조사의 용법에 관한 변천을 들 수 있는데, 구체적으로 예를 들면 다음과 같다.

3.3.1.1. 주격조사 「가」와 「겨오셔/겨오샤」가 17세기에 나타나고, 「계셔」, 「씌셔」가 18세기에 ㄴ타났으며 20세기 초에 「쎄옵셔」가 나타났다.

3.3.1.2. 16세기에 「의셔」, 「의셔」, 「에셔」, 「애셔」가 단순조사화하였다.

3.3.1.3. 17세기에 「의게/의게」가 단순조사화하고 「손디」가 조사화하였다.

3.3.1.4. 「와로/과로」가 18세기에 복합조사화하고, 16세기에 나났던 「만」은 18세기에 보조조사화하였으며, 「마곰」도 16세기에 나타났다. 그리고 17세기에는 「맛」, 「맛감」, 「만지」 등이 나타났다가, 그 중 「맛」과 「맛감」은 없어지고 말았다. 또 19세기에는 「의여셔」와 「보다」가 다시 나타났다.

3.3.1.5. 「으로셔」가 17세기에 시발을 나타내는 단순조사화하였으나, 20세기에 자격을 나타내는 조사로 바뀌었고, 「으로써」는 18세기에 단순조사화하였다.

3.3.1.6. 인용조사 「고」는 15세기에 「코」로 나타나서 뒤에 「고」로 바뀌었다.

3.3.1.7. ≪독립신문≫에서는 불택조사로서 「던지/든지」가 새롭게 나타났다.

3.3.1.8. 정류보조조사 「셔」는 19세기 말부터 위치부사격조사로 바뀌었다.

3.3.1.9. 16세기에 추종보조조사 「조쳐」가 나타났고 또 현상보조조

사 「대로」가 나타났으며 17세기에는 「뿐」, 「진지」 등이 나타났고, 18세기에는 「모즈」, 「만」 등이 나타났는데, 「만」은 17세기까지는 대비부사격조사였었다.

3.3.1.10. 20세기에 접어들면서 「그려」, 「요/오」, 「맛다나」, 「만큼」, 「만치」 등이 나타났는데, 「만큼」, 「만치」는 본래 대비부사격조사였었다.

3.3.1.11. 유여보조조사 「나마」는 ≪독립신문≫에서부터는 불만보조조사로 그 뜻이 바뀐다.

3.3.1.12. 강세보조조사 「야」는 20세기 초에 동사 뒤에 올 때는 어미화하였다.

3.3.1.13. 도급보조조사 「이드록」은 19세기에는 어미화하였다.

3.3.1.14. 지정보조조사 「이라」는 18세기부터 서술격조사로 바뀌었다.

3.3.1.15. 정류보조조사 「셔」는 19세기 말부터 어미 뒤에 올 때는 어미화하였다.

끝으로 여기에 덧붙일 것은 조사의 소멸도 의식구조에 의한 조사의 변천으로 볼 수 있다. 왜냐하면 소멸한 것은 그 시대 사람들의 머릿속에 조사로서의 인식을 받지 못했을 것으로 보이기 때문이다.

3.3.2. 언문일치운동에 희한 조사의 변천

이 운동은 서구문화의 영향으로 일어난 국어 발전의 촉진제가 되었는바, 이제 예를 제시하면 다음과 같다. 즉 여기서는 무엇보다도 입말의 조사가 대거출현하게 되었음을 지적하지 않을 수 없다.

3.3.2.1. 1896년의 ≪독립신문≫에서 「보다」가 나타나고 1922년 ≪백조≫에서 「처럼」이 나타났다.

3.3.2.2. 20세기 초 ≪창조≫에서 의문조사 「요」와 「야/아」가 나타났다.

3.3.2.3. ≪독립신문≫에서 「든지/던지」가 처음 나타났다.

3.3.2.4. 1922년 ≪백조≫에서 「그려」, 「맛다나」 등이 나타났다.

끝으로 하나 덧붙일 것은 조사의 변천은 타 형태소와의 연결관계에서 일어나는 경우가 많다는 것이다. 몇 개 예를 들면 이미 앞 3.3에서 보인 바와 같이 「셔」, 「이ᄃ록」, 「다가」 등이 동사의 어미 다음에 쓰이게 되다가 이들도 어미화하고 말았는데, 현재도 어미 다음에 쓰이고 있는 보조조사나 어떤 격조사는 시대가 바뀜에 따라 자연히 어미화할 것으로 보인다.

[붙임]

1. 한국어 조사의 발달가설

필자는 본론에서 한국어 조사를 통시적으로 살펴본 결과, 한국어 조사가 대체적으로 다음과 같은 사항에 따라 발달하여 온다는 사실을 알게 되었다.

1) 한국어의 조사는 본래 독립 단어였다

어원적으로 말하면, 원시한국어에는 본래 조사가 없었다. 따라서 후대에 발달한 조사는 본디 하나의 독립단어였다. 그러던 것이 각 시대 사람들의 의식구조의 변화와 문법의식에 따라 그 단어가 지니고 있던 본래의 의미를 상실하고 새로운 문맥적 의미를 얻든가 아니면 월에서의 어떤 단어에 대하여 문법적 기능을 도맡게 해 줌으로써 조사라는 새로운 단어로 바뀐 것이다. 그런데 격조사 중 주격조사, 목적조사, 관형격조사를 비롯하여 위치부사격조사의 「에」, 「에서」 대비부사격조사의 「보다」, 「처럼」 방편부사격조사 「으로」, 연결조사 「과/와」, 「하고」 등은 완전하게 그 본래의 뜻을 상실하고 추상적인 새로운 뜻을 얻었을 뿐 아니라, 특히 부사격조사 중 어떤 것은 오히려 새롭고 구체적인 뜻을 얻기까지 하였다. 이에 반하여 보조조사는 그래도 어느 정도까지는 본래의 뜻을 지니고 있는데, 다음에서 몇몇 예를 보이기로 하겠다.

① 쉽 이 기픈 므른 (용비 2)
② 눔 드려 물어 닐어 (석상 9-21)
③ 아모 그에 ᄒᆞ논 겨체 (훈언)
④ 다 이에 브터 비로스시니라 (능엄 1-40)

①에서 보면 「이」는 옛날에는 비인칭대명사였었는데 이것이 그 독립성을 잃게 됨으로써 그 앞의 명사 「쉽」에 붙게 되면서 그 명사를 월의 주어가 되게 하였던 것이다. 그러면서 이 말은 그 본래의 의미를 완전히 잃어 버리고 말았다.

②에서의 「드려」는 동사 「드리다」의 연결형인데 15세기에는 조사로 씌었으나 후대로 오면서 그만 「더러」로 그 어형마저 바뀌면서 유정위치부사격조사로 굳어진 것이다.

③의 「그에」는 본래 처소대명사로서 여기서는 관형사 「아모」의 수식(修識)을 받고 있었는데, 후대로 오면서 「그에」가 독립성을 잃고 오히려 「아모」에게 붙게 되자 이것 또한 유정위치부사격조사로 굳어지면서 ②의 「드려」와 같이 새로운 의미와 새로운 구실을 얻게 된 것이다.

④의 「브터」도 옛날에는 동사였었는데, 후대로 오면서 보조조사로 바뀌고 말았다.

이와 같이 모든 조사는 본디 다 월 속의 독립단어였던 것이 어느 시대를 막론하고 그 시대 사람들의 의식에 따라 그 본래의 뜻을 잃고 새로운 의미를 얻든지, 아니면 아주 그 본뜻을 잃고 그 앞의 명사에 결합됨으로써 조사로 발달된 것이다.

2) 품사에 따른 조사 발달

조사는 명사, 대명사, 동사, 부사 등에서 발달되는데, 특히 격조사는 주로 명사, 대명사에서 발달되고 보조조사는 명사, 동사, 부사 등에서 발달된다. 이와 같은 사실을 표로써 보이면 다음과 같다

품사별 조사 발달표

어원	단어	발달된 조사
대명사	이, 의(3인칭 소유대명사)	이(주격), 의(관형)
명사	를, 의, 에(히), 으로, 는, 도, 뿐, 마다, 만뎡, 과	를(목적), 의, 에(히), 으로(부사), 「는, 도, 뿐, 마다, 만뎡」(보조조사), 밋/븟/봇(보조조사), 과(연결조사)
자정사 및 동사	이라셔, 두고, 드려, 이라와, 마른, 컨마른, 흐고, 이며, 이여, 셔, 이나, 이어나, 이드록, 브터, 다가, 나마, 인들, 조차	이라셔(주격), 두고, 드려, 이라와(비교), 마른, 컨마른, 흐고, 이며(연결), 이여(감탄호격), 「셔, 이나, 이어나, 이드록, 브터, 다가, 나마, 인들, 조차」(보조조사)
부사	곳, 곰	곳(보조조사), 곰(보조조사)
기타	가/고, 이쫀	가/고(의문조사로 이들은 「이가, 이고」에서 발달함), 이쫀(가정조사)로 「이+ㅅ+ᄃ+ㄴ」으로 됨)

위의 표는 15세기를 중심으로 작성한 것이나, 오늘날의 「으로써, 에서, 으로서……」 등은 본래 복합조사였던 것이 오늘날 단순조사화한 것이기 때문에 이들은 위 표에서 제외하였다. 그런데 위의 표에 의하면, 격조사는 주로 대명사와 명사에서만 발달된다고 하였는데 부사격조사 중 「드려, 이라와」는 동사와 지정사에서 발달되었고, 「이라셔」는 지정사에서 발달되었다. 그래서 이 두 번째 원리는 원리로서 인정되기 어렵다고 할는지 모르나, 어떤 원리라도 이 정도의 예외는 있을 수 있으며, 본래 부사격조사는 다양하기 때문에 다소의 예외가 있음은 부득이하다.

3) 조사의 어원을 밝히는 방법

조사는 선형적(線型的)으로 배열된 월 속의 단어가 그 자리에서 허사화 함으로써 이루어진다.

학자에 따라서는 조사란 본래 접사나 혹은 이와 유사한 어떤 형태소가 월 속에 들어감으로써 또는 두 형태소의 음소가 축약함으로써 이들이 조사화한 것처럼 보려고 하는 일이 있으나, 그것은 절대로 그렇지 아니하다. 오늘날의 목적격조사 「을」을 예로 들어 보면 다음과 같다.

⑤ 이것을 보아라

에서 「을」은 본래부터(옛말부터) 「이것 을 보아라」로 배열되었던 것인데, 「을」이 조사로 바뀌어 앞말 「이것」의 격의 구실을 나타냄으로써 「이것을」로 되었을 뿐이다. 다시 말하면 「을」이 밖에서 ⑤의 월속으로 들어간 것은 아니다. 그러므로 조사의 어원을 캐는 방법은 그 조사가 있는 월을 분석하여 보면 자연히 그 조사가 어떤 단어에서 발달되었는지를 알 수 있게 된다.

1.4. 동사의 조사화

경우에 따라서는 월이 변형함에 따라서, 동사의 꼴이 바뀌어 조사가 되기도 한다.

⑥ 이것을 보다가 저것을 보니까, 저것이 낫다.

이 말을 다시 다음과 같이 바꾸어 쓸 수 있다.

⑦ 이것을 보다 저것을 보니까 저것이 낫다.

이 말을 또 바꾸어 쓰면

⑧ 이것보다 저것을 보니까 저것이 낫다.

로 되는데 이것을 또 바꾸어 써 보면 다음과 같이 된다.

⑨ 이것보다 저것이 낫다.

이제 이 변형 과정을 살펴보면 ⑦은 ⑥의 어미생략변형에 의하여 생겼고, ⑧은 ⑦의 격조사생략변형에 의하여 생겼으며, ⑨는 ⑧의 절 생략변형에 의하여 생겼는데, 이 ⑨에서 「보다」가 조사로 바뀌어 ⑩ 이 생겨나는 것이다.

⑩ 이것보다 저것이 낫다.

위와 같은 네 가지를 한말로 묶어서 필자는 '한국어 조사의 발달원 리'라 부르고자 한다.

2. 조사가 발달함에 갖추어야 할 요건

한국어의 조사는 시대에 따라 불어났고 또 불어나게 될 것인데, 주로 보조조사가 불어나게 될 것이다. 그러면 대체로 어떤 단어에서 발달되겠는가 하는 것이 문제인데 그것은 다음의 몇몇 성격을 갖춘 동사나 명사에서 조사가 생겨날 것 같다.

1) 조사로 발달 가능한 동사

월 속에서 명사 다음에 오면서 그 앞에 조사를 취하지 않아도 되는 동사는 앞으로 조사로 바뀔 가능성이 있다.

　　① 너 미쳐 가느냐?

에서 「미쳐」는 「미치다」의 연결형으로 되어 있는데 이것이 앞으로 「너미쳐」로 된다면 조사가 되는 것이다. 그리고 또 다음의 예를 보자.

　　② 너 보러 바보라 한다.

이것이 ②와 같이 되면 「보러」는 조사가 되는 것이다. 그러나 「보고」 자체는 아직 멀었다. 왜냐하면, 「보고」 앞에 목적격조사를 넣을 수 있기 때문이다. 그러나 「보러」 앞에는 목적격조사를 넣을 수 없기 때문에 조사이다.

　　③ 너보고(러) 바보라 한다.

2) 상태성 성격 동사의 조사화

동사의 동작이 행동성보다 상태성 즉, 정적(靜的) 성격을 띤 동작을 나타내게 되면 조사로 바뀌게 된다.

④ 너 따라 까분다.

이 예문이 다시 ⑤와 같이 바뀌면, 「따라」는 조사가 된다.

⑤ 너따라 까분다.

3) 토박이말 동사가 조사로 발달

조사로 바뀔 가능성이 있는 동사는 토박이말이라야 한다. 그러니까 주격조사 「가」가 일본어에서 왔다고는 절대로 볼 수 없다.

4) 조사가 된 동사의 어간 음절수

조사로 바뀔 수 있는 동사는 그 어간의 음절수가 한 음절인 경우가 가장 적절하며 많아도 2음절에 한한다. 3음절 이상의 동사는 조사가 될 수 없다.

5) 「이」 접미사를 취하는 형용사의 조사화

형용사 중 「이」 접미사를 취하는 것은 조사로 발달될 수 없다.

6) 불완전 명사의 조사화

명사 다음이나 명사적 성격을 띤 관형사 다음에 잘 쓰이는 불완전 명사는 조사로 바뀔 가능성이 있다. 그러나 관형사형어미 다음에 쓰이는 불완전명사는 조사화할 수 없다.

여기에의 예로는 「그에」, 「신장」, 「뿐」 등이 조사화한 것을 들 수 있으며, 주격조사 「이」는 불완전명사 「이」에서 발달한 것이 아님을 들 수 있다.

7) 일정 조건을 갖춘 동사의 조사화 가능성

위에 말한 성격의 동사를 명사는 그 음미를 잃을 동절성이 있는 것들이어야 한다(조사가 되기 위한 경우만이라도). 이상의 조건을 갖춘 동사를 보이면 「보다」, 「따르다」, 「미치다」, 「가지다」, 「모르다」, 「놓다」… 절이 있으며, 명사의 경우는 그럴 듯한 예가 나타나지 않는다. 최현배 교수가 조사로 처리한 「안」, 「가운데」, 「속」, 「아래」, 「앞」, 「뒤」절은 필자의 소견으로는 앞으로 조사화할 것 같지 않다. 왜냐하면 위의 일곱 가지 조건을 다 갖추고 있지 않기 때문이다.

3. 한국어의 격이론(格理論)

지금까지의 격이론으로서 대표적인 것은 전통문법의 그것과 격문법의 격이론의 둘이다. 필자는 여기에서 이들 두 이론에 대하여 알아보고 한국어의 격을 한 번 규정해 보고자 한다.

1) 전통문법의 격이론

(1) 어의(語義)

현재 영어에서 사용하고 있는 case라는 명칭은 본래 희랍어 ptosis의 개념을 라틴 문법에 도입할 때 casus(<cado=fall)라고 라틴어로 번역한 데서 생겨난 것이다. 그런데 Ptosis의 뜻은 fall(落)이었는데, 왜 Aristoteles가 명사와 동사의 변화형을 격(바르게는 '落')이라 했는지 그 이유는 잘 알 수 없으나, 그것은 그의 스승 Platon의 철학설에 따른 것으로 짐작된다.

Platon은 세계에는 '이디아의 세계'와 '현상의 세계'를 대입시킨다. 전자는 변화 이전의 본질의 세계이고, 후자는 그 이디아가 지상에 떨어진 세계, 즉 변화의 세계를 이르게 되는데, 여기서 플라톤은 Ptosis라는 말을 썼다. 명사에도 동사에도 그에 대한 여러 가지 변화형이 있으니, 그는 이 대립을 설명하기 위하여서는 플라톤류의 '떨어지기 전의 것'과 '떨어진 것'으로 구별하는 것이 편리했으므로 그렇게 일컬은 것으로 생각된다.[1)]

그런데 「落」의 뜻이었던 Ptosis를 희랍의 문법가는 그림으로 나타

---

1) 『英文學史』, 大修餘, 1975, 537~538쪽에 의함.

낼 때 nominative를 수직선, accusative, genitive, dative를 사선에 의하여 표시하였으므로, 말미암아 후자를 Ptosis Plagiai(oblique cases 경사각)라 일컫게 되었던 것이다.

Arstoleles는 이 개념을 omoma(noun)에도 ehema(verb)에도 적용하여 굴절(inflection)을 의미하였으나, 이것을 명사관계에만 한정한 것은 stoa학파의 사람인데, 그들은 그때까지 희랍 문법가가 case로 다루지 아니하였던 nominative도 case 중에 포함시켜 그것을 Ptosis orthe(수직사격)이라고 불렀다. 이때 Ptosis는 이미 본래의 뜻을 상실하고 '월에서 명사적 어류가 다른 어에 대하는 관계를 나타내는 것'의 뜻으로 변하게 되었던 것이다.

(2) 격의 본질

「격」이란 무엇인가? 이는 다시 말하면, 격에 의하여 어떠한 언어상의 사실이 제시되는가 하는 격의 본질 문제이다. 근대문법의 조상이라 할수 있는 라틴문법에서는 명사, 대명사, 형용사가 월에서 딴 말에 대하여 여러 가지 관계를 나타내기 위하여 취하는 여러 어형변화를 case라고 하였다.

예를 들면 dominus(lord)는 다음과 같이 어형변화하였다.

Noninative	singular	plural
Gentive	dominus	domini
Dative	domini domino	dominorum doninis
Accusative	dominum	dominos
Ablative	domino	dominis
Vocative	domine	domini

어미의 고딕부분은 case-ending이라 하고, 왼쪽의 명칭을 그 case
의 명칭으로 하였다. 이들 여러 case는 낱말을 결합할 경우, 딴 낱말
에 대한 여러 가지 관계를 나타낸다. 즉, case란 명사, 형용사가 어군
에 있어서 딴 낱말에 대한 여러 가지 관계를 나타내기 위하여 취하는
여러 형식들이다.

그래서 Jespersen은 「격」이란 순수하게 문법적(통어론적)인 범주이
지 참된 의미에서의 개념적범위는 아니라[2]고 하였는데 학자에 따라
서는 Form보다도 function에 비중을 더 주는 사람도 있어 그 견해가
일정하지 않은 것 같다.

(2)-1 Form

Form에 비중을 두는 학자는 Otto Jesperson이다. 위에서도 말했지
마는, 그는 원래 case를 라틴어에서 경사한 즉, 변화한 어형이라고 보
았기 때문에 고도의 굴절을 가진 Indo-Europe어에서는 어형이 원리
적인 것으로 보고 형식상 구별되지 않는 것은 독립된 격으로 인정하
지 않았던 것이다. 그러므로 그는 영어에서는 대격(對格)과 여격(與格)

---

2) Otto Jespersen, *philosophy of Grammar*, 半田一郎譯, 東京: 岩波書店, 1959. 7, 248쪽.

은 형식상의 구별이 없으므로, 이를 하나의 격으로 보아야 한다고 주장하고는 이들을 구별하려는 Sonnenschein을 공격하여 다음과 같이 말하고 있다. "그는 격은 '형식'의 범주가 아니고 '의미'의 범주를 나타내는 것으로 보고 있는데, 이 점은 라틴어와 완전히 동일하다고 하면서 만일 격이 의미의 범주를 나타낸다고 한다면 여격의 의미가 무엇인지 말해야 하는 데도 전혀 말하지 않았다. 그것은 격이 의미 범주가 아님을 말해 주는 것이 되기도 한다"3)고 하였다.

(2)-2 Function

여기서의 Function이란 보통 외면적인 형식에 대하여 의미라고 하는 사유(notion)의 세계를 말하는데, Curme이나 Sonnenschein은 결국 Function을 의미에다 중점을 두고 다루었다. 그러나 이것은 Jespersen이 형식에 중점을 두고, 다룬 것과는 정도의 차에 불과하다. 요는 Form이냐 Function이냐 하는 것보다는 오히려 Form의 광협(廣狹)에 의견의 차가 있다고 보는 편이 좋을 것이다.4)

이상에서 보면, Jespersen은 라틴어의 격개념에 충실하여 격이란 어디까지나 '어군에 있어서 딴 낱말에 대하여 여러 가지 관계를 나타내기 위한, 체언의 어형변화'로 본 데 반하여, Sonnenschein은 어형변화보다는 어군 속의 체언이 딴 말에 대하여 가지는 의미에다 중점을 두었던 것 같다. 그렇기 때문에 그는 어형변화가 없는 여격을 인정한 것이 아닌가 한다.

---

3) Otto Jespersen, 半田一郎譯, 위의 책, p.233 이하 참조.
4) 『新英文法辭典』(東京, 三省堂, 1971), 205쪽에 의거함.

3) 구조주의자들의 격이론

(1) Bloomfield

그는 특별히 격에 대하여 이렇다고 논한 바는 없지마는 다음과 같이 설명하고 있다. 즉, "라틴어에서, 형식 pater filium amat(또는 filium pater amat)는 '아버지는 아들을 사랑한다'는 의미요, 형식 patren filius amat(또는 filius patren amat)는 '아들은 아버지를 사랑한다'는 뜻이다. 형식 pater(아버지)와 filius(아들)는 하나의 형식부류(주격)에 속하여, 그 부루에 속하는 형식은 동사 amat(그를 사랑한다)와 결합하면 동작의 이행자(performer)를 나타낸다. 형식 patren(아버지를)과 filium(아들을)과는 다른 하나의 형식부류(대격)에 속하며 그 부류에 속하는 형식이 amat 와 같은 동사와 결합하면 동작의 수동자(목적) 또는 표적(goal)을 나타낸다"[5]고 하였다.

이상의 것을 요약하여 보면 주격이란 월에서 동작의 이행자인 형식부류가 오는 자리를 말함이요, 대격이란 동작의 수동자가 오는 자리를 말하고 있다. 따라서 격이란 월에서 어떤 형식부류가 동사와의 관계에 의하여 차지하는 자리를 말한 것으로 보인다.

(2) Hockett

그는 격을 '동사와 관련을 갖는 중요구조에 참가하는 데 알맞은 명사의 변화형'[6]이라고 한다. 이것을 결국 동사와의 문법적 관계를 나

---

5) L. Bloonofield, Language, New Mark: Holt, Rinehart & Winston, 1933, p. 165.
6) C. F. Hockett, A Course in modern Linguistics, New York: The Macmillan Company, 1958, p. 234.

타내기 위하여 갖는 명사의 굴곡형태를 말하는 것이다.

(3) Gleason

그는 격을 다음과 같이 설명하고 있다. 즉 "격이란 특별한 구문적
장치로 알려져 있는 지배, 즉 어떤 구조 내에서 단어(명사)의 위치(자
리)를 나타내기 위하여 사용되는 굴곡형태를 말한다"7)고 하였는데
대개 명사가 격을 나타내기 위한 어형변화는 언어에 따라 한정되어
있는 것으로, 이 어형변화는 구조를 마크하는 데 이바지한다.

(4) M. W. Bloomfirld & New mark

이들은 Gleason과 같이 격을 "지배관계를 나타내는 경우에 관련을
가지는 형태"8)라고 말한다. 그리하여 그는 주격이란 다른 말에 의하
여 지배되지 않는 어형태를 말한다고 하고 속격은 명사에 의하여 지
배되는 어형태이며 목적격이란 전치사나 동사에 의하여 지배되는 어
형태라고 정의하고 있다.

결국 구조주의자들이 말하는 격이란 구문(構文)에서 단어(명사)의
자리를 나타내기 우한 어형변화, 즉 지배를 말하는 것이다.

---

7) H. A. Gleason, An Introduction to Descripitive Linquistics Revised Edition, New Mark:
Holt, Rinehart & Winston, 1961, p. 159.
8) M. W. Bloomfield & L. New Mark, A Linguistic Introduction to the History of English 日
譯版(東京, 英寶社), p. 177.

4) C. J. Fillmore의 격이론

(1) 격관계

과거의 격에 관한 연구는 격의 분류는 물론 명사와 월속의 다른 부분과의 사이에 존재하는 다양한 의미관계를 다루는 것이 주된 것이었다. 따라서 이와 같은 격 연구는 잘못된 것이었을 뿐 아니라, 변형문법적 방법으로 격도 문장의 심층구조에서 모색되어야 한다고 판단하게 된 Fillmore는 격을 변형문법의 의미론적 입장에서 연구하였다. 무엇보다도 그는 격은 모든 언어의 기저부문(Base Component) 속에 그 자리를 차지하여야 한다고 하면서 격연구에는 두 가지의 본질적인 가정이 있어야 한다고 하는데 그것은 격의 월 중심연구(centrality of syntax)와 숨어 있는 범주의 중요성(The importance of covert categories)이라 하였다. 이를 조금 더 첨언해 보면, 월 중심연구는 비단 격문법에만 한한 것이 아니고, 변형문법 전반에 관한 가정인데, 통어론이 중심인 문법에서는 어형태는 통어개념과의 관련에 있어서만 규정되고 통어개념이 어형태에 의하여 결정된다는 역방향은 취하지 않는다. 그리고 숨은 범주의 중요성에서의 숨은 범주란 형태소로서 명시적으로 나타나 있지는 않지만 선택상의 제약이나 변형할 수 있는 것으로서 관찰될 수 있는 실재를 가지는 문법적 특징을 말한다. 이제 숨은 범주의 문법상의 차이를 예로서 보이면 다음과 같다.

① He broke the table.
② He built the table.

여기에서 동사―목적어 관계로 보면, ①은 책상이 있고 난 다음에 행동을 한 것이요, ②의 책상은 행동의 결과 이루어진 것이다. 고로 ①의 격은 영향격이요 ②는 결과격이다. 이와 같이 다 같은 「table」에 차이가 생기는 것은 순수한 의미상의 것이라고 할지는 모르나, 양자의 구별이 통어상에 의해서도 생기는 것임은 'What did John do to the table?'이라는 의문문과 대응시킬 수 있음은 ①뿐이며 ②는 대응되지 않는다. 그리고 ①의 바꾸어 쓰기(paraphrase)로서 What John did to the table was break it는 가능하나 ②의 바꿔쓰기로서 What John did to the table는 불가능한 것으로도 알 수 있을 것이다. Fillmore에 의하면, 명사나 명사구를 포함하는 의미적으로 적절한 통어관계가 많이 있는데, 이들의 관계는 위의 예문에서도 볼 수 있듯이 대부분은 숨어 있음에도 불구하고 경험적으로 발견가능하며, 그들은 다시 특정한 유한집합을 이루고 있으므로, 그에 관한 관찰은 상당한 보편적 타당성을 가지고 있다고 한다. 이와 같은 관계를 Fillmore는 격관계 (case relationship)라 한다. Fillmore에 의하면 격(case)이란 기저구조에 있어서 통어적·의미적 관계라고 정의하고 격형(case form)이란 접사첨가 (Affixation), 보충분(suppletion), 접사소사(接辭小辭, clitic particle)의 사용어 순상의 제약에 의하는데, 이를 특정언어에 있어서 격관계의 표현이라 정의하고 있다.

격형의 선택에 이용되는 통어관계는 다음의 2개형으로 분류된다. (a) 순수적 또는 형상적 관계(pure or configuration label)로 이것을 chomsky 식으로 말하면, 주어는 명사구와 그것을 직접 지배하는 문과의 관계로 본다든지 또는 목적어를 명사구와 그것을 직접 지배하는 동사구와의 관계로 보는 관계를 말하는 것이요, (b) 표시적 내지 개재적 관계(labeled or mediated relation)로 이것은 명사구와 문 또는 동사구와의 사이의 관계로 양태, 정도, 장소, 동작주 등의 준범주표시(pseudo category label)의 존재에 의하여 표시되는 것을 말한다.

Fillmore에 의하면, 순수적 또는 형상적 관계에 의하여 정의된 주어라는 개념은 어떠한 의미적 항상가치(恒常價値)도 가지지 않고, 표층 주어관계가 나타내는 모든 의미적으로 알맞은 관계는 표시적 관계 (labeled rekation)에 의해서도 다 같이 표현된다고 한다. 여기에서 도출되는 결론은 명사구와 그것을 포함하는 구조와의 사이의 의미적으로 알맞은 통어관계는 표시적관계라고 하지 않으면 안 되는데, 다시 이 결론은 다음 두 가지 결정을 내리게 된다. 즉 ⓐ 동사구(VP)라는 범주는 제한한다. ⓑ 주어를 만들어내는 규칙을 첨가한다. 즉 주어라는 관계는(chomsky와는 달리) 심층구조상의 것이 아니고 표층구조상의 것이라고 본다.

(2) 현실적 사건과의 관계

전통문법이 기능중심 연구라면 변형문법은 문장의 구조를 연구하는 데 그 차이점이 있다.9) 따라서 격의 연구에 있어서도 종래는 형태에 의한 기능을 중심으로 연구하였으므로 변형문법에서와 같이 현실적 사건을 격관계에 결부시키지는 않았다. 그러나 의미적면의 격연구에 있어서는 이 현실적 사건이 격연구에 있어서 필요·불가흠하게 된 것이다. 이것을 Fillmore는 다음과 같이 말하고 있다. "격개념은 인간이 그들 주변에서 일어나고 있는 사건에 관하여 할 수 있는 판단이나 또는 누가 그 일을 하였으며 또 그것은 어떤 변화를 일으키는가 하는 그런 판단의 어떤 타입을 명시해 주는 보편적인 개념의 집합을 포함하고 있다"10)고 하였다.

---

9) Chomsky, Syntactic Structure, The Hague Mouton, 1957, p. 11.
10) Emmon Bach and Robert T. Harms, universals Linguistic Theory, p. 4

(3) 격개념

위의 1)과 2)를 종합하여 Fillmore의 격을 말해 보면 다음과 같이
될 것 같다. 즉 격이란 '문장의 내면구조에 있어서 명사가 동사와 갖
는 구문·의미론적 특수한 관계'라고 말할 수 있을 것 같다. 따라서
국어의 경우 조사의 형태는 완전히 도외시(度外視)된다.

왜냐하면 격은 구문, 의미론적으로 구별되어야 하기 때문이다.

이제 예를 들어 보겠다.

③ 범이 포수에게 잡히었다.

④ 뿌리 깊은 낡은 바람에 아니 움직인다.

종래 같으면 ③의 「범」은 주격이요, 「포수에게」는 위치부사격이라
하겠으나 여기서는 「포수에게」가 행위자격이요, 「범」은 목적격이다.

또 ④의 「낡」은 목적격이요, 「바람」은 기구격이다. 왜냐하면 「바람」
은 「나무」를 움직인 연장이기 때문이다. 이와 같이 볼 때 위의 격 개념
에서 절대로 빼놓을 수 없는 것은 현실적 사건이다.

이로써 보면 종래의 각조사의 형태는 아무 상관이 없음을 알게 된다.

(4) 격분류

(4)-1 격분류의 기준

전통문법에서는 형태, 기능, 의미의 셋이 조사(격)의 분류기준이었
으나 격문법에서는 그렇지 아니하다. 따라서 격분류의 기준을 말하
기 위해서 먼저 들어야 할 것은 각관계(case-rekation)이다.

즉 월(構文)을 중심으로 하여 숨은 범주를 찾아야 한다. 이것을 더 쉽게 말하면 하나의 문장은 하나의 동사와 몇 개의 각범주로 이루어 지는데 각범주란 어떤 동사에 관련이 있는 행위자, 수단 등을 나타내는 개념을 말한다. 이제 예를 하나 들어보자.

「open」이라는 동사는 사실의 주체가 되는 門(격으로는 목적격)과 이 문을 여는 사람(격으로는 행위자격)과 문을 여는 데 필요한 기구(격으로는 기구격) 등이 본래 동사 그 자체의 성질상 갖추어 있다는 것이다. 이와 같은 갖추어져 있는 요소가 격을 나누어 주는 기준이 된다는 것이다. 동사에 따라서는 위의 세 격범주 외에 여격(행위가 미치는 상대격), 작위격(동사가 규정하는 행위나 상황의 결과 생기는 상태나 또는 의미의 일부라고 생각되는 것), 장소격(동작이 일어나는 장소나 방향, 위치)이 더 있다고 Fillmore는 보고 있다.

이제 위와 같은 관계를 Fillmore에 의하여 다시 쓰기 규칙으로 나타내어 보면 다음과 같다.

⑤ $S \rightarrow M+P$

⑥ $P \rightarrow V+C_1+C_2+C_3+\cdots\cdots C_n$

위의 M은 법범주(modality)[11]를 나타내고 P는 명제(Proposition)[12]

⑦ ⓐ $P \rightarrow V+A$

　ⓑ $P \rightarrow V+O+A$

　ⓒ $P \rightarrow V+D$

---

11) Modality란 「부정, 시제, 敍法, 時相」 등을 통틀어 말하는데, 어떤 격은 Modality요소에 직접적으로 관계되며 어떤 것은 명제 자신에게 관계되기도 한다.

12) Proposition이란 동사와 명사를 포함하고 있는, 관계의 한 집합인데, 이때의 동사에는 시제는 관련시키지 않는다.

ⓓ $P \rightarrow V+O+I+A$

로 되는데 ⑦의 [A], [O], [D], [I] 등은 ⑥의 $[C_1+C_2+C_3+\cdots C_n]$의
대신에 들어간 것인즉 이들 관계를 달리 써 보면

⑧ $C \rightarrow K+NP$로 되고 다시 NP를 고쳐쓰면

⑨ $NP \rightarrow Det+N$로 되며 다시 N을 고쳐쓰면

⑩ $N \rightarrow [+Animate]/A.D(X-Y)$로 된다.

이들을 보기 쉽게 tree-diagram으로 나타내어 보면 다음과 같다.

⑪

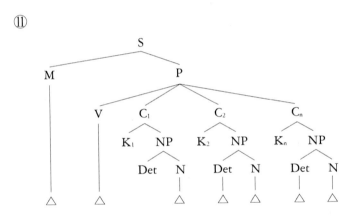

※ △: 이것은 대역기호라고 하는 것인데, M에는 past, present, negative, 서법 중에서 그
문에 알맞은 것을 선정해 집어넣으면 되고 V, Det, N, K, $K_2 \cdots K_n$ 등 모두 그러함을
나타낸다.

⑪에서 $[C_1+C_2+C_3+\cdots\cdots C_n]$은 격범주로서 동사의 구조자질,
즉 문장에서 동사를 선택하게 하여 주는 격자질을 나타낸다. 여기서
는 일반적으로 동사에 따라 격이 [A], [O], [D], [I] 등 어떠한 것이든
지 나타날 수 있음을 뜻한다. 이에 반하여 $[K_1+K_2+K_3+\cdots\cdots K_n]$
은 구체적으로 [A]면 [A], [I]면 [I]가 나타남을 뜻한다. 이것을 [+A],

[+O], [+D], [+I]로 나타낸다. 그리고 N은 격에 의하여 요구되는 명사의 자질로서 [+Animate] [+Common], [+Abstract] 등과 같이 그 격에 필요한 자질의 명사가 와야 함을 뜻한다.

(4)-2 격범주 설정의 기준

Fillmore는 다음 세 가지 원리에 따라 격이 설정되어야 한다고 한다.

단순문에는 동일한 격은 하나만 나타나야 한다

위에서 격범주를 설명할 때 말하였지마는 하나의 문장은 동일한 격범주를 2개 이상 가질 수 없다. 이 원리는 단순문격원리라 하는 것이다. 만일 동일격이 한 문장 가운데 2개가 있으면 그 문장은 복문이 되는 것이다.

⑫ 아버지와 아들이 싸운다.
⑬ 아이가 밥과 떡을 먹는다.

⑫에서의 행위자가 「아버지」와 「아들」의 둘로서 행위격이 2개 나타나 있고 ⑬에서는 「밥」과 「떡」이 다 같은 목적격으로 2개가 같이 나타나 있다. 따라서 이들 ⑫, ⑬은 동일격이 중출되어 있으므로 복문이다.

대조원리(Principle of contrast)

서술어에 대하여 어떤 구문위치에 나타나는 명사구들이 서로 같은 격범주에 속하는가 않는가를 판단하는 원리이다.

다음의 예를 보자.

⑭ ⓐ 소태가 쓰다.
　ⓑ 약이 쓰다.
　ⓒ 수태와 약이 쓰다.

여기서는 ⓒ의 「소태」와 「약」은 같은 목적격으로 문법적인 문장이
된다.

⑮ ⓐ 여름이 덥다.
　ⓑ 이 옷이 덥다.
　ⓒ 이 옷과 여름이 덥다.

⑮의 ⓒ는 목적격인 「옷」과 시간적인 「여름」이 중출되었으므로 비
문법적인 문장이다. 이와 같이 하나의 복문에서 비문법적인 문장을
이루는 격은 서로 나타나지 않아야 한다는 원리가 곧 대조원리이다.

상보성원리(相補性原理, Principle of comprimentarity)

이 원리는 단순문 중에서 어떤 두 격이 같이 쓰이면, 그것은 비문
법적인 월이 됨을 판단해 내는 원리이다. 다시 말하면, 단순문 중에
서는 어떤 격은 올 수 없음을 판단하게 하는 원리이다. 예를 들어 설
명해 보자.

⑯ 그는 집에서 아버지를 사랑한다.
⑰ 그는 나를 집까지 좋아한다.

⑯에서 「집」은 장소격이요 「아버지」는 목적격이다. 그리고 ⑰에서는 「나」는 목적격이요 「집」은 도달격이다. 따라서 이들 두 문장은 비문법적이다. 이와 같이 장소격과 목적격 또 목적격과 도달격은 단순문에서는 같이 쓰일 수 없다는 것인데 이와 같은 원리가 상보성원리이다.

이상 1)~3)에 의하여 기본격이 설정되는데 Fillmore가 한 영어의 격을 보이면 다음과 같다.13)

Agentive (A): 동사에 의하여 명시된 행위를 하게 되는 생명 있는 자의 격(행위자격)

Instrument (I): 동사에 의하여 명시된 행위나 상태가 원인이 되어 나타내는 힘이나 기구의 격으로 이들은 생명이 없다. 즉 원인이 되며 생명 없는, 힘이 되는 기구의 격(기구격).

dative (D): 동사에 의하여 명시된 상태나 행위에 의하여 영향 받는 생명체의 격(확격).

factitive (F): 동사에 의하여 명시된 행위나 상태에서 오는 물건이나 존재의 격 또는 동사의 의미의 일부로서 이해되는 행위나 상태로부터 유래하는 사물이나 존재의 격(결과격 또는 작위격).

locative (L): 동사에 의하여 명시된 상태나 행위의 위치 또는 공간적 방위를 확인케 하는 격(위치격).

objective (O): 의미적으로 가장 중립적인 격이다. 동사에 의하여 명시된 행위나 상태 내에서의 기능이 동사 그 자체의 의미해석에 의하여 일치되는 명사로써 나타나는 어떤 사물의 격이다.

---

13) 여기서의 격설정은 Fillmore의 논문 "case for case"에 의함.

달리 말하면, 목적격이란 동사에 의하여 명시된 행위나 상태에 의하여 영향 바는 사실에 한정된다. 이것은 직접목적어의 개념과 혼동되어서는 안 되며 또한 대격과 뜻이 가은 표면격의 명칭과도 혼용되어서는 안 된다.

지금까지 이야기한 격에 더 부가시켜야 할 필요성이 있는 격도 틀림없이 있을 것이다. 그런 암시는 다음 여러 곳에서 보여질 것이다.

주의해야 할 일은 위에 열거한 어떠한 격도 주어니 목적어니 하는 표면구조 관계와 맞아 들어간다고 할 수 없다. 이제 이런 예를 몇 개 보기로 하자.

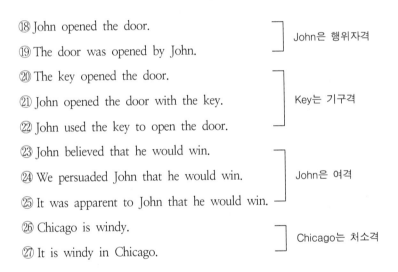

⑱ John opened the door.

⑲ The door was opened by John.

John은 행위자격

⑳ The key opened the door.

㉑ John opened the door with the key.

㉒ John used the key to open the door.

Key는 기구격

㉓ John believed that he would win.

㉔ We persuaded John that he would win.

㉕ It was apparent to John that he would win.

John은 여격

㉖ Chicago is windy.

㉗ It is windy in Chicago.

Chicago는 처소격

위의 ⑱, ⑲, ⑳, ㉓, ㉖에서 동사에 대한 'John, the door, the key, John, Chicago'의 각 명사(구)의 관계는 동일한 데도 불구하고 표면구조에 있어서의 그들의 기능관계는 다르다. 즉 ⑱의 John은 주어인데 ⑲에서는 전치사구로서 표시된다. 또 ⑱, ㉓의 John과 ㉖의 Chicago는 표면구조에서의 기능은 동일하게 주어이지마는 동사에 대한 관계는 각각 행위자격, 여격, 위치격으로 모두 다르다. 이와 같이 문에서의 각 명사(구)의 동사에 대한 관계는 표면구조만으로써는 충분하지 아니하므로 문에서 동사와 관계를 맺는 명사(구)의 통어상의 특징을 통일적으로 설명하기 위해서는 상술(上述)과 같은 기저구조를 가정하는 것—각문법을 구상하는 것—이 필요하다고 생각한 것이다.

각문법에 있어서는, 문에 일어나는 격의 여러 가지 허용된 짜임새가 문형이라는 개념을 나타내고, 다시 어떤 언어의 문향을 정의하는 이들 격의 짜임새가 그 언어의 동사를 분류한다. 문에 일어나는 격의 짜임새를 특히 격틀(case frame)이라 한다. 또 특정의 동사가 들어갈 수 있는 격틀의 집합을 그 동사의 통어상의 자질로 보아 격자질(case feature)이라고 한다. 격틀은 대괄호([ ]) 안에 넣어서 나타내고, 대괄호 안에 하선(下線)을 그어서, 그 격틀 내에 올 수 있는 동사의 위치를 나타낸다.

이제 Open을 가지고 예를 들기로 하자. Open은 [O], [—O+A], [—O+1], [—O+1+A]와 같은 틀 자질(frame feature)에서 나타날 수 있다.

㉘ The door opened.

㉙ John opened the door.

㉚ The wind opened the door.

㉛ John opened the door with chisel.

이들을 하나의 틀 자질로 나타내면 ㉜와 같이 된다.

㉜ Open(+[—O(1) (A)]

이와 같은 틀 자질을 가지는 V에는, turn, move, rotate, bend 등이
있다.

동사 kill은 목적어가 생명체라야 하고 주어는 생명체가 아니면 비
생명체가 되어야 한다. 주어가 생명체가 될 때는 기구구가 있어야 한
다. 고로 kill의 테두리 자질은 다음과 같다.

㉝ + [—F(1 ɸ A)]

여기서 (ɸ)와 같은 괄호는 두 요소 중 하나는 꼭 취해야 함을 나
타낸다. 그런데 murder는 행위자는 꼭 있어야 하므로 틀 자질은 다음
과 같다.

㉞ +[—D(1) A]

틀 자질을 나타냄에 있어서 괄호를 사용하는 것은 주어의 변형적
도입과 함께 어휘 중의 의미적 기술의 수를 줄이게 할 수 있다. cook
를 가지고 예를 들면, 그 틀 자질은 ㉟와 같이 나타낼 수 있다.

㉟ +[—O(A)]
㊱ mother is cooking the potatoes
㊲ the potatoes are cooking
㊳ mother is cooking

그리고 like, Please의 틀 자질은 +[—O+D]로 표시되고, See와
Show, die와 kill의 틀 자질은 각각 다음과 같다.

㊴ see(+[—O+D] 대 show(+[—O+D+A])

㊵ die(+[—O+D] 대 kill(+[—D(I)A])

또 hear는 [—O—D]이요, listen은 [—O+A]이다.

그리고 see와 know, 또 look, learn의 틀 자질은 각각 다음과 같다.

㊶ see. know (+[—O+D]) look, learn (+[—O+A])

(5) 표면현상

여기서는 본 논문에서 제시한 타입의 심층구조가 문의 표면적 표현으로 전환되는 약간의 방법에 관하여 다룰 것이다. 표면격체계는 여러 가지 방법에서 기저격의 집합에 관련되어 있는데 두개의 심층격은 표면구조에서 같게 나타내어지게 된다. 즉, D와 직접목적어 O는 다 같이 많은 언어에서 대격(Accusative)으로 표시되어진다. A와 D는 다 같이 명백한 형식에 의하여 표현되어질 수 있다. 그때 요인을 결정하는 것은 격과 관련된 생명성인 것이 된다. 혹은 격요소의 표면적 형식은 어떤 지배하는 단어의 특질적 속성에 의해 결정되어지기도 한다.

이제 영어의 전치사에 의한 격관계를 보면 A를 나타내는 전치사는 by, I를 나타내는 전치사는 A가 없으면 by, A가 있으면 with가 되며 O와 F의 전치사는 없고 B(Benefactive)의 전치사는 for, D의 전치사는 전형적으로 to, L과 T(시간격)의 전치사는 의미적으로 영(零)이 아니거나('제로가 아니라'는 것은 어휘에서 수의적으로 선택함에 의하여 도입되는 격이라는 뜻이다) 또는 특별히 관련된 명사, 예를 들면, 'on the street', 'at the corner', 'in the corner', 'on Monday', 'at noon', 'in the afternoon'

등에 의하여 선택된다. 전치사의 위치는 다음과 같이 나타낼 수 있다.

⑫

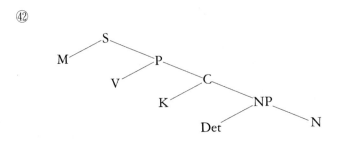

이제 표면주어를 선택하는 규칙을 만들어 보면 다음 ⑬와 같다.

⑬ 만일 A가 있으면, 그것이 주어가 된다. 그러나 만일 I가 있으면 그것이 주어가 된다. 그렇지 않으면, 주어는 O가 된다.

이 규칙에 의하여, 다음과 같은 문의 주어가 유도되는 과정을 살펴 보기로 한다.

⑭ The door opened.

이의 심층구조는 다음과 같은 규칙에 의하여 유도된다.

⑭ S → M+P
⑮ P+V+C$_1$+C$_2$······C$_n$
⑯ C → K+NP

⑮, ⑯을 수지도(樹枝圖)로 나타내면

⑰

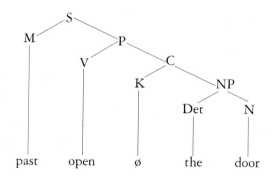

⑯에서 보면 opened가 과거이므로 ⑰의 M은 past가 되었고 3)의 the door는 목적격이므로 ⑰에서 O 밑에 왔으며, ⑰에서 O의 K는 형태적으로 표시할 수 없으므로 ∅가 된다.

⑱에서 the door가 주어가 되기 위해서는 앞으로 와야 하기 때문에 ⑰은 ⑱과 같이 된다.

⑱

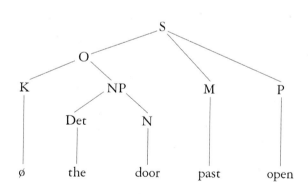

⑱에서 다시 K를 없애면,

⑭

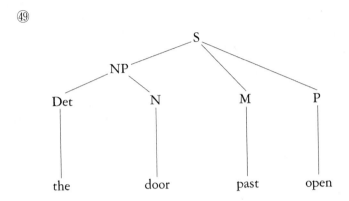

여기에서 M과 P가 합하여

㊿

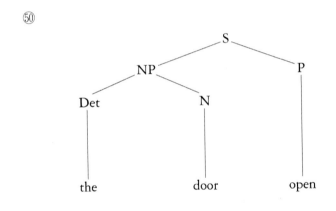

로 되어 소기의 목적이 달성되었다. 위의 것은 규칙 2)에 따른 것이
므로 normal한 것이라 하고 그렇지 않은 것을 nonnormal한 것이라
하는데, 다음에는 nonnormal한 것을 예로 보이기로 한다.

㊱ John gave the book to my brother.

의 심층구조는

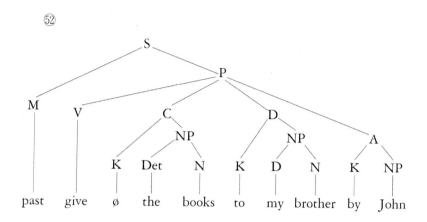

⑤2

여기서 'the books'를 주어로 하기 위하여 앞으로 이동하면 ⑤3과
같이 된다.

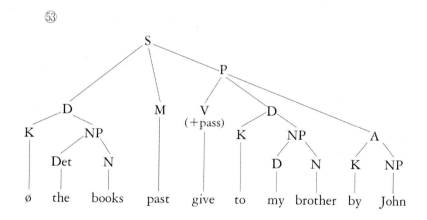

⑤3

여기서 P 다음의 V에 [+passive]를 준 것은 'the books'가 주어가
되기 위해서는 수동문이 되지 않으면 안 되기 때문이다. 그리고 O의

K marker 표시를 없애면,

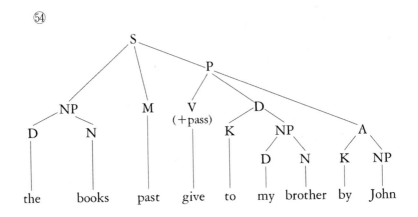

㉚

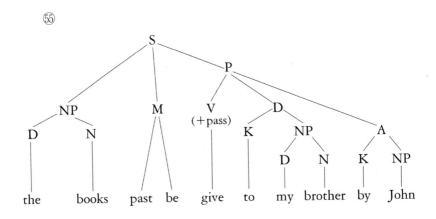

㉟

⑤⑥

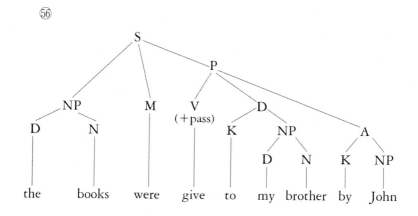

위의 ⑤⑥에서 D를 주어로 하려면, D를 앞으로 가지고 나오고 O를
P의 지배 하에 돌리면 된다.

다음의 [―S]와 같은 테두리 안에서 일어나는 동사 true의 경우를
예로 보기로 한다. 이때의 문은 ⑤⑦과 같다.

⑤⑦

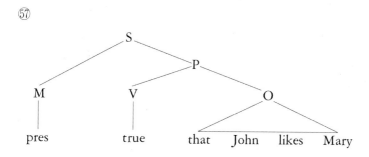

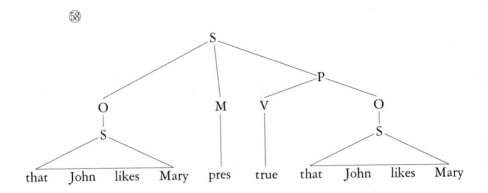

여기서 S에 직접 지배된 O를 it로 대치하면,

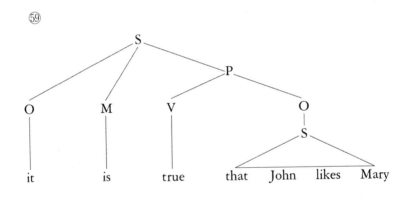

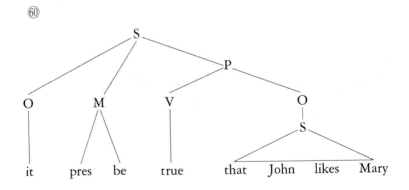

기상학(氣象學)상의 조건을 나타내는 동사는 틀 자질 +[—L]을 갖는다. 동사 hot를 가지고 보자.

⑥

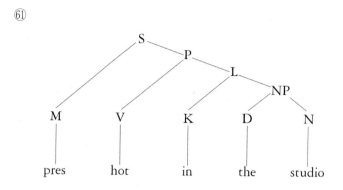

주어를 만들기 위해서 L을 M 앞에 또 하나 더 써 준다.

⑥

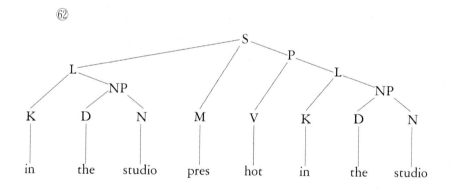

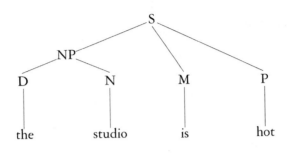

(63)

(P지배 하의 L을 없애서 얻은 것)

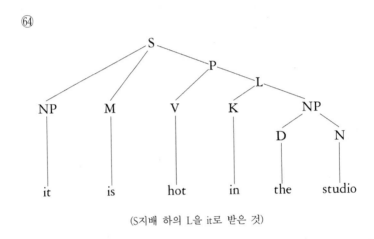

(64)

(S지배 하의 L을 it로 받은 것)

격문법에 있어서는 be는 동사가 아니고 변형의 과정에서 도입되는 한 요소에 불과하다고 본다. Be는 a) [+passive]라는 특징이 첨가된 동사 b) It is in the studio 등에서 보이는 형용사인 동사(hot)가 사용되어 있는 경우에 자동적으로 첨가되지마는 다시 c) 격틀이 [—O+L]이고 동사가 빠져 없어질 때도 필요하게 되는 일이 있다. 동사가 없는 [—O+L] 형의 문에서는 주어로서 선택되는 것은 보통 O이다.

예를 들면

⑥⑤

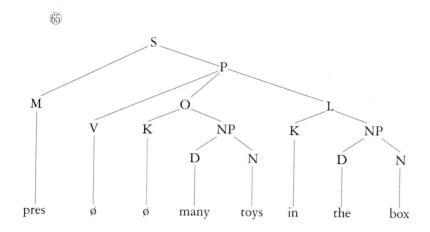

O를 주어로 하기 위하여 앞으로 옮기면 ⑥⑥이 된다.

⑥⑥

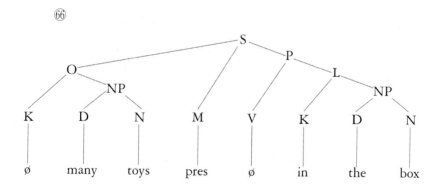

⑥⑦

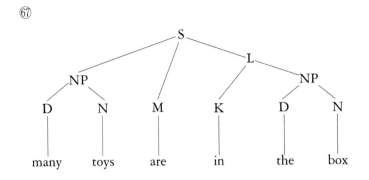

⑥⑤에서 주어를 L로 한다면 그 유도과정은 다음과 같이 된다.

⑥⑧

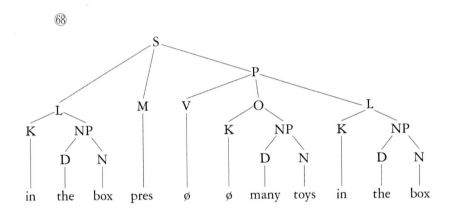

동사 없는 문에서 L에 대한 작용형식은 there를 부가하게 된다. 그래서 ⑥⑧에 there를 부가하게 되면 ⑥⑨가 된다.

⑥⑨

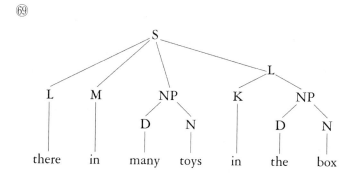

또는 ⑥⑧에서 주어를 NP로 하려면 ⑦③과 같이 된다.

⑦⓪

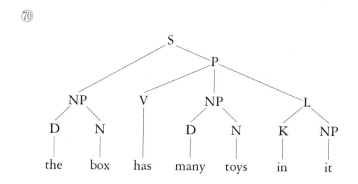

이제 끝으로 명사화변형 하에서의 소위 소유격을 가지게 됨에 대하여 설명함으로써 본론을 끝마칠까 한다. 이제 다음 ⑦①과 같은 규칙에 의하여 살펴보기로 한다.

⑦① NP → N(S)

⑺

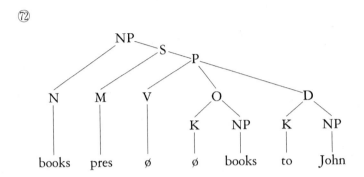

⑺

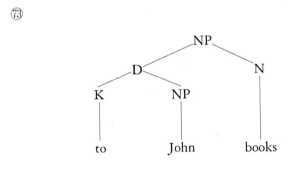

⑺

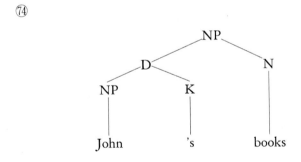

　지금까지 설명하여 온 바 격문법은 다음과 같이 요약할 수 있다.
모든 언어의 문의 기저구조에 있는 명제 (P)는 동사(V)와 하나(이상)의
명사구(NP)를 갖는데, 이 명사구는 명제에 대하여 (따라서 동사에 대하

여) 각각 다른 격관계를 갖게 되는 것이다.

5) 한국어의 격이론

앞에서 필자는 지금까지의 격이론을 살펴보았는데, 여기서는 한국어의 격은 어떠한 본질을 지니고 있는가에 대하여 논하기로 하겠다.

(1) 한국어의 격의 본질

먼저 한국어는 어원적으로 보면, 본래 조사가 없는 언어였다. 오늘날의 조사는 완전한 실사에서 발달되어 왔다. 따라서 옛날에는 오늘날에 조사가 된 단어가 그 의미를 바탕으로 하여 명사와 명사, 또는 명사와 용언(서술어) 사이의 관계를 나타내어 주던 것이 본 구실이었는데, 이것이 후대로 오면서 그 고유의미를 잃게 되매 오늘날에는 단지 명사와 명사, 명사와 용언 사이의 관계만을 나타내는 데 그치고 말았다. 이렇게 생각하고 보면, 한국어의 격이란 '조사의 뜻에 의한 체언과 체언 또는 체언과 용언 사이의 문법적 관계를 나타내는 것이라'[14]할 수 있겠다. 그러므로 한국어에서는 어떤 격을 나타내는 성분이 월 속의 어떠한 자리에도 올 수 있는 것이다.

⑦⑤ 이것이 나의 책이다.

⑦⑥ 나의 책이다, 이것이

⑦⑦ 책이다, 이것이, 나의,

⑦⑧ 책이다, 나의, 이것이

---

14) 한국어의 격의 본질은 체언과 타어와의 사이의 의미관계를 나타내는 것이다.

⑯, ⑰, ⑱은 그 의미에 있어서 다소 불완전하기는 하나, 그러나 한국인이면 누구나 ⑮와 같은 완전한 의미로 이해하게 되는데 이와 같은 일은 한국어의 격이란 체언과 타어와의 사이의 의미관계를 나타내는 것임의 증거가 될 수 있다고 생각한다. 그러나 조사로서 격을 나타내지 못하는 영어에서는 한국어와는 격을 달리 보아야 한다. 영어에서는 월에서 성분이 놓이는 자리가 다르면, 그 월은 비문법적인 월이 되기 때문에 '격은 성분이 차지하는 자리'라고 보아야 한다.

⑲ He give me a book.

⑳ He give a book to me.

㉑ He me give a book.

㉒ He a book me give.

㉓ Give he a book me.

㉔ Me give he a book.

⑳은 a book와 me의 위치가 달라졌으므로 me 앞에 to가 와서 문법적이 되었으나 ㉑~㉔는 모두 비문법적인 월이 되었다. 그러므로 영어의 격은 체언과 용언 사이의 관계에 의한 체언의 월 속에서 차지하는 자리라고 말할 수 있는 것이다. 그러나 이와는 달리 국어의 격은 전술한 대로 의미적 문법관계로 보아야 한다. 그렇기 때문에 ⑰~⑱과 같은 문도 그 의미가 통하게 되는 것이다. 그뿐만 아니라 오늘날 부사격조사나 보조조사가 분명한 의미를 지니고 있는 것을 보더라도 위와 같은 필자의 말이 이해될 것인데, 따라서 엄밀히 말하면, 한국어의 조사는 격조사니 보조조사니 하고 분류할 필요가 없는 것이다. 다만 이처럼 나누는 것은 편의의 문제에 불과한 것이다. 이와 같은 관점에서 한국어의 조사를 분류해 보면 다음과 같다.

(2) 한국어 격조사의 분류

앞 A에서 필자는 한국어의 격이란 체언의 타어에 대한 의미적인 문법관계라고 말하였거니와 격조사의 분류는 종래 여러 가지 기준에 의하여 시도되었으나 필자가 생각하기에는 그 고유의미에 따라 분류하면 될 것이요, 문맥적 의미는 모두 그 고유의미(어원적 의미)에다 포함시켜 처리하면 될 것이라 생각한다. 예를 들면

⑧⑤ 호랑이가 나에게 덤벼 들었다.
⑧⑥ 호랑이가 덫에 잡히었다.
⑧⑦ 호랑이가 나에게 잡히었다.
⑧⑧ 호랑이가 그물에 잡히었다.

위의 ⑧⑤~⑧⑦을 격분법식으로 보면 ⑧⑤의 「나에게」는 대상이요, ⑧⑦의 「나에게」는 기구이며 ⑧⑧의 「그 물에」는 동작주이며 91은 역시 기구이다. 그러나 「에게」나 「에」의 본뜻은 「그어긔」와 「히(中)」이다. 고로 이들은 장소, 즉 위치를 나타내는 말이므로, 이는 처소격조사(또는 위치격조사)로 분류하면 좋을 것이니 ⑧⑦의 「나에게」는 격문법에서처럼 동작주로 볼 것이 아니요, 「나 거기」즉 남이 아닌 「나」의 소속 범위 안에 잡히었다는 뜻이므로 그 조사 본래의 뜻을 살려 처소격으로 처리해서 잘못은 없다고 생각된다.

⑧⑧ 돈이 어디 있나?
⑧⑨ 돈이 이버지에게 있다.

⑧⑨에서 아버지는 돈이 있는 처소로 그 돈의 소유권이 아버지에게

속해 있다는 뜻이다. 따라서 문맥적 의미에 따라 다 같은 「에게」가 붙는 격을 어떤 경우는 행위자격이라 하고 또 어떤 경우는 여격이라 한다면, 월의 의미구조가 조사 때문에 그렇게 혼란해짐을 막을 도리가 없지 않을까 생각된다. 물론 본래 독립단어가 조사화한 것은 용언 때문에 그렇게 된 이유도 있기는 하나 그렇다고 해서 뚜렷한 의미가 있는 것을 무시하고 동사에 의한 그 다양한 문맥적 관계로서 격을 인정한다는 것은 지나친 일일 뿐만 아니라 혼란한 일로서 불필요한 것이라 생각하지 않을 수 없다.

ⓐ 나는 집으로 간다.
ⓑ 그는 기차로 떠났다.
ⓒ 그는 칼로 연필을 깎았다.
ⓓ 그는 병으로 결석하였다.

ⓐ의 「(으)로」는 향진(向進) 또는 방향의 뜻을 나타내고, ⓑ은 방편, ⓒ는 기구를, ⓓ은 원인을 각각 나타낸다. 그렇다고 해서 이들을 각각 로격(路格), 방편격, 기구격, 원인격 등으로 한다면, 한국어의 격은 부지기수로 되고 말 것이다. 따라서 「으로」의 본래의 뜻인 「以」에 의하여 이것은 기구격으로 하면 될 것이요, 여타의 것은 모두 이에 의하여 표현되는 부수적인 것으로 간주하면 될 것이다.[15]

이와 같은 태도로 현대 한국어의 격조사를 분류하여 보면 다음과 같이 될 것이다.

---

15) 그런데 여기서 하나 문제되는 것은 다른 것은 기구격으로 처리하여도 무방한데 방향의 「으로」는 본래 기구격이었겠는가 하는 것이다. 왜냐하면 기구와 방향은 그 근본적인 의미가 완전히 다르기 때문이다. 따라서 본래 기구의 「으로」와 방향의 「으로」는 형태는 같으나 어원은 달랐거나 아니면, 「으로」가 두 가지 뜻으로 쓰였던 것으로 짐작된다.

• 격조사

　주격조사: 이, 가, 께서

　대상격조사: 을, 를

　비교격조사: 보다, 처럼, 만큼

　처소격조사: 에, 에서, 으로, 에게, 한테, 께

　기구격조사: 으로(써), 으로서

　소유격조사: 의

　호격조사: 아, 야, 여, 이시여

　여기서 한 가지 밝혀 둘 것은 비교격조사 「과/와」 및 「하고」는 그 본래의 구실이 연결에 있었던 만큼 연결조사에다 포함시키고, 비교의 뜻으로 쓰일 때는 문맥적 의미로 처리하면 될 것이다. 사실 우리의 격조사는 더 자세히 분류되어야 하는데 앞으로 격조사에 대한 한 권의 책이 나와야 할 것이다.

　그리고 격조사 외의 조사로는 의문조사와 연결조사, 보조조사, 특수조사로 분별되는데 이들을 묶어서 다시 분류해 보면 다음과 같다.

• 격조사 이외의 조사

　의문조사: 야, 요, 지

　연결조사: 과, 와, 하고, 에, 이, 커녕

　보조조사

　　통용보조조사

　　주제보조조사: 은, 는

　　각자보조조사: 마다

　　한정보조조사: 만

　　역시보조조사: 도

시발보조조사: 부터

범위보조조사: 까지

추종보조조사: 조차

최종보조조사: 마저

균일보조조사: 씩

선택보조조사: 이나

불만보조조사: 이나

불택보조조사: 이든지, 이라도

특수보조조사: 이야말로

비특수보조조사: 인들

유일보조조사: 밖에

지적보조조사: 을랑

필정보조조사: 곧

억양특수보조조사: 마는

비교특수보조조사: 시피

인용특수보조조사: 고, 라고

종지특수보조조사: 요

감격특수보조조사: 그려

끝으로 필자의 주장하는 바를 요약해 보면 이러하다. 격문법에서는 동사에 의한 명사의 문맥적 의미를 격으로 본 데 대하여 필자는 조사 자체가 본래 가지고 있는 의미에다 중점을 두고 용언과의 관계도 고려하여 격을 인정하자는 것이다. 따라서 전통문법이 형태(기능)에 의한 문중(文中)에서의 자리를 격으로 보는 것과도 차이가 있는데, 그것은 국어의 특질상 부득이한 일이다. 따라서 국어의 격은 어원과 기능에 알맞게 정의되어야 할 것이다.

권재일, 『한국어 문법론』, 태학사, 2012, 100~112쪽.

김일근, 「효종대왕 재심양 언간의 내용과 문제점: 주격조사 〈가〉의 최초기록」, 『건국대학교 국어국문학연구논집』 5권, 건국대학교국어국문학연구회·한국고유문화연구소, 1969, 19~29쪽.

김승곤, 「관형격조사 연구: 현대어를 중심으로」, 『건국대학교 국어국문학연구논집』 5권, 건국대학교국어국문학연구회·한국고유문화연구소, 1969, 65~75쪽.

_____, 「15세기 조사연구」, 『문호』 4집, 1966, 99~109쪽.

_____, 「중세어 「이」 비유격조사고」, 『국어국문학』 42·43합집, 1969, 213~234쪽.

_____, 「「이」 주격조사의 어원고」, 『건국대학교학술지』 12집, 1970, 127~141쪽.

_____, 「토씨 「이/의」의 발달을 살핌: 특히 그 계보의 모색을 위하여」, 『한글학회 50돌 기념문집』, 1971, 185~200쪽.

_____, 「국어 조사의 직능고」, 『국어국문학』 58~60집, 국어국문학회, 1974, 13~60쪽.

_____, 「중세국어의 가정형어미 '쏜'과 억양형어미 '쏜녀'고」, 『건국대학교 대학원 논문집』, 1975, 13~22쪽.

_____, 「국어 조사 '으로'류의 구분적 직능고: 특히 그 의미직능을 중심으로」, 『건국대학교 문리논총』 3호, 1994, 357~366쪽.

_____, 「중세국어 대비격조사고」, 『연민 이가원 박사 육질 송수 기념 논총』, 1977, 357~366쪽.

_____, 「한국어의 격이론」, 『건국대학교 인문과학』 13집, 1980, 97~155쪽.

_____, 「한국어 조사의 어원연구(1)」, 『건국대학교 학술지』 26집, 1982, 25~56쪽.

_____, 「한국어 고름소리의 어원 연구」, 『한글』 176호, 한글학회, 1982, 41~66쪽.

_____, 「韓國語吏讀の處所格助詞「良」中の語源硏究」, 日本天理大學校, 『조선학총서』 110집, 朝鮮學會, 1984, 29~51쪽.

_____, 「이두의 여격조사 '亦中'에 대한 고찰」, 『면남 김일근 박사 화갑기념 어문논총』, 1985, 933~942쪽.

_____, 「중세국어의 위치자리토씨 '의'와 매김자리토씨 '의'에 대한 한 고찰」, 『白麓 전재호 박사 화갑기념 국어학 논총』, 1986, 223~235쪽.

_____, 「풀이자리토씨 '이다'에 대한 한 고찰」, 『한글』 191호, 한글학회, 1986, 39~54쪽.

_____, 「중세국어의 형태소 '쁜'과 '쁜녀'의 통어 기능 연구」, 『일본 천리대학교 조선학보』 119·120합집(천리교 교조 100년제 기념호), 1986, 13~31쪽.

_____, 「자리토씨의 이름에 대한 한 고찰: 특히 '이·의·을/를·으로써'에 대하여」, 『한글』 199호, 한글학회, 1988, 47~76쪽.

_____, 「따옴토씨 '라고'와 '고'의 한 고찰」, 『仁山 김원경 박사 화갑기념 논문집』, 1988, 483~492쪽.

_____, 「이두표기 위치자리토씨 '良'에 대한 고찰」, 『송하 이종훈 박사 화갑기념 논문집』, 1989, 537~544쪽.

_____, 「이두 '遣'와 '古'의 통어기능」, 갈음 김석득 교수 화갑기념 논문집 간행위원회 엮음, 『국어의 이해와 인식』, 한국문화사, 1991, 521~529쪽.

_____, 「우리말 토씨의 발달원리」, 『우리말 토씨와 씨끝 연구』, 1992, 4~19쪽.

_____, 「중세국어 자리토씨 '의'에 대한 한 고찰」, 『새우리말연구』, 과학사, 1989, 7~20쪽.

_____, 「딸림마디의 임자말스런 자리에 쓰이는 매김자리토씨 '의'의 기본구조」, 『호서어문연구』, 호서대학교, 1993, 7~25쪽; 『우리말 연구의 샘터』(연산

도수희 교수 화갑기념 논총), 1994, 281~295쪽.

———, 「매김자리토씨 '의'의 생략 여부에 대한 검토」, 『호서어문학』 2집, 호서대학교, 1994, 3~19쪽.

———, 「국어의 입자말에 대한 검토」, 『한말연구』 2집, 건국대학교 국어국문학회, 1996, 21~33쪽.

———, 「매김자리토씨 '의'의 말본: 특히 딸림마디에 있어서」, 『서울대학교 음성학과 언어학』, 이현복 교수 화갑 기념 논문집 간행위원회, 1996, 403~413쪽.

———, 「이두토씨 '亦中'과 '良中'의 의미」, 『한말연구』 3집, 건국대학교 국어국문학과, 1997, 1~10쪽.

김형규, 『고가요 주석』, 일조각, 1968쪽.

남기심, 『국어 조사의 용법: '에'와 '-로'를 중심으로』, 박이정, 1996.

서재극, 『신라 향가의 어휘 연구』, 계명대학교 한국학연구소, 1975.

양주동, 『증정 고가 연구』, 일조각, 1965.

유창돈, 『이조어 사전』, 연세대학교 출판부, 1987.

이동림, 『꼭 읽어야 할 '국어학 논문집'』, 집문당, 1988.

이병선, 「주격조사 연구」, 『국어국문학』 72·73합집, 국어국문학회, 1976.

이숭녕, 「주격 '가'의 발달과 그 해석」, 『국어국문학』 19집, 국어국문학회, 1958.

———, 『중세국어문법』, 을유문화사, 1990.

장세경, 『이두자료 읽기 사전』, 한양대학교 출판부, 2001.

정인승, 『표준 고등말본』, 신구문화사, 1956.

———, 『표준문법』, 교학사, 1978.

최현배, 『우리말본』, 정음문화사, 1983.

한글학회, 『우리말 큰 사전 4: 옛말과 이두』, 어문각, 1992.

허 웅, 『우리 옛말본』, 샘문화사, 1975.

———, 『국어음운학: 우리말 소리의 어제, 오늘』, 샘문화사, 1985.

홍사만, 『국어 형태·의미의 탐색』, 역락, 1992.

小倉進年, 『鄕歌及び史讀の硏究』, 京城帝國大學, 1929.

齊川三喜, 『莫語學辭典』, 硏究社, 1948.

牛島德次, 『漢語文法論(古代篇)』, 東京 大修館, 1974.

荒木一雄, 安井捻 編, 『現代漢文法辭典』 東京 三者堂, 1992.

益岡隆志 외 3인, 『文法』, 東京 嚴波書店, 2004. 8.

田窪行則 외 4인, 『生成文法』, 東京 嚴波書店, 2004. 9.

日本記述文法研究會, 『現代日本文法(2)』, 東京 くろしお出版, 2009. 11.

日本記述文法研究會, 『現代日本文法(1)』, 東京 くろしお出版, 2010. 6.

Bloomfield, L.(1933/1935/1984), Language NewYork: holt, Rinehart & Winston, London.

C. F. Hockett, A Course in modern Linguistics, NewYork, The Macmillan Company, 1958.

Gleason, H. A., Tr.(1955 1961), An Introduction to Descriptive Linguistics, NewYork: holt, Rinehart & Winston.

Chomsky, N.(1957), Syntactic Structure, The Hague: mouton. 勇唐雄(訣)(1963) 「文法の構造」, 東京 研究社.

Chomsky, N.(1965), Aspect of the Theory of Syntax, Cambridge, Mass: MIT Pr. 安井捻 (訣), 「文法理論の諸相」, 東京 研究社

Fillmore, C. T.(1966b), "Toward a modern Theory of case", POLA 13, pp. 1~24. Reikel and schance (eds.) (1966a)

Chomsky, N.(1977a), "The Care for case reopened", P. Cole and I. M. Saclock (eds.) (1977).

Chomsky, N.(1977b), "Some Problems for care grammar", Olrioco, pp. 245~265. Georgetown 23, pp. 35~56.